# Bürgerliche



Lernen Üben Wissen

# Glossar

## zur 4. Auflage

von

**Dr. Stefan Perner**
Universitätsprofessor an der Alpen-Adria Universität Klagenfurt

**Dr. Martin Spitzer**
Universitätsprofessor an der Wirtschaftsuniversität Wien

**Dr. Georg Kodek, LL.M.**
Hofrat des Obersten Gerichtshofes
Universitätsprofessor an der Wirtschaftsuniversität Wien

Wien 2014
Manzsche Verlags- und Universitätsbuchhandlung

**Zitiervorschlag:** *Perner/Spitzer/Kodek,* Bürgerliches Recht[4]. Glossar (2014) ...



ISBN 978-3-214-11254-7


Telefon: (01) 531 61-0
E-Mail: verlag@MANZ.at
www.manz.at
Satz: Zehetner Ges. m. b. H., A-2105 Oberrohrbach

# Vorwort

P/S/K Glossar

Dem **Perner/Spitzer/Kodek** liegt seit der 3. Auflage ein Glossar bei, das die zentralen Begriffe des Bürgerlichen Rechts auf einen Blick erklärt. Es enthält keinen neuen Lernstoff, sondern ist für diejenigen gedacht, die sich schon mit dem **P/S/K** beschäftigt haben und in Beruf oder Studium eine verlässliche und rasche Auskunft benötigen. Übersichtlichkeit und Prägnanz stehen daher im Vordergrund. Die Vernetzung mit dem Lehrbuch ist durch die Rubrik „Wissen" gewährleistet, die die wichtigsten Lernziele enthält.

Benützung

Hat ein Stichwort gängige Synonyme, finden sie sich in Klammer, zB Regress (Rückgriff). Dasselbe gilt für Paragraphenverweise, zB Einwendungsdurchgriff (§ 13 VKrG), wobei wie im **P/S/K** gilt, dass Paragraphen ohne Zusatz solche des ABGB sind, zB Sphärentheorie (§ 1168).

Sie können ein Stichwort vernetzen, indem sie einem „→" zu einem weiterführenden anderen Begriff oder einer verwandten Rechtsfrage folgen, zB bei Körperverletzung: → Schockschaden. Findet sich nur ein Weiterverweis auf einen anderen Begriff, folgt dort eine Erklärung, zB Eigentümeridentität → Zubehör. Zusammengesetzte Begriffe, zB teleologische Interpretation, werden unter dem Hauptwort erklärt (→ Interpretation, teleologische), es sei denn, eine andere Reihung erschien uns benutzerfreundlicher, zB → ruhender Nachlass.

Dank

Zum Gelingen des Glossars haben in der Vorauflage Mag. *Martin Lenzbauer* (Uni Wien) und nunmehr Mag. *Maximilian Brunner* (AAU) erheblich beigetragen. Für ihre kritische Prüfung des Textes und zahlreiche Anregungen bedanken wir uns herzlich. Auch Anregungen unserer Leser sind uns herzlich willkommen. Sie können uns unter psk@manz.at erreichen.

Wien/Klagenfurt, im September 2014

*Stefan Perner*
*Martin Spitzer*
*Georg Kodek*

# A Abänderungsantrag – Ausweichklausel

**Abänderungsantrag**

Für die Beseitigung einer gerichtlichen → Feststellung der Vaterschaft sieht das ABGB keinen eigenen Rechtsbehelf vor. Allerdings erlauben die §§ 72 ff AußStrG einen Abänderungsantrag, mit dem zB geltend gemacht werden kann, dass neue Beweismittel zeigen, dass der Feststellungsantrag abzuweisen gewesen wäre. Eine solche Abänderung kann binnen 30 Jahren erfolgen (§ 83 Abs 5 AußStrG).

**Abänderungsvertrag**

→ Novation.

**ABGB**

Allgemeines bürgerliches Gesetzbuch. In Kraft seit 1. 1. 1812. Gegenstand der Kodifikation ist das allgemeine Privatrecht. Nach einer Einleitung werden im ersten Teil („Von dem Personenrechte") Personen- und Familienrecht geregelt. Im zweiten Teil („Von dem Sachenrechte") folgen Sachenrecht, Erbrecht und Schuldrecht. Der dritte Teil handelt „Von den gemeinschaftlichen Bestimmungen der Personen- und Sachenrechte". Das ABGB folgt daher in seiner Einteilung dem Institutionensystem. Seit 1812 wurde es wiederholt novelliert, außerdem traten zahlreiche Sondergesetze neben das ABGB.

**Abgeltungsanspruch**

→ Mitwirkung im Erwerb.

**Ablaufshemmung**

Verhindert zwar nicht den Lauf der begonnenen → Verjährung an sich, jedoch ihren Ablauf bis zum Wegfall des Hemmungsgrundes oder auch noch während einer gesetzlich bestimmten Nachfrist. Ablaufshemmung ist zugunsten Handlungsunfähiger und beschränkt Handlungsfähiger ohne gesetzlichen Vertreter angeordnet: Gegen diese Personen kann eine Verjährung nicht anfangen; eine schon begonnene kann nicht früher als binnen zwei Jahren nach Wegfall des Hindernisses vollendet werden (§ 1494). Auch Vergleichsverhandlungen werden als Hemmungsgrund anerkannt, der Anspruch kann nach Scheitern der Verhandlungen (bis zum Ende der ohnehin noch laufenden Frist bzw unverzüglich, wenn die Frist ohne Hemmungsgrund schon abgelaufen wäre) geltend gemacht werden.

**Abnahmepflicht**

→ Gläubigerverzug; → UN-Kaufrecht.

**Abschlussfreiheit**

Freiheit jedes einzelnen, zu entscheiden, ob und mit wem er in rechtsgeschäftlichen Kontakt treten will. Die Abschlussfreiheit folgt aus der → Privatautonomie (vgl auch → Vertragsfreiheit). Der Grundsatz der Abschlussfreiheit ist durch den → Kontrahierungszwang ausnahmsweise durchbrochen.

**Abschlusszwang**

→ Kontrahierungszwang.

**absolut geschütztes Rechtsgut** → Rechtsgut, absolut geschütztes.

**absolute Nichtigkeit** → Nichtigkeit, absolute.

**absolutes Recht** → Recht, absolutes.

**Absonderungsrecht** → Pfandrecht.

**Absorptionstheorie** Ein gemischter Vertrag (→ Vertrag, gemischter) wird nach dieser Theorie zur Gänze den Regeln des überwiegenden Vertragstyps unterstellt. Die Absorptionstheorie gilt zB, wenn eine Vereinbarung Elemente von Kauf und Tausch (§ 1055) oder von Miete und Pacht (§ 1091 Satz 2) enthält. Grundsätzlich werden gemischte Verträge aber nach der → Kombinationstheorie beurteilt.

**Abstammung** Herkunft eines → Kindes von einer bestimmten Mutter und einem bestimmten Vater. Die Abstammung wirkt gegenüber jedermann (§ 140) und hat insbesondere Bedeutung im → Familien- und → Erbrecht (zB für die gesetzliche Erbberechtigung).

**abstrakte Pflichtteilsberechtigung** → Noterben; → Pflichtteilsrecht.

**abstrakte Rente** → Körperverletzung.

**abstraktes Rechtsgeschäft** → Verpflichtungsgeschäft.

**Abstraktheit** Ein → Verpflichtungsgeschäft ist im österreichischen Recht nur gültig, wenn daraus ein Zweck hervorgeht, der es wirtschaftlich erklärt. Abstrakte Schuldversprechen sind also ungültig. Da es für eine angenommene → Anweisung und eine → Garantie aber einen wirtschaftlichen Grund gibt, sind diese Rechtsgeschäfte trotz ihrer „Abstraktheit" gültig: Der Angewiesene (Garant) kann sich nicht auf die Ungültigkeit von → Deckungs- oder → Valutaverhältnis berufen.

**Abstraktionsprinzip** → Abstraktheit.

**Abtretung** → Zession.

**Abtretungskonstruktion** Bei dieser Gestaltung des drittfinanzierten Kaufs (→ Kauf, drittfinanzierter) gewährt ein Finanzierer dem Verkäufer Kredit, sodass dieser in die Lage versetzt wird, den Kaufpreis zu kreditieren. Im Gegenzug lässt sich der Finanzierer zur Sicherung der Kreditrückzahlung die Ratenkaufpreisforderung abtreten und das vorbehaltene Eigentum (durch → Besitzanweisung) übertragen. Zahlt der Verkäufer nicht, kann sich der Finanzierer aus der Kaufpreisforderung befriedigen. Der Käufer hat als debitor cessus gegenüber dem Finanzierer alle Einwendungen aus dem Kaufvertrag, weil das zessionsrechtliche → Verschlechterungsverbot des § 1396 gilt. Deshalb gibt es anders als bei der Darlehenskonstruktion kein Aufspaltungsrisiko, das durch → Einwendungsdurchgriff beseitigt werden müsste.

**Abtretungsverbot**

→ Zessionsverbot.

**Access-Provider**

→ Providerhaftung.

**actio confessoria (§ 523)**

Klage des Servitutsberechtigten gegen denjenigen, der die Ausübung der Dienstbarkeit stört. Anspruchsgegner kann der Eigentümer der dienenden Liegenschaft oder ein dritter Störer sein. Die Klage richtet sich auf Abwehr von Behinderungen (Wiederherstellung des Vorzustandes, Unterlassung künftiger Störungen) und auf Schadenersatz, allenfalls auch bloß auf Feststellung der Servitut oder auf Einverleibung einer ersessenen Servitut. Mit der actio confessoria kann die Besitzstörungsklage (§ 339) konkurrieren (→ Besitzstörungsverfahren).

**actio negatoria (§ 523)**

Die actio negatoria (Eigentumsfreiheitsklage) ist die Klage des Eigentümers auf Abwehr von Störungen. Sie richtet sich auf Wiederherstellung, Unterlassung und Schadenersatz. Mit der actio negatoria kann die Besitzstörungsklage (§ 339) konkurrieren (→ Besitzstörungsverfahren).

**actio Publiciana (§ 372)**

Die actio Publiciana ist die „Klage aus dem rechtlich vermuteten Eigentum", sie ist auf die Herausgabe einer körperlichen Sache oder die Abwehr von Störungen gerichtet. Es handelt sich um eine petitorische Klage. Sie erspart dem Kläger den schwierigen vollen Eigentumsbeweis („probatio diabolica"). Für die actio Publiciana genügt der Nachweis des qualifizierten (rechtmäßigen, redlichen und echten) Besitzes des Klägers. Erfolg hat sie nur, wenn der Beklagte keinen oder nur einen schwächeren Titel hat. Sie schützt also das „relativ bessere Recht zum Besitz".

**Adäquanz**

Ein Schädiger soll schadenersatzrechtlich nicht für alle Nachteile haften, für die sein Verhalten ursächlich war, sondern nur für adäquate Folgen. Die Adäquanz begrenzt somit die Zurechnung. Adäquat sind nur Folgen, deren Eintritt gewöhnlich und allgemein erwartet werden kann, nicht jedoch ganz untypische und unvorhersehbare Schäden.

**Adoption (Annahme an Kindes statt, §§ 191 ff)**

(1) Familienrecht: Durch Adoption wird ein der leiblichen Abstammung entsprechendes Eltern-Kind-Verhältnis zwischen dem Annehmenden (und seinen Nachkommen) und dem Wahlkind (und seinen bei der Annahme minderjährigen Nachkommen) hergestellt (§ 197 Abs 1). Die Adoption kommt durch Vertrag zwischen Wahleltern und Wahlkind zustande, der gerichtlich zu bewilligen ist. Wahlkinder ab 14 Jahren müssen der Adoption zustimmen (§ 195 Abs 1 Z 4). (2) Erbrecht: Adoptiveltern und Adoptivkind

beerben einander wie Verwandte. Das Erbrecht des Adoptivkindes nach seinen leiblichen Eltern bleibt dennoch aufrecht (§ 199). Beim Tod des Adoptivkindes verdrängen die Wahleltern allerdings die leiblichen Eltern. Hat nur eine Person adoptiert, wird der entsprechende leibliche Elternteil verdrängt.

**Affektionsinteresse** → Schaden, immaterieller.

**Afterpfand** Verpfändet der Pfandgläubiger sein Pfandrecht für eigene Verbindlichkeiten, bezeichnet man dies als Afterpfand (§§ 454 f). Bei beweglichen Sachen wird das Pfandrecht durch Übergabe an den Afterpfandgläubiger begründet, bei Hypotheken durch Einverleibung im Grundbuch. Wurde der Eigentümer der Pfandsache von der Afterverpfändung verständigt, darf er nur mehr mit Zustimmung des Afterpfandgläubigers an den Pfandgläubiger bezahlen.

**AGB** → Allgemeine Geschäftsbedingungen.

**Agnation** → testamentum ruptum.

**Aktivvertretung** Direkte Stellvertretung (→ Stellvertretung, direkte) durch Abgabe einer Willenserklärung.

**Akzessorietät (§ 1351)** Von Akzessorietät spricht man, wenn Nebenrechte einer Forderung (zB Bürgschaft, Pfandrecht) vom Entstehen und Bestehen der Hauptschuld abhängen. Die Bürgschaft ist akzessorisch, der Bürge kann sich daher nicht für mehr verbürgen, als der Schuldner leisten muss. Er hat alle Einwendungen, die auch der Hauptschuldner hat. Eine Ausnahme von der Akzessorietät gibt es bei der Bürgschaft für einen Geschäftsunfähigen (§ 1352). Auch das Pfandrecht ist vom zu sichernden Recht abhängig und damit akzessorisch. Bei Hypotheken ist die Akzessorietät gelockert. Der Hypothekargläubiger kann zwar nach Tilgung der Forderung den Hypothekarschuldner natürlich nicht ein weiteres Mal aus der Hypothek in Anspruch nehmen. Obwohl die Hypothek materiell also nicht mehr besteht, ist sie formell aber noch im Grundbuch eingetragen. Um sie auch formell zum Erlöschen zu bringen, muss die Löschung der Hypothek einverleibt werden. Der Gläubiger ist auch verpflichtet, die dafür nötige Löschungsquittung auszustellen.

**Aliud** Liefert der Schuldner eine mangelhafte Sache, kommt es zur → Gewährleistung. Erbringt er eine andere als die geschuldete Leistung, spricht man von einem Aliud (Anderslieferung). Es liegt → Schuldnerverzug vor. Bei der Stückschuld ist jede andere als die geschuldete Sache ein Aliud. Bei der Gattungsschuld kommt es darauf an, ob die gelieferte Sache noch zur vereinbarten Gattung gehört, was oft schwierig zu ermitteln ist. Als Hilfsmittel für die Feststellung dient die Verkehrssitte. Im Unternehmergeschäft ist die Unterscheidung zwischen mangelhafter Lieferung und Anderslieferung insofern weniger wichtig, als die Rügeobliegenheit (→ Mängelrüge) auch beim „genehmigungsfähigen" Aliud gilt (§ 378 UGB).

**Allgemeine Geschäftsbedingungen (AGB, Vertragsformblatt)**

AGB sind für eine Vielzahl von Verträgen vorformulierte Vertragsbedingungen, die eine Vertragspartei (der „Verwender" der AGB) der anderen bei Abschluss des Vertrages stellt. AGB werden vor allem von großen Unternehmen wie Banken, Versicherungen oder Speditionen verwendet, die eine Vielzahl von ähnlichen „Verträgen von der Stange" schließen. AGB gelten nur kraft Parteienvereinbarung: Ein Teil stellt sie auf, der andere unterwirft sich. Es genügt, dass der Unternehmer (vor) dem Abschluss erklärt oder sonst deutlich zu erkennen gibt, nur zu seinen AGB kontrahieren zu wollen und sich der Partner daraufhin mit ihm einlässt. Der Kunde muss aber zumindest die Möglichkeit haben, vom Inhalt der Bedingungen Kenntnis zu nehmen. Liegen diese Voraussetzungen nicht vor, kann der Erklärung des Kunden nicht der Sinn beigemessen werden, dass er sich mit den AGB des Unternehmers einverstanden erkläre. Der endgültigen Wirksamkeit von AGB sind schließlich durch die → Geltungskontrolle und die → Inhaltskontrolle Grenzen gesetzt. Ausnahmsweise gelten AGB auf Grund gesetzlicher Anordnung (zB Beförderungsbedingungen von Post und Bahn). Mitunter berufen sich im Zuge des Vertragsabschlusses beide (unternehmerischen) Teile auf ihre eigenen AGB („battle of forms"). Soweit sich diese Bestimmungen nicht decken, liegt dann → Teildissens vor.

**alternative Kausalität**

→ Kausalität, alternative.

**Alternativermächtigung**

→ facultas alternativa.

**Alternativverhalten, rechtmäßiges**

Ein rechtswidrig handelnder Täter haftet für den von ihm verursachten Schaden nicht, wenn dieser auch bei rechtmäßigem Verhalten eingetreten wäre. ZB haftet der Verursacher eines Verkehrsunfalles nicht, wenn der Schaden in derselben Weise eingetreten wäre, wenn der Schädiger nicht zu schnell gefahren wäre, sondern die vorgeschriebene Geschwindigkeit eingehalten hätte (= rechtmäßiges Alternativverhalten).

**Amtshaftung**

Ersatzpflicht bei Schadenszufügung durch hoheitlich tätige Organe. Wird durch Organe bei Vollziehung der Gesetze jemand rechtswidrig und schuldhaft an der Person oder am Vermögen geschädigt, haftet der Rechtsträger, dem das Organ zuzurechnen ist (§ 1 AHG; zB Bund, Länder, Gemeinden). Für Schädigungen in der Hoheitsverwaltung (Exekutive und Judikative, nicht Privatwirtschaftsverwaltung) verdrängt das AHG das allgemeine Schadenersatzecht. Nach dem AHG gibt es nur Geldersatz, Schadenersatzansprüche richten sich immer nur gegen den Rechtsträger, nie gegen das Organ selbst. Aus höchstgerichtlichen Erkenntnissen können keine Schadenersatzansprüche abgeleitet werden. Regressansprüche des Rechtsträgers gegen das Organ gibt es nur bei grobem Verschulden, es besteht ein Mäßigungsrecht wie im → Dienstnehmerhaftpflichtgesetz.

**Analogie (§ 7)** Beseitigung einer → Rechtslücke durch Erstreckung einer Rechtsnorm auf einen Sachverhalt, der dem Wortlaut nach nicht geregelt ist. Man unterscheidet → Gesetzesanalogie, → Rechtsanalogie und → Gesamtanalogie. Da der Wortlaut des Gesetzes durch Analogie korrigiert wird, handelt es sich um eine Form der Rechtsfortbildung.

**Anbot** → Angebot.

**Anderslieferung** → Aliud.

**Andeutungstheorie** Bei der Auslegung formbedürftiger Willenserklärungen (zB → letztwillige Verfügung) dürfen Begleitumstände zwar berücksichtigt werden. So sind zur Ermittlung des wahren Willens des Erblassers neben dem Wortlaut der Erklärung auch sonstige mündliche und schriftliche Äußerungen des Erblassers maßgebend. Die Berücksichtigung hat aber ihre Grenze darin, dass für den so ermittelten Willen ein hinreichender Anhaltspunkt in der Urkunde zu finden ist, weil die Formvorschrift sonst umgangen würde.

**Aneignung** → Sache, herrenlose.

**Anerbe** Als Anerbe wird im → Anerbenrecht der begünstigte Erbe eines Erbhofes bezeichnet, der die weichenden Erben abfinden muss.

**Anerbenrecht** Das AnerbenG normiert zur Vermeidung der Zerstückelung bäuerlicher Erbhöfe und der Entstehung nicht lebensfähiger Zwerglandwirtschaften eine gesetzliche Sondererbfolge. Bei Eintritt der gesetzlichen Erbfolge (→ Familienerbfolge) wird deshalb verhindert, dass ein „Erbhof" von einer Erbenmehrheit übernommen und dann aufgeteilt wird. Aus den möglichen Erben eines Erbhofes wird daher der am besten geeignete Erbe, der sogenannte → Anerbe, ausgesucht, der den Hof übernehmen will, aber dafür die übrigen weichenden Erben abfinden muss (→ Übernahmspreis; → Nachtragserbteilung).

**Anerkenntnis** Wer „anerkennt", räumt den Zweifel über ein gegen ihn bestehendes Recht durch Nachgeben aus. Man unterscheidet zwei Formen: Das deklarative Anerkenntnis ist eine bloße „Wissenserklärung", die nicht zu einer rechtsgeschäftlichen Verpflichtung führt, sondern nur die Beweislast zu Lasten des Anerkennenden verschiebt (und die → Verjährung unterbricht). Anders beim konstitutiven Anerkenntnis, das einen neuen Verpflichtungsgrund schafft: Der Anerkennende kann unabhängig davon in Anspruch genommen werden, ob das anerkannte Recht bestand. Das konstitutive Anerkenntnis ist verwandt mit dem → Vergleich, bei dem allerdings beide Parteien nachgeben.

**Anerkenntnis, vaterschaftsdurchbrechendes** → vaterschaftsdurchbrechendes Anerkenntnis.

**anfängliche Unmöglichkeit**

→ Unmöglichkeit, anfängliche.

**Anfechtung**

Als Anfechtung bezeichnet man im Zivilrecht die rückwirkende Auflösung eines Vertrages durch Ausübung eines → Gestaltungsrechts. Paradefall ist die Anfechtung eines Vertrages wegen → Irrtums (§ 871). Sie führt zu einem schuld- und sachenrechtlich rückwirkenden Wegfall des Vertrages (vgl → ex nunc-Wirkung/ex tunc-Wirkung).

**Angebot**

Bindender Vorschlag, einen Vertrag bestimmten Inhalts abzuschließen (Offerte). Ein zur Annahme geeignetes Anbot (empfangsbedürftige Willenserklärung; vgl → Zugang) muss inhaltlich ausreichend bestimmbar sein. Überdies muss im Angebot ein ausreichender Bindungswille des Antragstellers zum Ausdruck kommen. Bestimmbar ist ein Angebot, wenn es die wesentlichen Punkte des abzuschließenden Vertrages enthält oder diese sich aus den gesetzlichen Dispositivnormen ermitteln lassen, sodass der Vertrag durch bloße Zustimmung perfekt werden kann (Bsp: Ware und Preis im Kaufvertragsangebot; entgeltlich zu errichtendes Werk im Werkvertragsanbot). Strengere Voraussetzungen als bloße Bestimmbarkeit gelten im Verbrauchergeschäft (→ Transparenzgebot). Bindungswille bedeutet, dass der Offerent zeigen muss, dass er zum Vertragsabschluss endgültig bereit ist. Ein bindendes Angebot liegt zB bei Einladung zu Verhandlungen, Übersendung von Preislisten, Ausstellen von Waren in einem Schaufenster nicht vor.

**Angehörigenbürgschaft**

→ Bürgschaft eines nahen Angehörigen des Hauptschuldners, bei der ein besonderes Risiko besteht, dass der Bürge sich in einer psychischen Drucksituation befindet. Der OGH prüft in analoger Anwendung des Wuchertatbestandes (§ 879 Abs 2 Z 4), ob ein krasses Missverhältnis zwischen Verpflichtungsumfang und finanzieller Leistungsfähigkeit des Bürgen vorliegt, die Umstände des Zustandekommens der Bürgschaft infolge verdünnter Entscheidungsfreiheit zu missbilligen sind und der Gläubiger diese beiden Umstände gekannt oder fahrlässig nicht gekannt hat. Ist das der Fall, ist die Bürgschaft ungültig. Daneben bestehen im Anwendungsbereich des KSchG Aufklärungspflichten des Gläubigers (§ 25c KSchG) und ein richterliches Mäßigungsrecht (§ 25d KSchG).

**Angeld (§§ 908, 910)**

Ein Angeld wird beim Abschluss des Vertrages von einer Partei der anderen als Zeichen des Abschlusses oder zur Sicherstellung der Erfüllung gegeben (§ 908). Bei Ungültigkeit des Vertrages ist es zurückzugeben. Das Angeld dient zur Bestärkung des Vertragsverhältnisses (Erfüllungsdruck): Bei schuldhafter Nichterfüllung des Vertrages durch den Geber darf der Empfänger das Angeld behalten, erfüllt hingegen der Empfänger schuldhaft nicht, muss er den doppelten Betrag des Angelds zurückerstatten. Angelder sind heute nicht besonders gebräuchlich. Keinesfalls darf eine (sehr gebräuchliche) Anzahlung als Angeld gewertet werden, wenn es dafür keine eindeutige Vereinbarung gibt.

**angemessener Unterhalt**: Der allein oder überwiegend schuldige Ehegatte hat dem anderen nach → Verschuldensscheidung angemessenen Unterhalt zu leisten (§ 66 EheG). Die Unterhaltspflicht besteht jedoch nur, soweit der andere nicht aus seinen Einkünften aus Vermögen und einer ihm zumutbaren und von ihm zu erwartenden Erwerbstätigkeit für sich selbst sorgen kann. Für die Höhe des Unterhalts haben sich in der Praxis bestimmte Sätze herausgebildet, die denen bei aufrechter Ehe entsprechen (→ Unterhalt, ehelicher). Auf beiden Seiten kommt das → Anspannungsprinzip zur Anwendung.

**angestellte Schwarzfahrer**: → Schwarzfahrer.

**angewandte GoA**: → Geschäftsführung ohne Auftrag, angewandte.

**animus**: → Besitz; → Sachbesitz.

**animus obligandi**: → Aufwandersatz.

**animus rem alteri gerendi**: → Fremdgeschäftsführungswille.

**animus testandi**: → Testierwille.

**Anknüpfung**: Das → Internationale Privatrecht klärt, nach welcher Privatrechtsordnung der Fall entschieden wird. Das Auffinden der maßgebenden Rechtsordnung wird als Anknüpfung bezeichnet.

**Anlage, genehmigte (§ 364a)**: → Immissionen aus genehmigten Anlagen (zB Industrieanlagen, Flugplätze) sind zu dulden, auch wenn sie das ortsübliche Maß übersteigen, solange sie sich in den Grenzen der Genehmigung halten. Der Nachbar hat aber einen verschuldensunabhängigen Schadenersatzanspruch.

**Anlageschaden**: Schaden, der zwar durch eine Handlung ausgelöst wurde, ohne diese Handlung später aber ebenso aufgrund einer Reserveursache eingetreten wäre. Bei Anlageschäden haftet der Täter nur für den durch die zeitliche Vorverlegung des Schadenseintritts entstandenen Nachteil.

**Anmeldesystem**: → Person, juristische.

**Anmerkung (§ 20 GBG)**: Eintragung im Grundbuch. Sie kann entweder der Ersichtlichmachung persönlicher Verhältnisse dienen (zB Minderjährigkeit, Sachwalterbestellung), womit sie Dritten die Möglichkeit nimmt, sich auf die Unkenntnis dieser Verhältnisse zu berufen, oder besondere Rechtswirkungen auslösen, zB die → Anmerkung der Rangordnung oder die → Streitanmerkung.

**Anmerkung der Rangordnung (§§ 53 ff GBG)** Potenzielle Erwerber oder Hypothekare einer Liegenschaft können sich grundsätzlich nicht dagegen absichern, dass zwischen ihrer Einsicht im Grundbuch und dem Einlangen ihres Grundbuchsgesuchs Dritte Rechte an der Liegenschaft erwerben. Anderes gilt, wenn der Eigentümer eine „Anmerkung der Rangordnung" erwirkt hat. Der Eigentümer erhält einen Rangordnungsbeschluss, der ein Jahr gültig ist. Wer innerhalb dieses Zeitraumes alle für die Eintragung (als Eigentümer oder Hypothekar) erforderlichen Urkunden und den Rangordnungsbeschluss vorlegt, kann die Verbücherung seines Rechtes im angemerkten Rang auch erwirken, wenn zwischenzeitlich andere Eintragungen erfolgt sind.

**Annahme** Willenserklärung des Empfängers eines Angebotes, einverstanden zu sein. Die Annahme bewirkt mit rechtzeitigem Zugang an den Offerenten den Vertragsabschluss. Trotz Verspätung der Annahmeerklärung kommt allerdings der Vertrag zustande, wenn der Angebotsteller erkennen musste, dass die Erklärung rechtzeitig abgesendet wurde und er seinen Rücktritt nicht unverzüglich erklärt (§ 862a Satz 2). Keine Voraussetzung ist der Zugang bei der stillen Annahme (§ 864 Abs 1). Niemand ist zur Annahme verpflichtet (Ausnahme → Kontrahierungszwang).

**Annahme, stille (§ 864 Abs 1)** Ist die Annahme des Angebotes nach der Natur des Geschäftes oder der Verkehrssitte nicht zu erwarten, so kommt der Vertrag nicht erst mit Zugang einer Annahmeerklärung zustande, sondern schon dann, wenn dem Angebot „tatsächlich entsprochen" wird (§ 864 Abs 1; Willensbetätigung). Solange der Offerent jedoch nicht auf das Zustandekommen des Vertrages vertraut, kann der Annehmende entweder durch völlige Beseitigung der Annahmehandlung oder durch Widerrufserklärung den Vertrag wieder auflösen.

**Annahme der Anweisung** → Anweisung, Annahme.

**Annahmeverzug** → Gläubigerverzug.

**Anrechnung auf den Erbteil** Der Erblasser kann die Anrechnung beliebiger Zuwendungen auf den Erbteil verfügen (gewillkürte Anrechnung), soweit dadurch der Pflichtteil nicht unzulässig verkürzt wird (→ Pflichtteilsrecht). Auch ohne Anordnung des Erblassers sind bei gesetzlicher Erbfolge bestimmte Zuwendungen im Zweifel anzurechnen (§ 792). Nachkommen werden Vorempfänge angerechnet (§ 790 iVm § 788): → Ausstattung, Zuwendungen zum Antritt eines Amtes oder Gewerbes, Aufwendungen zur Bezahlung von Schulden volljähriger Kinder; außerdem Zuwendungen, die der Erblasser als Vorschuss auf den Erb- oder Pflichtteil geleistet hat. Hat nicht schon der Erblasser die Anrechnung verfügt, findet sie nur statt, wenn ein Kind sie verlangt, wirkt dann aber zugunsten und zu Lasten aller Kinder. Die Vorempfänge und Vorschüsse werden dem Nachlass rechnerisch hinzugeschlagen, davon die Werte der Erbteile ermittelt und von diesen die anrechnungspflichtigen Empfänge abgezogen. Wer Vorempfänge oder Vorschüsse erhalten hat, kann nicht dazu verhalten werden, sie zurückzugeben (§ 793). Reicht der Nachlass zum Ausgleich der Vorempfänge nicht aus, kommt es zu einer verhältnismäßigen Kürzung. Bewegliche und unbewegliche Sachen werden (entgegen § 794) zum Zeitpunkt des Erbanfalls bewertet. Der Ehegatte nimmt an der Anrechnung nicht teil. Sein Erbteil wird vom tatsächlichen Nachlass berechnet. Eine Anrechnung auf den Erbteil des Ehegatten findet nur hinsichtlich solcher Zuwendungen statt, die er beim Tod des Erblassers auf Grund von Ehepakten oder einem Erbvertrag erhält (Einrechnung; § 757 Abs 2). → Vermächtnisse und Zuwendungen unter Lebenden unterliegen nicht der gesetzlichen Anrechnung.

**Anrechnung auf den Pflichtteil**

Pflichtteilsberechtigte Nachkommen müssen sich die vom Erblasser zu seinen Lebzeiten erhaltenen Vorempfänge (→ Ausstattung; das zum Antritt eines Amtes oder Gewerbes Gegebene; Aufwendungen zur Zahlung von Schulden großjähriger Kinder), der pflichtteilsberechtigte Ehegatte das → Vorausvermächtnis und alle pflichtteilsberechtigten Personen Zuwendungen anrechnen lassen, die ihnen der Erblasser als Vorschuss auf den Pflichtteil geleistet hat. Weitere Anrechnungen können, anders als bei der Anrechnung auf den Erbteil, nicht verfügt werden, da ansonsten der Pflichtteil unzulässig verkürzt würde. Die Anrechnung erfolgt so, dass dem reinen Nachlass die anrechnungspflichtigen Zuwendungen hinzugeschlagen werden, von diesem erhöhten Nachlass die Pflichtteile ermittelt und beim einzelnen Noterben seine Vorempfänge und Vorschüsse abgezogen werden. Es besteht keine Pflicht zur Rückerstattung. Von dieser Methode nicht betroffen ist das Vorausvermächtnis des Ehegatten, weil es im Nachlass vorhanden ist (daher Einrechnung). Die Anrechnung beim Pflichtteil wirkt also, anders als die Anrechnung auf den Erbteil, auch zugunsten und zu Lasten des Ehegatten. Von der Anrechnung von Vorschüssen und Vorempfängen auf den Pflichtteil ist die Anrechnung von Schenkungen, die der Erblasser zu Lebzeiten gemacht hat, zu unterscheiden (→ Schenkungsanrechnung).

**Anscheinsvollmacht**

Vollmacht, deren Entstehen nicht an eine rechtsgeschäftliche Willenserklärung des Vertretenen, sondern (nur) an ein Verhalten des Vertretenen anknüpft. Aus dem Verhalten muss der Schluss gezogen werden können, dass der Vertretene früher Vollmacht erteilt habe (Anscheins- oder Duldungsvollmacht). Dabei handelt es sich um eine → Wissenserklärung. Mit ihr wird das „Vertrauen des Dritten auf den äußeren Tatbestand" geschützt. Der Vertrauensschutz setzt Umstände voraus, die geeignet sind, im Dritten den begründeten Glauben zu erwecken, dass der Vertreter zum Abschluss des Geschäftes befugt ist. Hätte der Dritte das Fehlen der Bevollmächtigung erkennen müssen oder hatte er davon Kenntnis, kommt es zu keiner wirksamen Stellvertretung. Der Nachteil des Vertretenen, rechtsgeschäftlich gebunden zu sein, ohne dies gewollt zu haben, ist damit zu rechtfertigen, dass er selber den Rechtsschein, den er gegen sich wirken lassen muss, gesetzt hat (Rechtsscheinlehre). Das Institut der Anscheinsvollmacht wird kraft Rechtsanalogie aus den §§ 1026, 1029, 1030, § 56 UGB und § 10 KSchG abgeleitet.

**Anspannungsprinzip (Anspannungstheorie)** Grundsatz im Familienrecht, wonach der Unterhaltspflichtige sich entsprechend seiner Möglichkeiten bemühen muss, ein zur Erfüllung seiner Unterhaltspflichten ausreichendes Einkommen zu erzielen. Schöpft er seine Möglichkeiten hingegen nicht aus, kann ein höheres (hypothetisches) Einkommen der Unterhaltsbemessung zugrunde gelegt werden. Auch den Unterhaltsberechtigen trifft das Anspannungsprinzip: Er hat nach Kräften selbst ein Einkommen zu erwirtschaften, andernfalls wird auch hier ein fiktives (höheres) Entgelt unterstellt. Der Anspannungsgrundsatz gilt sowohl für den Kindesunterhalt (§ 231) als auch für den Ehegattenunterhalt (§ 94).

**Anspruch** Subjektives Recht, das die Befugnis enthält, von einer anderen Person ein Tun oder Unterlassen zu fordern. Schuldrechtliche Forderungsrechte (zB auf Kaufpreiszahlung) sind Ansprüche. Aber auch aus Sachenrechten können bei ihrer Verletzung Ansprüche folgen (zB Herausgabeanspruch des Eigentümers). Ein Anspruch ist durch Klage und Zwangsvollstreckung durchsetzbar. Eine zur Durchsetzung eines Anspruches erhobene Klage heißt Leistungsklage, wenn das Begehren auf ein positives Tun gerichtet ist; Unterlassungsklage, wenn das Begehren auf ein Unterlassen gerichtet ist.

**Antichrese (§ 1372)** Die Nebenvereinbarung zum Pfandbestellungsvertrag, dass dem Gläubiger die Fruchtnießung an der verpfändeten Sache zustehen soll, ist gemäß § 1372 Satz 1 nichtig. Das Verbot dient dem Schutz des Schuldners, weil die Fruchtnießung unbestimmten Zinsen gleichkommt.

**Antragsprinzip** Da Grundbuchseintragungen grundsätzlich nicht von Amts wegen, sondern nur auf Antrag eines Beteiligten erfolgen, wird das Antragsprinzip als Prinzip des → Grundbuchs angeführt.

**Anwachsung** (1) In der gesetzlichen Erbfolge (§§ 733 f): Zuwachs des Anteils eines ohne Hinterlassung von Repräsentanten ausgefallenen Erben an die Miterben zu gleichen Teilen. (2) Bei testamentarischer Erbfolge (§§ 560 ff): Erweiterung des Erbteils eines eingesetzten Erben um den Anteil eines weiteren eingesetzten Erben, der nicht zur Erbschaft gelangt (Vortod; → Erbunwürdigkeit; → Erbverzicht oder → Entschlagung). Die Auslegung des letzten Willens hat Vorrang vor den gesetzlichen Anwachsungsregeln (§§ 560 ff). Die Anwachsung wird durch das Vorhandensein eines Substituten (→ Substitution) oder eines Transmissars (→ Transmission) ausgeschlossen.

**Anwartschaftsrecht** → Eigentumsvorbehalt.

**Anweisung (§§ 1400 ff)** Durch die Anweisung ermächtigt der Anweisende den Angewiesenen, eine Leistung auf Rechnung des Anweisenden an den Anweisungsempfänger zu erbringen. Dieser wird ermächtigt, die Leistung in Empfang zu nehmen.

Wird die Leistung im → Deckungs- und im → Valutaverhältnis bereits geschuldet, so enthält die Anweisung sogar einen doppelten → Auftrag. Der Angewiesene muss der Anweisung Folge leisten, der Anweisungsempfänger von ihr Gebrauch machen und den Angewiesenen zur Leistung auffordern.

**Anweisung, Annahme**

Hat der Angewiesene dem Anweisungsempfänger gegenüber die Anweisung angenommen (zugangsbedürftige Willenserklärung), erlangt dieser einen unmittelbaren, abstrakten Anspruch gegen den Angewiesenen (es besteht also eine Verpflichtung im → Einlösungsverhältnis). Die Annahme führt zu einem weitreichenden Ausschluss von Einwendungen. Der Angewiesene kann nur solche Einwendungen entgegensetzen, welche die Gültigkeit der Annahme betreffen oder sich aus dem Inhalte der Anweisung oder aus seinen persönlichen Beziehungen zum Empfänger ergeben (§ 1402).

**Anweisung des Werkbestellers**

→ Warnpflicht.

**äquivalente Nebenleistungspflicht**

→ Nebenleistungspflicht.

**Äquivalenz**

→ Gewährleistung; → Preisminderung.

**Äquivalenztheorie**

Prüfmaßstab für die schadenersatzrechtliche → Kausalität. Nach der Verursachungstheorie haftet nur, wer eine notwendige Bedingung (conditio sine qua non) für den Schadenserfolg gesetzt hat, wessen Verhalten also nicht weggedacht werden kann, ohne dass auch der Erfolg entfällt. Da alle (wichtigen und unwichtigen) Bedingungen als gleichwertig (äquivalent) angesehen werden, wird diese Kausalitätstheorie als Äquivalenztheorie bezeichnet. Ein positives Tun ist kausal, wenn der Erfolg (Schaden) entfallen wäre, wenn man sich das Tun wegdenkt. Eine Unterlassung ist kausal, wenn der Schaden entfallen wäre, wenn man sich das pflichtgemäße Verhalten hinzudenkt. Da nach dieser Theorie auch Handlungen kausal sind, die nicht zu einer Haftung führen sollen, wird die Zurechnung schon auf dieser Ebene durch die → Adäquanz eingeschränkt.

**argumentum a maiori ad minus**

→ Größenschluss.

**argumentum a minori ad maius**

→ Größenschluss.

**argumentum e contrario**

→ Umkehrschluss.

**Arzthaftung** Eine medizinische Heilbehandlung erfüllt den Tatbestand der → Körperverletzung und kann zur Haftung führen. Dies ist nicht nur der Fall, wenn die Behandlung nicht lege artis durchgeführt wird (Kunstfehler), sondern auch, wenn die Behandlung nicht durch eine mängelfreie Einwilligung des Patienten oder einen Notfall gedeckt ist (Aufklärungsfehler).

**Aszendenten** Vorfahren des Erblassers in gerader Linie (Eltern, Großeltern, Urgroßeltern). Sie bilden die Stammhäupter der zweiten, dritten und vierten Parentel (→ Parentelensystem). Aszendenten gelangen nur zur Erbschaft, wenn es keine erbberechtigten → Deszendenten gibt.

**atypischer Vertrag** → Vertrag, atypischer.

**Aufenthalt, gewöhnlicher** Der gewöhnliche Aufenthalt (einer natürlichen oder juristischen Person) spielt bei der international-privatrechtlichen Anknüpfung (insbesondere in EU-Verordnungen) eine große Rolle. ZB ist nach Art 4 Abs 2 Rom I das Recht des Staates maßgebend, in dem die Partei ihren gewöhnlichen Aufenthalt hat, die die vertragscharakteristische Leistung erbringt. Anders ist die Lage bei natürlichen Personen im IPRG, das tendenziell eher auf das → Personalstatut abstellt (= Staatsangehörigkeit).

**Aufenthaltsort des Kindes** → Obsorge.

**Auffallenmüssen des Irrtums** Alternativvoraussetzung des § 871 Abs 1. Der → Irrtum musste dem Vertragspartner des Irrenden „offenbar auffallen", wenn er ihn fahrlässig nicht erkannt hat. Die Anfechtung ist auch zulässig, wenn der Erklärungsgegner den Irrtum tatsächlich kannte. Weiß er sogar, was der Irrende tatsächlich meint (durchschauter Irrtum), wird überwiegend die Auffassung vertreten, dass ein normativer Konsens entsprechend dem wahren Willen des (insofern nicht mehr) „Irrenden" zustande kommt.

**Aufklärung, rechtzeitige** Alternativvoraussetzung des § 871 Abs 1. Der → Irrtum ist nach herrschender Ansicht rechtzeitig aufgeklärt, wenn der Partner noch keine Dispositionen im Vertrauen auf die Gültigkeit des Geschäftes vorgenommen hat (res-integra-Lehre). Nach einem anderen Teil der Lehre ist res integra jedoch auch dann gegeben, wenn der Gegner des Irrenden zwar schon disponiert hat, ihm aber der Irrende den Vertrauensschaden ersetzt, der als Folge der Disposition entstanden ist (man spricht von Redintegration). Nach einer zwischen diesen beiden Positionen vermittelnden Ansicht soll Anfechtung gegen Ersatz des Vertrauensschadens dann möglich sein, wenn Leistung und Gegenleistung in einem Missverhältnis stehen.

**Aufklärungsfehler** → Körperverletzung.

**Aufklärungspflicht** → Informationspflichten.

**Auflage (§§ 709 ff)**

Dem Empfänger von Zuwendungen aus unentgeltlichen Geschäften oder letztwilligen Verfügungen auferlegte Verhaltenspflicht. Das Verhalten kann entweder im Interesse des Zuwendungsempfängers, des Zuwendenden oder eines Dritten liegen. Die Einhaltung der Auflage ist zum Unterschied von der Bedingung (zB vom Erben oder einem Testamentsvollstrecker) erzwingbar, allerdings nicht vom Begünstigten, da sonst ein Vermächtnis vorliegt. Während Bedingungen genau erfüllt werden müssen, genügt bei der Auflage die annähernde Erfüllung, wenn die genaue Befolgung unmöglich ist. Ist auch das nicht möglich, fällt die Auflage ganz weg (§ 710). Die Nichterfüllung der Auflage wirkt als auflösende Bedingung, der Bedachte verliert die Zuwendung, wenn dies dem Erblasserwillen entspricht. Die Schenkung unter Auflage ist zwar zweiseitig verpflichtend, jedoch nicht entgeltlich, da die Erfüllung der Auflage nicht Entgelt für die Zuwendung ist; besonders deutlich wird das in Fällen, in denen die Erfüllung der Auflage aus der Zuwendung selbst bestritten wird, da die Auflage hier bloß Minderung der Zuwendung ist.

**Aufopferung (§ 1043)**

„Hat jemand in einem Notfalle, um einen größeren Schaden von sich und anderen abzuwenden, sein Eigentum aufgeopfert; so müssen ihn alle, welche daraus Vorteil zogen, verhältnismäßig entschädigen." Entgegen seinem Wortlaut greift § 1043 nicht nur dann ein, wenn man eigenes Eigentum aufopfert, sondern ganz allgemein, wenn eigene Rechtsgüter zur Schadensabwehr eingesetzt werden. Es bedarf aber keines → Fremdgeschäftsführungswillens. Sind die Bemühungen erfolglos geblieben, gibt es keinen Ersatz.

**Aufrechnung (§§ 1438 ff)**

Als Aufrechnung bezeichnet man die Zahlung einer Verbindlichkeit durch eine Gegenforderung. Voraussetzung ist nach § 1441 die Gegenseitigkeit: Forderungen von Dritten und gegen Dritte sind kein Gegenstand der Aufrechnung. Will nur eine Partei aufrechnen, muss sie die Aufrechnung erklären (Aufrechnung „mit" der eigenen „gegen" die fremde Forderung). Dafür bedarf es neben der Gegenseitigkeit noch der Gültigkeit (Fälligkeit) und der Gleichartigkeit (zB Geld gegen Geld). Soweit sich die Forderungen decken, erlöschen sie durch Aufrechnung. Die einseitige Aufrechnung hat vor allem einen Sicherungszweck, weil man durch eine Aufrechnungslage gegen die Insolvenz des Schuldners abgesichert ist.

**Aufsandungserklärung**

Erklärung des an einer Liegenschaft Berechtigten, in die Aufgabe seines Sachenrechts (durch Einverleibung eines Anderen) einzuwilligen. Die Aufsandungserklärung ist also das → Verfügungsgeschäft für den Erwerb dinglicher Rechte an einer Liegenschaft. Für den wirksamen Erwerb bedarf es gemäß dem Prinzip der kausalen Tradition (→ Tradition, kausale) eines wirksamen Verpflichtungsgeschäftes.

**Aufsichtspflicht**

→ Deliktsfähigkeit.

**Aufspaltungsrisiko**

Bei verbundenen Kreditverträgen trifft den Käufer die Pflicht zur Rückzahlung des Kredites gegenüber dem Finanzierer, der sich auf einen eigenständigen, von der Kaufpreisforderung verschiedenen Rechtsgrund stützen kann. Das führt zu einem Aufspaltungsrisiko: Der Käufer könnte sich gegenüber dem Finanzierer auf einen Mangel im Kaufvertrag nicht berufen. Dieser Nachteil wird durch den → Einwendungsdurchgriff (§ 13 VKrG) vermieden.

**Auftrag (§§ 1002 ff)**

Gegenstand des Auftrags ist – wie beim → Werkvertrag – eine Dienstleistung. Der Auftrag verpflichtet den Auftragnehmer aber (anders als im Sprachgebrauch: „Auftrag zum Bau eines Hauses") nicht zu faktischen Tätigkeiten, sondern zu Rechtshandlungen (Vertretung vor Gericht) oder zum Abschluss von Rechtsgeschäften (Vertragsabschluss) auf Rechnung des Auftraggebers. Sind faktische Tätigkeiten geschuldet, liegt hingegen ein Werkvertrag vor. Der Auftragnehmer ist verpflichtet, das Geschäft sorgfältig auszuführen und die Interessen des Auftraggebers zu wahren (§ 1009), er hat Anspruch auf → Aufwandersatz und (bei Vereinbarung) Entgelt. Hat er Vertretungsmacht, ist er auch Stellvertreter des Geschäftsherrn (→ Stellvertretung, direkte).

**Auftrag auf den Todesfall**

Übergabe einer Sache an einen Dritten mit dem Wunsch, dass dieser sie nach dem Tod des Erblassers behalten oder einem Begünstigten übergeben soll. Solche Rechtsgeschäfte sind nur gültig, wenn sie die nötige Form (Vermächtnis, Schenkung auf den Todesfall) einhalten. Vgl auch → Übergabe auf den Todesfall.

**Aufwandersatz**

(1) Auftragsrecht (§§ 1002 ff): Ein Auftrag kann je nach Vereinbarung entgeltlich oder unentgeltlich sein. Auch beim unentgeltlichen Auftrag muss der Auftraggeber dem Auftragnehmer aber Aufwandersatz zahlen. Das ist der Ausgleich für das vom Auftragnehmer erlittene Vermögensminus. Der Auftraggeber hat dem Auftragnehmer die notwendigen und nützlichen Aufwendungen zu ersetzen (§ 1014). Vom Aufwandersatz ist daher das Entgelt zu unterscheiden, das eine Belohnung für die Mühewaltung ist. (2) Bereicherungsrecht: Nach § 1042 steht Ersatz für getätigte Aufwendungen zu, die ein anderer „nach dem Gesetz" hatte machen müssen. Auch die Tilgung fremder vertraglicher Verpflichtungen rechtfertigt den Ersatz nach § 1042. Der Anspruch steht aber nicht zu, wenn der Aufwendende mit Schenkungswillen gehandelt hat (es bedarf also eines „animus obligandi") oder aufgrund einer eigenen Pflicht tätig geworden ist. Bei § 1042 handelt es sich um einen Fall der Rückführung einer Bereicherung in sonstiger Weise (→ Verwendungsanspruch). (3) Besitzrecht: Der redliche Besitzer hat Anspruch auf Ersatz des notwendigen und nützlichen Aufwandes (§ 331). Der Ersatz ist nur bis zur Höhe des gegenwärtigen Wertes zu leisten. Er ist begrenzt mit der Höhe des wirklich Aufgewendeten, auch wenn die Wertsteigerung höher ist. Der unredliche Besitzer darf Ersatz wie ein Geschäftsführer ohne Auftrag fordern (§ 336; → Geschäftsführung ohne Auftrag, angewandte), aber nie mehr als der redliche Besitzer.

**Aufwendungen, frustrierte**
Aufwendungen, die dem Geschädigten entstanden sind und die durch die Schädigung sinnlos werden. In diesem Fall ist die → Kausalität problematisch: Der Schädiger hat nicht die Aufwendungen verursacht, sondern ihre Nutzlosigkeit. Ob Ersatz gebührt, hängt besonders davon ab, ob die Schädigung noch im → Rechtswidrigkeitszusammenhang liegt. Vermieden werden soll eine Ausuferung der Haftpflicht (zB kein Ersatz des frustrierten Mitgliedsbeitrages im Fitnesscenter bei Körperverletzung).

**Ausfallsbürge (§ 1356)**
Der Ausfallsbürge (Schadlosbürge) kann nur in Anspruch genommen werden, wenn die Zwangsvollstreckung gegen den Hauptschuldner gescheitert ist. Die Ausfallsbürgschaft verstärkt daher den Subsidiaritätsgedanken der → Bürgschaft.

**Ausgedinge**
Das Ausgedinge ist eine Mischform zwischen bloßen Forderungsrechten, persönlichen → Dienstbarkeiten und → Reallasten. Den Altbauern soll durch das Recht auf Wohnung, Unterhalt und Fürsorge ein ruhiger Lebensabend ermöglicht werden. Soweit eine bücherliche Sicherstellung erfolgen soll, sind die Grundsätze der Reallast heranzuziehen.

**Ausgleichsfunktion**
Leitendes Prinzip im Schadenersatzrecht. Der Geschädigte soll bei Vorliegen der Zurechnungsgründe (vgl → Verschuldenshaftung; → Gefährdungshaftung; → Eingriffshaftung) durch die Ersatzleistung des Schädigers Ausgleich für den erlittenen Schaden erhalten. Siehe auch → Präventionsfunktion; → Sanktionsfunktion.

**Auskunft**
→ Sachverständigenhaftung.

**Auslegung**
Erforschung des Sinnes eines Rechtssatzes oder einer rechtsgeschäftlichen Erklärung. Man unterscheidet die → Gesetzesauslegung (§§ 6 f) und die Auslegung von → Willenserklärungen (§§ 914 f).

**Auslegung, ergänzende**
Bei der ergänzenden Auslegung eines Vertrages findet der ermittelte Sinn im Wortlaut der auszulegenden → Willenserklärung keine Stütze mehr. Mit ihrer Hilfe werden nach Vertragsabschluss auftretende Konfliktfälle gelöst, indem unter Berücksichtigung aller Umstände gefragt wird, welche Lösung redliche und vernünftige Parteien vereinbart hätten. Ergänzende Vertragsauslegung kommt aber nur in Betracht, wenn der Vertrag lückenhaft ist. Dispositives Recht schließt das Vorliegen einer Lücke grundsätzlich aus und geht somit der ergänzenden Vertragsauslegung in der Regel vor.

**Auslegung von Willenserklärungen**
→ Willenserklärung.

**Auslobung (§ 860)**
Eine Auslobung ist eine nicht an bestimmte Personen gerichtete Zusage einer Belohnung für eine Leistung oder einen Erfolg, die durch öffentliche Bekanntmachung verbindlich wird. Wer die Leistung erbringt (den Erfolg herstellt), erwirbt einen Anspruch auf die Belohnung.

A

**Ausreißer** → Produktionsfehler.

**Außenvollmacht** Teilt der Machtgeber die Bevollmächtigung seines Vertreters auch dem Dritten oder der Öffentlichkeit mit, so spricht man von einer Außenvollmacht. Im Gegensatz dazu erfolgt die Bevollmächtigung intern, wenn der Machtgeber die Befugnis (nur) seinem Vertreter erklärt (→ Innenvollmacht).

**außergewöhnliche Betriebsgefahr** → Betriebsgefahr, außergewöhnliche.

**außerordentliches Erbrecht der Legatare** → TEAGAK-Formel.

**Aussonderung** (1) Insolvenzrechtliche Variante der → rei vindicatio. Der Aussonderungsberechtigte hat das Recht auf Herausgabe von Sachen, die sich in der Insolvenzmasse befinden, aber ihm gehören (§ 44 IO). (2) → Konzentration.

**Ausstattung (§§ 1220 ff)** Unterhaltsähnlicher Anspruch des Ehegatten gegen seine Eltern/Großeltern im Fall der Verehelichung (oder Verpartnerung nach dem EPG). Er verjährt in drei Jahren. Im Erbrecht bildet die Ausstattung einen Anrechnungsposten bei der Anrechnung auf den gesetzlichen Erbteil und bei der Anrechnung auf den Pflichtteil (§ 788).

**Austausch (§ 932 Abs 2)** Primärer → Gewährleistungsbehelf, der in der Neulieferung eines anderen Stücks aus derselben Gattung besteht. Bei der → Speziesschuld gibt es daher keinen Austausch. Der Austausch ist in angemessener Frist und mit möglichst geringen Unannehmlichkeiten für den Übernehmer vorzunehmen, wobei die Art der Sache und der mit ihr verfolgte Zweck zu berücksichtigen sind (§ 932 Abs 3). Alternativ zum Austausch kann der Übernehmer → Verbesserung verlangen, wobei der gewählte Behelf im Vergleich zum anderen nicht mit einem unverhältnismäßig hohen Aufwand verbunden sein darf.

**Austauschanspruch** Gemäß § 920 kann der Gläubiger infolge einer vom Schuldner zu vertretenden nachträglichen Unmöglichkeit (→ Unmöglichkeit, nachträgliche) der Leistung den Austauschanspruch wählen: Er hält damit am Vertrag fest, erbringt seine eigene Leistung und verlangt vom Schuldner Wertersatz für die untergegangene Gegenleistung.

**Auswahlverschulden (culpa in eligendo)** Der Haftpflichtige hat zwar nicht durch eigenes Verhalten den Schaden verursacht, jedoch fahrlässig eine untaugliche Person ausgewählt, die durch ihr Verhalten den Schaden herbeigeführt hat. Wer zur → Substitution berechtigt ist, hat durch das Aussuchen der Person seine Pflicht erfüllt, weshalb der ausgewählte Dritte kein Gehilfe ist (weder → Erfüllungsgehilfe noch → Besorgungsgehilfe). Der Auswählende ist aber verpflichtet, bei der

Auswahl des Dritten sorgfältig zu sein. Er haftet daher (nur) für Auswahlverschulden.

**Auswärtsgeschäft**

→ Verbrauchergeschäft, das außerhalb der Geschäftsräume des Unternehmers abgeschlossen wird (vgl § 1 Abs 1, § 3 Z 1 → Fern- und Auswärtsgeschäfte-Gesetz, FAGG). Da der Verbraucher derartige Geschäfte oft unüberlegt abschließt, statuiert das FAGG umfassende → Informationspflichten des Unternehmers (§§ 4 ff FAGG) und gewährt ein 14-tägiges, ohne Begründung ausübbares → Rücktrittsrecht des Verbrauchers (§§ 11 ff FAGG). Ist das FAGG nicht anwendbar (§ 3 Abs 3 Z 4 KSchG), kann das verwandte Rücktrittsrecht beim → Haustürgeschäft (§ 3 KSchG) greifen.

**Ausweichklausel**

Kollisionsrechtliche Ausweichklauseln korrigieren die objektive → Anknüpfung, wenn sie aus der Gesamtheit der Umstände „unpassend" ist. ZB Art 4 Abs 3 Rom I: Ergibt sich aus der Gesamtheit der Umstände, dass der Vertrag eine offensichtlich engere Verbindung zu einem anderen als dem an sich bestimmten Staat aufweist, so ist das Recht des anderen Staates anzuwenden.

# B Basiszinssatz – Bürgschaft

**Basiszinssatz** → Verzugszinsen.

**battle of forms** → Allgemeine Geschäftsbedingungen.

**Bauführung** Die §§ 417 ff regeln die Rechtsfolgen des Bauens auf einer Liegenschaft. Sie kommen zur Anwendung, soweit die Betroffenen keine abweichenden Vereinbarungen getroffen haben. Geregelt sind: Bauen auf eigenem Grund mit fremdem Material (§ 417), Bauen mit eigenem Material auf fremdem Grund (§ 418), Bauen auf fremdem Grund mit fremdem Material (§ 419). Vorherrschend ist der Grundsatz „superficies solo cedit", das Bauwerk wird also als unselbständiger Bestandteil Eigentum des Grundstückseigentümers. Wird daher auf eigenem Grund mit fremdem Material gebaut, erwirbt der Grundeigentümer originär Eigentum am Material (§ 417). Der Grundeigentümer muss aber bereicherungsrechtlich Ersatz leisten. Dasselbe gilt beim Bauen auf fremdem Grund mit eigenem Material: Der Grundeigentümer erwirbt Eigentum am Material, kann diese Beeinträchtigung (seines Eigentums) aber auch beseitigen lassen (§ 523). Will er dies nicht, hat er dem redlichen Bauführer seine (durch die Wertsteigerung begrenzten) Aufwendungen zu ersetzen. Wusste aber der Grundeigentümer von der Bauführung und hat er sie dem redlichen Bauführer nicht sogleich untersagt, erwirbt der Bauführer Eigentum am verbauten Grund. Dafür muss er den Wert der verbauten Liegenschaft ersetzen (§ 418). Bauen auf fremdem Grund mit fremdem Material wird von § 419 geregelt: Auch hier wird der Grundeigentümer Eigentümer des Materials. Das Rechtsverhältnis zwischen Bauführer und Grundeigentümer richtet sich nach den Regeln über das Bauen mit eigenem Material auf fremdem Grund (§ 418), während das Verhältnis zwischen (vorigem) Materialeigentümer und Bauführer mit den Regeln über Bauen auf eigenem Grund mit fremdem Material (§ 417) beurteilt wird.

**Baugrundrisiko** Der Begriff „Baugrundrisiko" ist eine Schöpfung der Praxis. Man thematisiert damit die Frage, wer das wirtschaftliche Risiko dafür trägt, dass ein Werk (zB Hausbau) aufgrund der Untauglichkeit der Bodenverhältnisse scheitert oder sich verzögert. Für die Risikoverteilung ist die → Sphärentheorie einschlägig. Da der Baugrund aus der Sphäre des Bauherrn (Werkbestellers) stammt, trägt er grundsätzlich das Risiko. Der Bauunternehmer (Werkunternehmer) kann vom Bauherrn also (bei Scheitern) dennoch Entgelt und bei Verzögerung die Mehrkosten verlangen. Anderes kann bei „offenbarer" Untauglichkeit des Baugrundes gelten. Da es sich um beigestellten „Stoff" iSd § 1168a handelt, trifft den Werkunternehmer nämlich eine → Warnpflicht.

**Bauhandwerkersicherung (§ 1170b)**

Der Werkunternehmer, der ein „Bauwerk" errichtet, hat beim beiderseitigen Unternehmergeschäft das (unverzichtbare) Recht, ab Vertragsabschluss eine Sicherstellung in Höhe eines Fünftels des vereinbarten und noch ausständigen Entgelts zu verlangen (Bauhandwerkersicherung). Die Sicherstellung beträgt sogar zwei Fünftel, wenn der Vertrag innerhalb von drei Monaten zu erfüllen ist. § 1170b gilt allerdings nicht, wenn der Werkbesteller eine juristische Person des öffentlichen Rechts ist.

**Baurecht (§ 1 BauRG)**

Dingliches, veräußerliches und vererbliches (zeitlich aber auf höchstens 100 Jahre begrenztes) Recht, auf oder unter der Bodenfläche eines fremden Grundstücks ein Bauwerk zu haben. Durch ein Baurecht wird der Grundsatz → superficies solo cedit durchbrochen. Das Baurecht entsteht durch grundbücherliche Eintragung im Lastenblatt.

**Bauverbotsklage**

Sonderform der Besitzstörungsklage (§§ 340 f). Der Besitzer einer unbeweglichen Sache oder eines dinglichen Rechts an einer Liegenschaft hat nicht erst bei Störung, sondern schon bei Gefährdung seines → Besitzes durch Bauführung ein auf Unterlassung gerichtetes Klagerecht.

**Bauwerkehaftung (§ 1319)**

Wird durch Einsturz oder Ablösung von Teilen eines Gebäudes oder eines anderen auf einem Grundstück aufgeführten Werkes jemand verletzt oder sonst ein Schaden verursacht, haftet der Gebäudehalter, wenn der Schaden auf eine mangelhafte Beschaffenheit des Werkes zurückzuführen ist und er nicht beweist, dass er alle zur Abwendung der Gefahr erforderliche Sorgfalt angewendet hat. Dem Tatbestand unterfallen nicht nur Gebäude, sondern auch zB Gruben, Schächte, Kanäle, Stützmauern, Telegraphenmaste. Gehaftet wird nur für mangelhafte Werke (zB falsche Errichtung, ungenügende Wartung). Ist das Werk mangelhaft, obliegt es dem Halter, zu beweisen, dass er alle zur Abwendung der Gefahr erforderliche Sorgfalt angewendet hat, zB durch regelmäßige Einschaltung von Professionisten zur Überprüfung. § 1319 erfasst neben Lösen von Verputz, Dachschindeln, Fensterflügeln (strittig; Abgrenzungsproblem zur → Wohnungsinhaberhaftung) zB auch Dachlawinen. Gebäudehalter ist (unabhängig vom Eigentum), wer die Sache auf eigene Rechnung führt und die Verfügungsgewalt darüber hat und durch seine Beziehung zum Werk zur Gefahrenabwehr verpflichtet wäre (→ Halter).

**Bauzins**

Dem → Baurecht liegt ein meist entgeltlicher Titel zugrunde. Besteht das Entgelt für die Einräumung des Baurechts in wiederholten Leistungen, spricht man vom Bauzins.

**Bedarfsunterhalt**

Bei jeder Art der Scheidung kann – unabhängig vom Verschulden – ein Bedarfsunterhalt nach Billigkeit gewährt werden. Voraussetzung ist, dass einem Teil aus Gründen, die in der Ehe wurzeln, nicht zugemutet werden kann, zu arbeiten (§ 68a EheG iVm § 69b EheG). Die Bestimmung ist nach der Vorstellung des Gesetzgebers für Härtefälle gedacht und wird in der Praxis eher selten angewendet. Der Anspruch soll nur den Lebensbedarf abdecken, häufig werden zwischen 20 und 25% zugesprochen. Wäre diese Höhe unbillig (kurze Ehedauer; besonders schwere Eheverfehlung des Berechtigten), kann der Anspruch auch gemindert werden. Der Unterhaltsanspruch erlischt, wenn die Selbsterhaltungsfähigkeit erlangt wird (zB Pensionsantritt). Das Gesetz kennt zwei Fälle: → Betreuungsunterhalt und Unterhalt wegen ehebedingter → Einschränkung der Erwerbsfähigkeit.



**Bedingung (§§ 696, 704)**

(1) Die einem Rechtsgeschäft von den Parteien hinzugefügte Beschränkung, durch die der Eintritt oder die Aufhebung einer Rechtswirkung von einem ungewissen Umstand abhängig gemacht wird. Auch das Ereignis selbst wird als „Bedingung" bezeichnet. Ist ein Geschäft unter aufschiebender Bedingung (Suspensivbedingung) geschlossen, so beginnen die Rechtswirkungen erst dann, wenn das ungewisse Ereignis eintritt (Bsp: Vater schenkt Sohn ein Auto unter der Bedingung, dass er das Studium bis zum Sommer erfolgreich beendet). Bei einer auflösenden Bedingung (Resolutivbedingung) treten die Rechtswirkungen hingegen sofort ein, hören aber auf, sobald das ungewisse Ereignis eintritt (Bsp: Automietvertrag soll enden, wenn sich der Mieter ein eigenes Auto kauft). Hängt das Ereignis vom Zufall ab, spricht man von einer Zufallsbedingung, hängt es vom Willen einer der Parteien ab, spricht man von einer Wollensbedingung (Potestativbedingung). Eine aufschiebende unmögliche oder unerlaubte Bedingung macht das gesamte Rechtsgeschäft ungültig. Eine auflösende unmögliche oder unerlaubte Bedingung ist (entgegen § 898) als nicht beigesetzt zu betrachten, wenn sie einer Bestärkung des Rechtsgeschäftes gleichkommt (Bsp: A schenkt B den Familiendiamanten unter der Bedingung, ihn nie zu zerkratzen). (2) Erbrecht: Einschränkung des letzten Willens, bei der die Entstehung oder Aufhebung eines Rechtes von einem ungewissen Ereignis abhängig gemacht wird. Soll das Recht erst bei Eintritt einer bestimmten Bedingung erlangt werden, spricht man von aufschiebender Bedingung (Suspensivbedingung), soll das Recht bei Eintritt einer bestimmten Bedingung verloren werden, von auflösender Bedingtheit (Resolutivbedingung). Negative aufschiebende Bedingungen (A soll Erbe sein, wenn er nie zu rauchen beginnt) sind in positive auflösende Bedingungen umzudeuten (A wird Erbe, verliert sein Erbe aber, wenn er zu rauchen beginnt). Dem aufschiebend bedingten Erben fällt sein Erbrecht erst mit Eintritt der Bedingung an.

**Beeinträchtigung fremder Forderungsrechte**

Beeinträchtigung eines Forderungsrechts durch eine andere Person als den Vertragspartner. Dieses Verhalten führt in der Regel nicht zu Schadenersatzansprüchen: Im deliktischen Bereich sind Forderungsrechte grundsätzlich nicht geschützt, sondern nur absolute Rechtspositionen (→ Rechtsgut, absolut geschütztes). Anderes gilt insbesondere bei wissentlicher Beeinträchtigung fremder Forderungsrechte, die schadenersatzpflichtig macht.

**Befristung**

Die von den Parteien angeordnete zeitliche Beschränkung eines Rechtsverhältnisses, sodass ein Recht mit einem bestimmten Zeitpunkt beginnt oder endet (zB Erwerb oder Verlust des Erbrechts zu einem festgesetzten Termin). Zum Unterschied von der Bedingung steht fest, dass der Zeitpunkt kommen wird. Bei der Befristung ist das „Ob" also gewiss. Das „Wann" (Termin) kann hingegen auch bei der Befristung ungewiss sein (zB „Wenn mein Meerschweinchen stirbt").

**Begleitschaden** Von einem Begleitschaden spricht man, wenn dem Vertragspartner durch unsorgfältiges Verhalten (Verletzung von → Schutz- und Sorgfaltspflichten) während der Erfüllung ein Schaden zugefügt wird. Anders als beim → Mangelfolgeschaden wird der Schaden also nicht durch die mangelhafte Leistung verursacht. Begleitschäden werden nach allgemeinem Schadenersatzrecht ersetzt (→ Vertragshaftung).

**Begräbniskosten** (1) Bei der Tötung sind nach § 1327 die Kosten für ein angemessenes Begräbnis des Getöteten zu ersetzen. Anspruchsberechtigt ist, wer die Kosten tatsächlich getragen hat. (2) Im Erbrecht sind Kosten für die Bestattung des Erblassers Erbgangsschulden, die demjenigen aus dem reinen Nachlass zu ersetzen sind, der die Kosten getragen hat (soweit sie angemessen waren).

**Beistandspflicht** Ehegatten sind einander zu wechselseitigem Beistand verpflichtet. § 90 Abs 3 enthält eine spezielle Beistandspflicht des Stiefelternteils (→ Stiefelternschaft) in Obsorgeangelegenheiten: Er hat seinem Ehegatten in der Ausübung der → Obsorge für dessen Kinder in angemessener Weise beizustehen. Soweit es die Umstände erfordern, vertritt (→ Vertretungsmacht) er seinen Ehegatten auch in den Obsorgeangelegenheiten des täglichen Lebens.

**Belegenheitsort** → lex rei sitae.

**Bemühungszusage** → Vertrag zulasten Dritter.

**Benützungsentgelt** Wer ungerechtfertigt Nutzungen aus einem Vermögenswert zieht (Auto, Liegenschaft, Markenrecht usw), schuldet dem Berechtigten (Eigentümer, Mieter, Servitutsberechtigter, Markeninhaber usw) Benützungsentgelt. Der Anspruch ist bereicherungsrechtlicher Natur (→ Bereicherungsrecht) und daher von einem Verschulden unabhängig. Sowohl der redliche, als auch der unredliche Bereicherungsschuldner schulden Ersatz. Für die Entgelthöhe ist aber zu differenzieren. Beim Redlichen kommt es auf den subjektiven Nutzen an, er muss höchstens das marktübliche Benützungsentgelt zahlen. Der unredliche Benützer hat hingegen den „höchsten Preis" (§ 417), also das höchste am Markt erzielbare Benützungsentgelt zu leisten.

**Benützungsregelung** → Benützungsvereinbarung.

**Benützungsvereinbarung** Die Miteigentümer können eine Vereinbarung über die Nutzung der im → Miteigentum stehenden Sache treffen, die einstimmig zu erfolgen hat. Kommt keine Vereinbarung zustande, so kann jeder Miteigentümer eine gerichtliche Benützungsregelung begehren. Eine (vertragliche oder gerichtliche) Benützungsregelung zwischen den Teilhabern einer unbeweglichen Sache kann im Grundbuch angemerkt werden und wirkt dann auch für die Rechtsnachfolger (§ 828 Abs 2).

**Berechnungsmethode, relative**
→ Preisminderung.

**Bereicherung in sonstiger Weise (§§ 1041 f)**
Anspruch auf Rückführung einer ungerechtfertigten Bereicherung, die nicht durch eine → Leistung des Entreicherten an den Bereicherten, sondern „in sonstiger Weise" stattgefunden hat. Den Rückforderungsanspruch wegen Bereicherung in sonstiger Weise bezeichnet man auch als → Verwendungsanspruch.

**Bereicherungsrecht**
Überbegriff für alle Bestimmungen, die die Rückgängigmachung ungerechtfertigter Vermögensverschiebungen bezwecken. Das Bereicherungsrecht ist im ABGB in den §§ 1041 f (→ Verwendungsanspruch), §§ 1431 ff (→ Leistungskondiktion) geregelt. Der Entreicherte hat einen schuldrechtlichen Anspruch gegen den ungerechtfertigt Bereicherten. Das Bereicherungsrecht begründet wie das → Schadenersatzrecht und die → Geschäftsführung ohne Auftrag ein gesetzliches Schuldverhältnis.

**beschränkte Gattungsschuld**
Wird die geschuldete Sache nach generellen Merkmalen umschrieben, liegt eine → Gattungsschuld vor. Hat der Schuldner die Gattung aus einem begrenzten Vorrat zu leisten, ist sie eine beschränkte Gattungsschuld. Geht ein Teil der Gattung unter und ist daher nicht genug vorhanden, um alle Gläubiger aus der beschränkten Gattung zu befriedigen, kommt es nach überwiegender Ansicht wie im Insolvenzverfahren zu einer Aufteilung des vorhandenen Vorrates auf die Gläubiger (Repartierung).

**Beseitigungsanspruch**
Anspruch eines in seiner Rechtssphäre Beeinträchtigten auf aktive Maßnahmen gegen diese Beeinträchtigung (Rückgängigmachung eines Zustandes; Entfernung der Störungsquelle). Voraussetzung für den Beseitigungsanspruch ist die rechtswidrige Inanspruchnahme der fremden Rechtssphäre. Anders als im → Schadenersatzrecht setzt der Beseitigungsanspruch kein Verschulden voraus. Vom ebenfalls verschuldensunabhängigen → Unterlassungsanspruch unterscheidet sich der Beseitigungsanspruch durch seinen Inhalt. Gegenstand des Unterlassungsanspruchs ist die Verpflichtung, ein bestimmtes Verhalten nicht zu setzen. Gegenstand des Beseitigungsanspruchs ist ein aktives Tun.

**Besitz (§ 309)**
Wer eine Sache mit dem Willen in seiner Macht hat, sie als die seinige zu behalten, ist ihr Besitzer. Der Besitz ist bloß tatsächliche Sachherrschaft und sagt noch nichts über die Eigentumsverhältnisse an einer Sache aus. Besitz verlangt Gewahrsame (corpus), das ist die faktische Herrschaft über einen Gegenstand, und Besitzwillen (animus), also den Willen, eine Sache für sich zu haben. Es wird nach der Art der Sache zwischen → Sachbesitz,

→ Rechtsbesitz und → Buchbesitz, sowie nach der Sachherrschaft Allein-, Mit- und Teilbesitz unterschieden. Die wichtigste Funktion des Besitzes liegt im → Besitzstörungsverfahren.

**Besitz, echter (§§ 345 ff)**

Der Besitzer hat die Sache nicht gewaltsam, nicht listig und nicht durch Missbrauch einer Bittleihe erhalten (nec vi, nec clam, nec precario). Die Echtheit des Besitzes ist vor allem im → Besitzstörungsverfahren von Bedeutung, weil dieses auf die Wiederherstellung des letzten ruhigen Besitzes abzielt.

**Besitz, rechtlicher**

Rechtlich besitzt, wer rechtmäßig, redlich und echt besitzt. Der rechtliche Besitz vermittelt eine geschützte Rechtsposition, die gegen jeden schlechter Berechtigten mit der actio Publiciana (§ 372) durchgesetzt werden kann.

**Besitz, rechtmäßiger (§§ 316 ff)**

Besitz ist rechtmäßig, wenn er auf einem gültigen Titel beruht, der die Besitzausübung rechtfertigt. Der Käufer hat (nach Übergabe) das Recht, die Kaufsache zu besitzen (rechtmäßiger Sachbesitz). Der Mieter hat das Recht, den Bestandgegenstand zu nutzen (rechtmäßiger Rechtsbesitz).

**Besitz, redlicher (§§ 326 ff)**

„Wer aus wahrscheinlichen Gründen die Sache, die er besitzt, für die seinige hält, ist ein redlicher Besitzer. Ein unredlicher Besitzer ist derjenige, welcher weiß oder aus den Umständen vermuten muss, dass die in seinem Besitze befindliche Sache einem anderen zugehöre" (§ 326). Diese Anordnung betrifft den Sachbesitz; ein Rechtsbesitzer ist redlich, wenn er annehmen darf, dass ihm die Rechtsausübung zusteht. → Redlichkeit.

**Besitzanweisung**

Ist die zu übertragende Sache bei einem Dritten, erfolgt der Besitzerwerb idR nicht durch körperliche → Übergabe, sondern zur Vereinfachung durch Besitzanweisung. Der Dritte wird angewiesen, die Sache nicht mehr für den Veräußerer, sondern für den Erwerber innezuhaben.

**Besitzdiener**

Unmittelbarer Inhaber einer Sache, der die Gewahrsame aber für einen anderen ausübt. Der Besitzdiener steht zum Besitzer in einem Abhängigkeitsverhältnis, durch dieses Merkmal ist er vom → Besitzmittler abzugrenzen.

**Besitzerwerb**

Der Besitzerwerb setzt Besitzwillen (animus) und Erlangung der Gewahrsame an der Sache (corpus) voraus. Der einseitige Besitzerwerb erfolgt allein durch Handlungen des Erwerbers, der zweiseitige Erwerb setzt das willentliche Zutun des früheren Besitzers voraus (→ Übergabe).

**Besitzkonstitut**

Das Besitzkonstitut ist ein Fall der → Übergabe beweglicher Sachen durch Erklärung (§ 428). Es bedarf zum Besitzerwerb also der Gewahrsame. Das Besitzkonstitut ist vor allem dann relevant, wenn die Sache beim Veräußerer bleiben soll: Die Parteien erklären ihr Einverständnis, dass der Besitzer die Sache fortan für den Erwerber innehaben soll: Der Besitzer wird durch Erklärung zum Inhaber.

**Besitzmittler**

Besitzmittler sind unmittelbare Inhaber einer Sache und üben die Gewahrsame für einen anderen aufgrund eines gesetzlichen oder vertraglichen Rechtsverhältnisses (zB Verwahrung oder Miete) aus. Im Gegensatz zum → Besitzdiener besteht kein Abhängigkeitsverhältnis.

**Besitzstörungsverfahren (possessorium; §§ 454 ff ZPO, § 339)**

Bei Störungen des Besitzes kann auf die Wiederherstellung des vorigen Zustandes – bei Wiederholungsgefahr auch auf die Untersagung künftiger Eingriffe – geklagt werden. Das Besitzstörungsverfahren ist ein schnelles Verfahren, weil Titel und Redlichkeit des gestörten Besitzes nicht geprüft werden. Tatbestand ist (nur) die eigenmächtige Störung des Besitzes durch einen Dritten, Ziel die Wiederherstellung des letzten ruhigen Besitzes. Die Klage ist binnen 30 Tagen ab Kenntnis von Störung und Störer einzubringen.

**Besitzwille**

→ Besitz; → Sachbesitz.

**Besorgungsgehilfe (§ 1315)**

Besorgungsgehilfe ist, wessen sich der Geschäftsherr zur Besorgung seiner Angelegenheiten (Interessenverfolgung) bedient und wer nicht Erfüllungsgehilfe ist. Der Geschäftsherr haftet, wenn er sich einer habituell untüchtigen oder wissentlich einer gefährlichen Person bedient, also nur, wenn ihm die Gefährlichkeit bewusst oder die Untüchtigkeit habituell ist (ausnahmsweise Unachtsamkeit reicht nicht). Gefährlichkeit bezieht sich auf die physischen und psychischen Anlagen des Gehilfen, Untüchtigkeit auf seine Eignung für die Tätigkeit. Der Unterschied zum Erfüllungsgehilfen besteht darin, dass der Geschäftsherr nach dem Maßstab des § 1315 gegenüber jedermann haftet, nach § 1313a hingegen nur bei Bestehen eines Schuldverhältnisses (es bestehen zahlreiche Sonderregeln, zB Leutehaftung nach § 1319a; Gehilfenhaftung nach § 19 Abs 2 EKHG usw). Wenn zum Geschädigten keine Sonderbeziehung besteht, ist die Haftung weniger streng. Durch eine Haftung des Geschäftsherrn bleibt eine allfällige deliktische Haftung des Gehilfen selbst (zB Verletzung absolut geschützter Rechtsgüter) unberührt (→ Deliktshaftung), beide haften dem Geschädigten solidarisch. Intern bestehen Regressansprüche. Diese Regel wird für den Rückgriff gegen Dienstnehmer durch das → Dienstnehmerhaftpflichtgesetz (DHG) sehr weit eingeschränkt.

**Bestandgeberpfandrecht (§ 1101)**

Zur Sicherung des Bestandzinses hat der Vermieter einer unbeweglichen Sache ein gesetzliches Pfandrecht an vom Mieter eingebrachten Sachen (und Sachen von Familienangehörigen). Es entsteht mit der Einbringung und erlischt, wenn die Sachen vor gerichtlicher Pfändung aus dem Bestandobjekt entfernt werden. Der Bestandgeber kann aber die Wegschaffung verhindern (Sperr- oder Perklusionsrecht).

**Bestandschutz**

→ Mietrechtsgesetz.

**Bestandteil**

Zusammengesetzte Sachen setzen sich aus Bestandteilen zusammen (§ 294). Es gibt selbständige und unselbständige Bestandteile. Ein unselbständiger Bestandteil ist mit der Hauptsache so eng verbunden, dass er von ihr tatsächlich nicht oder nur durch eine unwirtschaftliche Vorgangsweise abgesondert werden kann (Heizungsrohre in der Wand). Er teilt zwangsläufig das rechtliche Schicksal der Hauptsache. Ein selbständiger Bestandteil ist mit einer Sache hingegen so verbunden, dass er tatsächlich und wirtschaftlich von ihr getrennt werden kann (Reifen eines Autos). Er ist sonderrechtsfähig.

**Bestandvertrag (§§ 1090 ff)**
Inhalt eines Bestandvertrages ist die Überlassung des Gebrauchs an einer unverbrauchbaren Sache (Bestandsache) auf Zeit und gegen Entgelt (Zins). Innerhalb der Bestandverträge werden → Miete und → Pacht unterschieden, je nachdem, ob die Bestandsache nur zum Gebrauch oder auch zur Fruchtziehung überlassen wird.

**Bestreitungsverbot (kassatorische Klausel)**
Das vom Erblasser dem Erben oder Legatar unter Androhung der Entziehung eines Vorteils auferlegte Verbot, den letzten Willen zu bestreiten. Davon sind die Bestreitung der Echtheit und die Ermittlung des Sinnes der Verfügung (§ 720) nie erfasst, weil sich beide nicht gegen den Willen des Erblassers richten, sondern seiner Verwirklichung dienen. Sanktioniert werden vor allem mutwillige Bekämpfungen des letzten Willens.

**Betreibungskosten**
Kosten, die bei außergerichtlicher Eintreibung von → Geldschulden anfallen (zB Mahnspesen, Rechtsanwaltshonorar, Kosten eines Inkassobüros). Bei schuldhaftem Zahlungsverzug schuldet der Schuldner die notwendigen Kosten zweckentsprechender Betreibungsmaßnahmen aus dem Titel des Schadenersatzes, soweit diese in einem angemessenen Verhältnis zur betriebenen Forderung stehen (§ 1333 Abs 2). Selbst im unverschuldeten Verzug steht im beidseitigen Unternehmergeschäft ein pauschaler (Mindest-) Ersatz für Einbringungskosten in Höhe von € 40 zu (§ 458 UGB).

**Betreuungsunterhalt (§ 68a Abs 1 EheG)**
Eine Form des → Bedarfsunterhalts. Betreuungsunterhalt kommt in Betracht, wenn der Geschiedene ein gemeinsames Kind erzieht und ihm Arbeit deshalb nicht zumutbar ist. Dies wird – unter Berücksichtigung des Kindeswohls – bis zur Vollendung des 5. Lebensjahres vermutet.

**Betriebsgefahr (EKHG)**
Die besondere Gefahr beim Verkehr mit Kfz (Eisenbahnen) liegt in der Bewegung einer großen Masse mit hoher Geschwindigkeit. Man nennt dies gewöhnliche Betriebsgefahr. Diese schon mit dem normalen Betrieb verbundene Gefahr könnte (theoretisch) ein Verbot durch den Gesetzgeber rechtfertigen. Da der Verkehr aber wirtschaftlich notwendig und erwünscht ist, erlaubt der Gesetzgeber diese gefährlichen Tätigkeiten, knüpft daran jedoch eine strenge → Gefährdungshaftung.

**Betriebsgefahr, außergewöhnliche (§ 9 EKHG)**
Die außergewöhnliche Betriebsgefahr ist für die Haftung nach dem EKHG relevant. Sie liegt immer dann vor, wenn ein zusätzliches Gefährlichkeitsmoment zur gewöhnlichen Betriebsgefahr hinzutritt. Die außergewöhnliche Betriebsgefahr führt jedenfalls zur Haftung des Halters oder Betriebs-

unternehmers nach dem EKHG, selbst wenn das Ereignis unabwendbar war. Nur wenn der Geschädigte die außergewöhnliche Betriebsgefahr selbst verursacht hat, kann er sich nicht darauf berufen.

**Betriebsunternehmer**

Das EKHG nennt den Betreiber einer Eisenbahn Betriebsunternehmer (vgl § 5 EKHG). Das ist, wer die Eisenbahn auf eigene Rechnung und Gefahr betreibt. Der Begriff gleicht dem → Halter beim Kfz. Der Betriebsunternehmer ist Haftpflichtiger nach dem EKHG.



**Bevollmächtigung**

Rechtsgeschäft, durch das jemandem Vertretungsmacht eingeräumt wird. Die Bevollmächtigung ist kein Vertrag, sondern eine einseitige empfangsbedürftige und grundsätzlich formfreie Willenserklärung des Vollmachtgebers. Die aus der Bevollmächtigung folgende Befugnis nennt man → Vollmacht oder → Vertretungsmacht.

**Bevollmächtigungsvertrag**

Das ABGB fasst die Institute der Vollmacht und des Auftrages in den §§ 1002 ff unter dem Titel „Bevollmächtigungsvertrag" zusammen. Diese Regelung ist nicht geglückt. Zwar werden → Auftrag und → Vollmacht oft miteinander verbunden, doch ist dies erstens nicht zwingend, weil das Innenverhältnis auch anders, etwa als Dienstvertrag oder → Ermächtigung ausgestaltet sein kann. Zweitens sind im Innen- und im Außenverhältnis verschiedene Rechtsfragen zu lösen. Die neuere Lehre, die erst nach Schaffung des ABGB entwickelt wurde, trennt Vollmacht und Auftrag daher strikt voneinander. Von einem Bevollmächtigungsvertrag sollte man daher nicht sprechen, weil dies eher zur Verwirrung beiträgt.

**Bewahrungsgehilfe**

Eine Person, der der Geschädigte seine Güter bewusst überantwortet oder derer er sich zur Wahrnehmung seiner vertraglichen Gläubigerobliegenheiten bedient. Der Geschädigte muss sich Handlungen des Bewahrungsgehilfen nach einer Auffassung stets als → Mitverschulden (§ 1304) anrechnen lassen. Nach einer anderen (herrschenden) Auffassung ist zu differenzieren: Im Rahmen vertraglicher Schuldverhältnisse habe sich der Geschädigte das Verhalten des Bewahrungsgehilfen in Analogie zu § 1313a anrechnen zu lassen. Im deliktischen Bereich komme es hingegen auch auf Geschädigtenseite nur unter den Voraussetzungen des § 1315 zu einer Zurechnung (Gleichbehandlungsthese).

**bewegliche Sache**

→ Sache, bewegliche.

**Beweislastumkehr**

(1) Allgemein: Als Beweislastumkehr bezeichnet man die Abweichung von der allgemeinen Beweisregel, dass derjenige den Beweis zu erbringen hat, der einen für ihn günstigen Umstand behauptet. (2) Im Gewährleistungsrecht: Nach § 924 wird vermutet, dass der → Mangel bereits bei Ablieferung vorhanden war, wenn er innerhalb von 6 Monaten danach hervorkommt (§ 924 Satz 2). Ist die Vermutung mit der Art der Sache oder des Mangels unvereinbar, so gilt sie nicht (§ 924 Satz 3). (3) Im Schadenersatzrecht: Grundsätzlich hat der Geschädigte das Verschulden des Schädigers

zu beweisen (§ 1296), bei → Vertragshaftung kommt es aber zur Beweislastumkehr: Der Schädiger muss beweisen, dass ihn kein Verschulden trifft, leichte Fahrlässigkeit wird vermutet. Ist die Haftung für leichte Fahrlässigkeit ausgeschlossen, wird grobe Fahrlässigkeit vermutet.

**Beziehung, stärkste** Aufgabe des → Internationalen Privatrechts ist es, das anwendbare Sachrecht zu bestimmen. Das österreichische IPR strebt danach, das Privatrechtsverhältnis der Rechtsordnung zu unterstellen, zu der es am meisten Bezugspunkte aufweist. Man spricht von der stärksten Beziehung oder engsten Verbindung.

**Bezugsberechtigung** Nach § 166 Abs 1 Versicherungsvertragsgesetz kann der Versicherungsnehmer bei Lebens- und Unfallversicherungen einen Bezugsberechtigten nennen, der bei seinem Ableben die Versicherungssumme erhalten soll. Der Bezugsberechtigte erhält in diesem Fall die Leistung, nicht die Erben. Die Einräumung oder Änderung einer Bezugsberechtigung ist auch durch → letztwillige Verfügung möglich.

**Billigkeitshaftung** → Deliktsfähigkeit.

**Billigkeitsunterhalt** § 68a EheG gewährt in allen Scheidungsfällen bei Unzumutbarkeit der Erwerbstätigkeit wegen Pflege und Erziehung eines gemeinsamen Kindes oder wegen ehebedingter → Einschränkung der Erwerbsfähigkeit einen verschuldensunabhängigen Unterhaltsanspruch.

**Bindungswille** → Angebot.

**Bindungswirkung** → Zugang.

**Bittleihe (§ 974)** Wird der Gebrauch einer Sache gegen jederzeitigen Widerruf vereinbart, spricht man von Bittleihe (Prekarium). Der Verleiher kann den Zeitpunkt der Rückforderbarkeit des Leihgegenstandes in diesem Fall allein bestimmen. Die Bittleihe ist zwar eine Form der → Leihe, der Prekarist ist wegen der jederzeitigen Auflösungsmöglichkeit aber kein Rechtsbesitzer und genießt keinen Besitzschutz.

**bloßer Vermögensschaden** → Vermögensschaden, bloßer.

**Bonitätsprüfung** § 7 des → Verbraucherkreditgesetzes verpflichtet den Kreditgeber zu einer Prüfung der Kreditwürdigkeit des Verbrauchers (Bonität). Der Kreditgeber hat dazu Informationen vom Verbraucher zu verlangen (zB Einkommen, Vermögensverhältnisse, Unterhaltspflichten) und erforderlichenfalls auch Auskünfte aus geeigneten Datenbanken einzuholen.

**Bote** Bote ist, wer eine fremde Willenserklärung überbringt (Erklärungsbote, Übermittlungsbote) oder für jemand anderen in Empfang nimmt (Empfangsbote). Zum Unterschied vom Stellvertreter, der einen eigenen rechtsgeschäftlichen Willen bildet, teilt der Bote als „verlängerte Hand" einen fremden Willen mit oder nimmt ihn entgegen. Unterläuft dem Erklärungsboten bei der Übermittlung ein Fehler, muss der Geschäftsherr die Erklärung gegen sich so gelten lassen, wie wenn er sie selber abgegeben hätte. Er kann sie aber bei Vorliegen der Voraussetzungen des § 871 gegenüber dem Erklärungsgegner wegen Irrtums anfechten. Hat der Bote die Erklärung hingegen absichtlich entstellt oder war er überhaupt nicht beauftragt, eine Erklärung zu überbringen („Scheinbote"), lässt sie die hM überhaupt nicht gegen den „Erklärenden" gelten. Bei analoger Anwendung der Grundsätze der Rechtsscheinlehre (→ Anscheinsvollmacht) muss der Erklärende sich die Erklärung jedoch zurechnen lassen, wenn er den „Anschein gesetzt hat", den Boten bestellt zu haben, und der Erklärungsgegner darauf vertraut (Anscheinsbote). Dem Geschäftsgegner, der einen Empfangsboten einsetzt, geht die Erklärung rechtlich mit Empfang durch den Boten zu. Ob und mit welchem Inhalt die Erklärung tatsächlich an den Geschäftsherrn weitergegeben wird, spielt keine Rolle. Ob jemand als Bote oder als Stellvertreter eines anderen anzusehen ist, richtet sich nach seinem tatsächlichen Auftreten gegenüber dem Geschäftsgegner.

**breach of contract**

Das → UN-Kaufrecht enthält mit der „Vertragsverletzung" (breach of contract) einen einheitlichen Leistungsstörungstatbestand. Das ABGB unterscheidet hingegen zwischen → Verzug, nachträglicher → Unmöglichkeit und → Gewährleistung. Allerdings differenziert auch das UN-Kaufrecht bei Leistungsstörungen insofern, als es hinsichtlich der Rechtsfolgen auf „einfache" und „wesentliche" Vertragsverletzungen abstellt (Art 25 UNK; → UN-Kaufrecht).

**Bringschuld**

Ergibt sich aus der Vereinbarung oder aus dem Zweck der Leistung, dass der Schuldner die Leistung am Sitz des Gläubigers zu erbringen hat, handelt es sich um eine Bringschuld. Der Schuldner hat erst erfüllt, wenn er die Sachen dem Gläubiger dort übergeben hat, er trägt also das Transportrisiko. Die gesetzliche Zweifelsregel ordnet keine Bring-, sondern → Holschuld an (§ 905 Abs 1).

**Buchbesitz (§ 321)**

Neben → Sach- und → Rechtsbesitz kennt das ABGB noch den Buchbesitz (Tabularbesitz), der durch die Grundbuchseintragung erlangt wird. Der Buchbesitz ist nicht mit Besitzschutz ausgestattet, weil bei bloßer Beeinträchtigung des Buchbesitzes der Rechtsfriede nicht bedroht ist. Der Buchbesitzer hat aber die Vermutung eines gültigen Titels (§ 323) für sich.

**bücherlicher Vormann**

Eintragungen im Grundbuch sind nur gegen den zulässig, der zur Zeit des Ansuchens im Grundbuch aufscheint (§ 21 GBG; vgl aber → Sprungeintragung). Dies wird als Prinzip des bücherlichen Vormanns bezeichnet. Im Einzelnen ist für den Erwerb vom bücherlichen Vormann erforderlich: Ein gültiger Titel (Rechtsgrund), die Berechtigung des Vormanns und die Einräumung des Rechts durch ihn (dingliches Geschäft; → Aufsandungserklärung).

**Buchvermerk**

Der Vermerk in den Büchern des (Alt-)Gläubigers ist ein Mittel zur Herstellung der bei Verpfändung von Forderungen und Sicherungszession notwendigen → Publizität. Er kommt in Betracht bei Forderungen, die in unternehmerischen Geschäftsbüchern eingetragen sind (§ 189 UGB). Ein alternatives Mittel zur Herstellung der Publizität ist die → Drittschuldnerverständigung.

**Bürge**

Bürge ist, wer sich gegenüber dem Gläubiger verpflichtet, für die Verbindlichkeit eines anderen (des Hauptschuldners) einzustehen (§ 1346; → Bürgschaft).

**Bürge und Zahler (§ 1357)**

Wer als „Bürge und Zahler" haftet, kann für die Verbindlichkeit des Hauptschuldners in Anspruch genommen werden, ohne dass es vorher einer Mahnung des Hauptschuldners bedarf. Der Bürge und Zahler haftet also nicht wie bei der gemeinen → Bürgschaft subsidiär, sondern solidarisch.

**Bürgenregress**

Wird der Bürge in Anspruch genommen, kann er beim Hauptschuldner Regress nehmen, der sich primär nach dem Innenverhältnis zwischen Bürgen und Hauptschuldner (zB → Auftrag) richtet. Ergibt sich aus dem Innenverhältnis nichts anderes, ordnet § 1358 eine Legalzession (→ Zession, gesetzliche) an.

**Bürgerliches Recht**

Das Bürgerliche Recht – auch allgemeines Privatrecht oder Zivilrecht genannt – regelt anders als die → Sonderprivatrechte Privatrechtsverhältnisse, die für jeden bedeutsam sind. Soweit die Sonderprivatrechte keine besonderen Vorschriften enthalten, gelten die allgemein-zivilrechtlichen Bestimmungen.

**Bürgschaft**

In einer Bürgschaft verpflichtet sich der Bürge gegenüber dem Gläubiger, für die Erfüllung durch den Hauptschuldner einzustehen. Sie bedarf aufgrund des damit verbundenen Risikos der Schriftform (§ 1346 Abs 2; → Formvorschriften). Die Bürgschaft hängt in ihrem Bestehen von der Hauptschuld ab (→ Akzessorietät). Sie ist subsidiär, weil der Gläubiger nur nach vorheriger Mahnung auf den Bürgen greifen kann (beachte aber → Bürge und Zahler). Wird der Bürge in Anspruch genommen, kann er beim Hauptschuldner → Bürgenregress nehmen. Bei einer → Verbraucherbürgschaft und einer → Angehörigenbürgschaft treffen den Gläubiger besondere Pflichten gegenüber dem Bürgen.

# C casum sentit dominus – cum viribus

**casum sentit dominus**
→ Schadenersatzrecht.

**casus mixtus-Haftung (gemischter Zufall)**
Gemäß § 1311 haftet jeder, der einen Zufall schuldhaft verursacht hat, für den dadurch eingetretenen Schaden. Damit wird für eine (isoliert betrachtet) zufällige Schädigung gehaftet, die aber nicht ohne eine vorhergehende schuldhafte Pflichtverletzung eingetreten wäre. Hat zB der Verwahrer die ihm anvertraute Sache selbst gebraucht, ohne Not oder Erlaubnis des Hinterlegers einem Dritten in Verwahrung gegeben oder die Rückgabe verzögert, haftet er auch für jeden zufälligen Schaden, der sonst nicht eingetreten wäre (§ 965; → Verwahrung). Nach denselben Grundsätzen haftet der Entlehner, wenn er die Sache anders gebraucht als bedungen (§ 979; → Leihe).

**causa**
→ Verpflichtungsgeschäft.

**CESL**
→ Gemeinsames Europäisches Kaufrecht.

**clausula rebus sic stantibus**
„Abschluss unter dem Vorbehalt gleichbleibender Verhältnisse." Ein solcher Vorbehalt kann vereinbart werden. Vielfach wird angenommen, dass auch ohne ausdrückliche Vereinbarung Verträge aufgehoben werden, wenn grundlegende erwartete Umstände nicht eintreten oder als gesichert angenommene später wegfallen (→ Geschäftsgrundlage). Das ABGB berücksichtigt in Einzelfällen die nachträgliche Änderung der Sachlage: zB beim → Vorvertrag.

**commodum, stellvertretendes**
→ stellvertretendes commodum.

**condictio causa data causa non secuta**
In Analogie zu § 1435 (→ condictio causa finita) gewährte → Leistungskondiktion. Sie setzt voraus, dass eine Leistung erkennbar zur Erreichung eines bestimmten Zweckes erbracht wird, das Ziel aber verfehlt wird. Die condictio causa data causa non secuta ist nur einschlägig, wenn die Leistung nicht der Erfüllung einer Verpflichtung (Vertrag) diente. In diesen Fällen steht die Leistungskondiktion nämlich nur zu, wenn ein gesetzlich geregelter Tatbestand verwirklicht ist (§ 877, § 1431, § 1435).

**condictio causa finita (§ 1435)**
Die → Leistungskondiktion des § 1435 setzt voraus, dass einer Leistung ihre Rechtfertigung später entzogen wird. § 1435 ist besonders dann anwendbar, wenn ein Vertrag aufgrund leistungsstörungsrechtlicher Anordnungen aufgelöst wird (→ Rücktritt; → Wandlung). Wird ein Vertrag hingegen wegen eines → Willensmangels später beseitigt, kommt § 877 zur Anwendung.

**condictio indebiti (§ 1431)**
→ Leistungskondiktion wegen irrtümlicher Zahlung einer Nichtschuld. § 1431 setzt voraus, dass die bezahlte Verbindlichkeit tatsächlich nicht bestanden hat und sich der Leistende darüber geirrt hat. Ob der Irrtum vom Zahlenden verschuldet ist, spielt keine Rolle. Der Anspruch besteht nur dann nicht, wenn eine bloß noch nicht fällige Schuld oder eine → Naturalobligation bezahlt wird (§§ 1432, 1434).

**condictio sine causa (§ 877)**
→ Leistungskondiktion bei „Aufhebung eines Vertrages aus mangelnder Einwilligung". § 877 ist anwendbar, wenn Leistungen nach → Anfechtung wegen Irrtums, List oder Drohung (→ Willensmangel) zurückgefordert werden. Zum Unterschied von § 1431 setzt § 877 einen Irrtum im Zeitpunkt der Leistung nicht voraus (praktisch relevant etwa bei Vertragsabschluss infolge Drohung).

**conditio sine qua non**
→ Äquivalenztheorie; → Kausalität.

**Content-Provider**
→ Providerhaftung.

**corpus**
→ Gewahrsame.

**culpa in contrahendo**
Bereits durch die Aufnahme rechtsgeschäftlichen Kontaktes zwischen den (möglichen) Vertragsparteien entstehen von Gesetzes wegen Schutz-, Sorgfalts- und Aufklärungspflichten. Die schuldhafte Verletzung dieser vorvertraglichen Pflichten bezeichnet man als culpa in contrahendo. Der pflichtwidrig handelnde Teil wird schadenersatzpflichtig und haftet nach vertraglichen Regeln (§§ 1298, 1313a). Bei einer Haftung für die Verletzung von Aufklärungspflichten ist nur der Vertrauensschaden zu ersetzen. Die Haftung des Scheinvertreters (§ 1019; → falsa procuratio) beruht auf dem Gedanken der culpa in contrahendo.

**culpa in eligendo**
→ Auswahlverschulden.

**cum viribus hereditatis-Haftung**
Sachlich beschränkte Haftung des Erben nach einer → Nachlassseparation. Nach Antrag auf Nachlassseparation steht das Separationsgut nur den Separationsgläubigern zur Befriedigung offen. Allerdings haftet der Erbe ohne Rücksicht auf seine → Erbantrittserklärung auch nur mit diesen Sachen.

# D Damnationslegat – Durchschnittsbedarf

**Damnationslegat**
→ Vermächtnis.

**Darlehenskonstruktion**
→ Kauf, drittfinanzierter.

**Darlehensvertrag (§ 983)**
Im Darlehensvertrag treffen die Parteien die Vereinbarung, dass der Darlehensgeber dem Darlehensnehmer vertretbare Sachen (zB Mehl, Zucker, Geld) übergibt, über die der Darlehensnehmer nach seinem Belieben verfügen kann. Der entgeltliche Darlehensvertrag über Geld heißt → Kreditvertrag (§ 988). Ein unentgeltlicher Darlehensvertrag ohne Übergabe der Sachen bedarf der Schriftform (§ 984 Abs 2). Der Darlehensnehmer ist verpflichtet, dem Darlehensgeber nach Vertragsende ebenso viele Sachen derselben Gattung und Güte zurückzugeben und bei Vereinbarung ein Entgelt für die Nutzung zu leisten.

**Dauerschuldverhältnis**
Dauerschuldverhältnisse (zB Miete, Pacht, Dienstvertrag, Verwahrung, Leihe) begründen die Verpflichtung zu einem auf längere Zeit angelegten Verhalten. Sie erlöschen daher – anders als Zielschuldverhältnisse – nicht durch einmalige Erfüllungshandlung. Befristete Dauerschuldverhältnisse enden grundsätzlich durch Zeitablauf, unbefristete Dauerschuldverhältnisse durch ordentliche → Kündigung (beachte aber → Mietrechtsgesetz). Daneben ist in beiden Fällen stets eine einvernehmliche Auflösung oder eine Beendigung aus wichtigem Grund (außerordentliche Kündigung) möglich.

**debitor cessus (Zessus, Drittschuldner)**
Schuldner einer durch → Zession übergegangenen Forderung. Die Rechtsstellung des Drittschuldners ist durch das zessionsrechtliche → Verschlechterungsverbot geprägt (§ 1396): Seine Position wird durch die Zession inhaltlich nicht verändert. Aus diesem Grund muss der Zessus der Abtretung nicht zustimmen. Er ist vielmehr verpflichtet, an den neuen Gläubiger zu zahlen. Bis zur Verständigung von der Abtretung kann er allerdings schuldbefreiend an den Altgläubiger leisten (§ 1395).

**Deckungsgeschäft**
Mit einem Deckungsgeschäft zielt man darauf ab, sich in dieselbe Lage zu versetzen wie bei Erfüllung des ursprünglichen Geschäftes. Der Begriff des Deckungsgeschäftes ist im Leistungsstörungsrecht relevant, wenn es um die Berechnung des → Erfüllungsinteresses geht. Der Gläubiger hat dann einen → Differenzanspruch (zB Differenz zwischen Kaufpreis beim Deckungsgeschäft und Kaufpreis beim ursprünglichen Geschäft).

**Deckungsverhältnis**
Durch die → Anweisung wird der Angewiesene vom Anweisenden ermächtigt, die Leistung an den Anweisungsempfänger zu erbringen. Das Rechtsverhältnis zwischen Anweisendem und Angewiesenem, aus dem die Ermächtigung entspringt, wird als Deckungsverhältnis bezeichnet. Als De-

ckungsverhältnis bezeichnet man auch das Verhältnis zwischen Versprechensempfänger und Schuldner beim → Vertrag zugunsten Dritter und das Verhältnis zwischen Garantieauftraggeber und Garant bei der → Garantie.

**Deliktsfähigkeit**

Fähigkeit, durch eigenes Handeln schadenersatzpflichtig zu werden. Sie ist abhängig von Alter und Geisteszustand. Die Deliktsfähigkeit wird (von geistig Gesunden) mit Vollendung des 14. Lebensjahres erreicht (§ 176). Geisteskrankheit, Geistesschwäche oder vorübergehende Sinnesverwirrung beseitigen für die Dauer dieses Zustandes die Deliktsfähigkeit. Für Deliktsunfähige haften die Aufsichtspersonen bei Aufsichtspflichtverletzung (§ 1309). Ist Ersatz von ihnen nicht zu erlangen, haftet gemäß § 1310 subsidiär doch der Deliktsunfähige in drei Fällen: (1) Wenn er trotz prinzipieller Deliktsunfähigkeit das Unrecht seiner Tat im Einzelfall doch einsehen konnte. (2) Wenn der Geschädigte aus Rücksicht auf den Schädiger die Verteidigung unterlassen hat. (3) Wenn ein Vermögensvergleich zwischen Schädiger und Geschädigtem ergibt, dass aufgrund höherer wirtschaftlicher Tragfähigkeit der Schädiger eher imstande ist, den Schaden zu tragen (Billigkeitshaftung).

**Deliktshaftung**

Deliktshaftung (Haftung ex delicto) ist Schadenersatzpflicht aufgrund der Verletzung allgemeiner, also gegenüber jedermann bestehender Verhaltenspflichten (→ Rechtsgut, absolut geschütztes; → Schädigung, sittenwidrige; → Schutzgesetz; → Verkehrssicherungspflicht). Anders als bei der → Vertragshaftung wird ex delicto nur für gewisse Gehilfen gehaftet (→ Besorgungsgehilfe). Schädigungen am bloßen Vermögen sind im deliktischen Bereich nicht rechtswidrig (Vermögensschaden, bloßer) und werden daher nicht ersetzt. Den Geschädigten trifft bei der Deliktshaftung die Beweislast für das Verschulden des Schädigers (§ 1296).

**Deliktsstatut**

Für Schadenersatzansprüche enthält → Rom II eine Kollisionsnorm (Art 4 Rom II), die eine dreistufige Anknüpfung für die Ermittlung des Deliktsstatuts vorsieht: Demnach ist grundsätzlich das Recht jenes Staates anzuwenden, in dem der Schaden aus der unerlaubten Handlung eintritt (→ lex loci damni). Hatten Schädiger und Geschädigter ihren gewöhnlichen Aufenthalt im Schädigungszeitpunkt allerdings in demselben Staat, wird die allgemeine Regel durchbrochen. Das Recht des gemeinsamen gewöhnlichen Aufenthaltes (→ Aufenthalt, gewöhnlicher) kommt dann zum Tragen. Art 4 Abs 3 Rom II enthält jedoch eine → Ausweichklausel: Ergibt sich aus der Gesamtheit der Umstände, dass die unerlaubte Handlung eine offensichtlich engere Verbindung mit einem anderen Staat aufweist, so ist das Recht dieses anderen Staates anzuwenden.

**Depurierungspflicht**

Nach der gewährleistungsrechtlichen Zweifelsregel des § 928 hat der Übergeber auf einer Liegenschaft haftende Schulden und Rückstände (Hypotheken, Abgabenschulden; nicht aber zB Dienstbarkeiten) zu vertreten. Die Parteien können selbstverständlich Abweichendes vereinbaren. Für die vereinbarte Übernahme einer Hypothek ordnet das Gesetz Besonderes an: → Hypothekenübernahme.

**Dereliktion** → Sache, herrenlose.

**derivativer Erwerb** → Eigentumserwerb, derivativer.

**Deszendenten** Nachkommen des Erblassers (Kinder und Kindeskinder). Sie bilden die erste Parentel (→ Parentelensystem). Erbberechtigte Deszendenten schließen → Aszendenten vom gesetzlichen Erbrecht aus. Innerhalb der ersten Parentel erben die Kinder des Erblassers nach Köpfen, sind Kinder vorverstorben, werden sie von ihren Kindern (Enkeln des Erblassers) und Kindeskindern repräsentiert (→ Repräsentation).

D

**Devastationsklage** Aus der dinglichen Natur des → Pfandrechts folgt das Recht des Pfandgläubigers, jedermann auf Unterlassung von faktischen oder rechtlichen Einwirkungen auf das Pfand klagen zu können (§ 458).

**Dienstbarkeit (Servitut)** Beschränktes dingliches (und daher gegen jeden durchsetzbares) Nutzungsrecht an einer fremden Sache. Der Eigentümer muss zum Vorteil des Servitutsberechtigten etwas dulden oder unterlassen, ein aktives Tun kann nicht Inhalt einer Dienstbarkeit sein (§ 482). Man differenziert nach dem Servitutsberechtigten zwischen → Personaldienstbarkeiten (bestimmte Person ist berechtigt) und → Grunddienstbarkeiten (jeweiliger Eigentümer eines Grundstücks ist berechtigt). Aus § 484 wird abgeleitet, dass Dienstbarkeiten schonend auszuüben sind; § 485 ordnet an, dass sie nicht übertragen werden können.

**Dienstgeberhaftungsprivileg (§ 333 ASVG)** Wird ein Dienstnehmer durch einen Arbeitsunfall aus Verschulden des Dienstgebers am Körper geschädigt, haftet der Dienstgeber nur bei Vorsatz. Dieses Haftungsprivileg rechtfertigt sich dadurch, dass der Dienstgeber Beiträge zur Unfallversicherung (für Arbeitsunfälle) bezahlt und sich damit von einer späteren Haftung „freikauft". Dieselbe Haftungsbegünstigung kommt auch bei Schädigung durch Aufseher im Betrieb zur Anwendung (§ 333 Abs 4 ASVG). Hat der Dienstgeber oder der Aufseher im Betrieb grob fahrlässig gehandelt, müssen allerdings dem Sozialversicherungsträger die Kosten für die erbrachten Leistungen ersetzt werden (§ 334 Abs 1 ASVG).

**Dienstleistungsverträge** Gegenstand der vertraglichen Verpflichtung einer der beiden Parteien ist ein Tätigwerden. Dienstleistungsverträge sind Verträge über die Herstellung eines Erfolges (→ Werkvertrag, §§ 1165 ff), sorgfältiges Bemühen (Dienstvertrag, §§ 1151 ff), Rechtshandlungen (→ Auftrag, §§ 1002 ff) oder Obsorge über eine Sache (→ Verwahrung, §§ 957 ff).

**Dienstnehmerhaftpflichtgesetz (DHG)** Das DHG regelt den Ersatz von Schäden, die ein Dienstnehmer bei der Erbringung seiner Arbeitsleistung zufügt. Erfasst sind Schäden, die der

Dienstgeber dadurch erleidet, dass er aufgrund der Schädigung eines Dritten durch den Dienstnehmer zur Haftung herangezogen wird (§§ 1313a, 1315), sowie Schäden, die der Dienstnehmer dem Dienstgeber direkt zufügt (§ 2 DHG). In beiden Fällen haftet der Dienstnehmer gegenüber dem Dienstgeber für eine → entschuldbare Fehlleistung nicht, bei Fahrlässigkeit kann das Gericht den Ersatz- oder Rückgriffsanspruch des Dienstgebers mäßigen, bei leichter Fahrlässigkeit auch ganz erlassen. Die Außenhaftung des Dienstnehmers gegenüber einem dritten Geschädigten bleibt unberührt. Wird der Dienstnehmer vom Dritten in Anspruch genommen, kann er beim Dienstgeber Regress nehmen.

**Dienstvertrag** → Dienstleistungsverträge.

**Differenzanspruch** Bei der dem Schuldner zuzurechnenden nachträglichen Unmöglichkeit kann der Gläubiger, statt den Austauschanspruch (§ 920) zu wählen, nach § 921 vom Vertrag zurücktreten und das → Erfüllungsinteresse verlangen. Bei abstrakter Berechnung ist das Erfüllungsinteresse die Differenz des Wertes der unmöglichen Leistung und der (ursprünglich geschuldeten) Gegenleistung des Gläubigers. Der Gläubiger kann aber auch ein → Deckungsgeschäft abschließen und den Nichterfüllungsschaden damit konkret berechnen. Dieselben schadenersatzrechtlichen Grundsätze gelten auch nach Rücktritt im verschuldeten → Schuldnerverzug.

**Differenzmethode** → Schadensberechnung.

**dingliches Recht** → Recht, dingliches.

**direkte Stellvertretung** → Stellvertretung, direkte.

**Diskriminierung** → Gleichbehandlungsgesetz.

**dispositives Recht** → Recht, dispositives.

**Dissens** Mangelnde Willensübereinstimmung (Gegensatz zum → Konsens). Dissens gibt es also nur beim zweiseitigen Rechtsgeschäft, er hindert das Zustandekommen des Vertrages. Ist beiden Parteien die mangelnde Übereinstimmung bewusst, spricht man von offenem, sonst von verstecktem Dissens. Mehrere Fälle werden unterschieden: (1) Dissens wegen Unvollständigkeit der Vereinbarung. Dies ist jedenfalls der Fall, wenn Hauptpunkte (essentialia negotii) offen sind. (2) Diskrepanz der Erklärungen liegt vor, wenn die Willenserklärungen schon ihrem Wortlaut nach nicht vereinbar sind (zB beide Parteien wollen verkaufen). (3) Dissens wegen Mehrdeutigkeit oder Unverständlichkeit des Vereinbarten ist gegeben, wenn den beiden Erklärungen auch nach Bemühung der Auslegungsregeln der §§ 914 f (→ Willenserklärung) kein eindeutiger Erklärungsinhalt entnommen werden kann. Verkauft zB A eine Sache um 100 Dollar und erklärt B, er kaufe sie um 100 Dollar, ist der Vertrag nichtig, wenn sich nicht ermitteln lässt, ob australische oder amerikanische Dollar gemeint sind.

**dolus** → Vorsatz.

**Doppelkauf** Oft besteht die Gegenleistung für die Übereignung einer Sache in einer anderen Sache und Geld (Neuwagen gegen Gebrauchtwagen und Geld). Handelt es sich um eine einheitliche Vereinbarung, ist nach der → Absorptionstheorie zu entscheiden, ob Kauf oder Tausch vorliegt. Handelt es sich um zwei getrennte Vereinbarungen mit teilweiser Verrechnung des Kaufpreises, spricht man von einem Doppelkauf.

**doppelter Besitz** → Sachbesitz und → Rechtsbesitz schließen einander nicht aus, sondern bestehen häufig nebeneinander (zB bei einer Mietwohnung: Eigentümer ist Sachbesitzer, Mieter ist Rechtsbesitzer). Man spricht vom „doppelten Besitz“. Der Sachbesitz wird dabei durch den Rechtsbesitz eingeschränkt.

D

**Doppelverkauf** → Mehrfachverkauf.

**Doppelvertretung** → Insichgeschäft.

**Doppelzession** Treffen mehrere → Zessionen einer Forderung zusammen, erwirbt der erste Zessionar die Forderung (§ 442). Das Problem ist dasselbe wie beim → Mehrfachverkauf. Wird der Zessus nicht von der ersten (wirksamen), sondern von einer späteren Zession verständigt, ändert dies nichts an der Gläubigerstellung des chronologisch ersten Zessionars. Der Zessus kann aber schuldbefreiend an den vermeintlichen Zessionar leisten. Wird eine Forderung von einem Dritten eingezogen, der dazu materiell nicht berechtigt ist, hat der wirkliche Gläubiger einen → Verwendungsanspruch nach § 1041. Außerdem kann die Einziehung einer fremden Forderung Schadenersatzansprüche auslösen.

**drittfinanzierte Verträge** → Kauf, drittfinanzierter.

**Drittpfandbesteller** Als Drittpfandbesteller bezeichnet man die vom Personalschuldner verschiedene Person, die für eine Verbindlichkeit des Personalschuldners ein → Pfand als Sicherheit bestellt.

**Drittschaden** Entstehen aus einer schädigenden Handlung nicht nur Nachteile beim unmittelbar Geschädigten, sondern auch bei anderen Personen, liegt ein Drittschaden vor. Bsp: Wer schuldhaft eine Brücke zerstört, fügt deren Eigentümer einen unmittelbaren Schaden zu. Auch die PKW-Fahrer, die dadurch einen längeren Umweg nehmen müssen, erleiden einen – allerdings bloß mittelbaren – Schaden. Grundsätzlich erhält nur der unmittelbar Geschädigte Ersatz, mittelbar Geschädigte (Drittgeschädigte) erleiden einen bloßen Vermögensschaden (→ Vermögensschaden, bloßer) und gehen daher leer aus. Würde man die Haftung für Drittschäden bejahen, so uferte die schadenersatzrechtliche Haftung völlig aus. Ersatzfähig ist der Drittschaden aber bei gesetzlicher Anordnung (§ 1327) und bei → Schadensverlagerung.

**Drittschuldnerverständigung**

(1) Bei Forderungsverpfändung und Sicherungszession: § 452 ordnet besondere Wirksamkeitsvoraussetzungen für die Begründung von → Pfandrechten an: Es bedarf eines „Publizitätsaktes". Werden Forderungsrechte verpfändet, ist die Drittschuldnerverständigung dieser Publizitätsakt. Das gilt auch für die → Sicherungszession. Bei Buchforderungen kann alternativ ein → Buchvermerk gesetzt werden. (2) Bei der „einfachen" Zession (§ 1395): Bis zur Verständigung von einer Abtretung kann der Zessus schuldbefreiend an den Altgläubiger leisten, danach nur mehr an den Neugläubiger. Die Verständigung ist anders als bei der Sicherungszession aber keine Gültigkeitsvoraussetzung. Vgl auch → Putativzession.

**Drohung (§ 870 Fall 2)**

Wer unter dem Einfluss von Furcht eine Erklärung abgibt, irrt nicht, ist aber in seiner Entscheidung nicht frei. Hat die Drohung des Geschäftspartners den Willen des Erklärenden beeinflusst, kann dieser das Geschäft innerhalb von 3 Jahren ab Wegfall der Zwangslage (§ 1487) anfechten oder anpassen (analog § 872), wenn die Drohung ungerecht und die Furcht begründet war. Ungerecht ist eine Erpressung, Nötigung oder ein Zwang, wenn das angestrebte Ziel nach der Rechtsordnung nicht mit diesem – wenn auch erlaubten – Mittel angestrebt werden darf (zB Dienstgeber droht dem Dienstnehmer mit der – an sich erlaubten – Kündigung, wenn er ihm sein Auto nicht verkauft). Begründet ist eine Furcht, wenn die Konsequenzen der Drohung nicht objektiv belanglos erscheinen mussten. § 874 bestimmt überdies, dass der Drohende (gleich, ob er Geschäftspartner oder Dritter iSd § 875 war) volle Genugtuung zu leisten hat.

**Dual use**

Schließt jemand ein Rechtsgeschäft sowohl zu privaten als auch zu unternehmerischen Zwecken ab, ist fraglich, ob er als → Verbraucher oder → Unternehmer zu qualifizieren ist. Nach dem (in der Verbraucherrechte-RL geäußerten) Verständnis des europäischen Gesetzgebers ist eine Person schon dann „Verbraucher", wenn der gewerbliche Zweck des Geschäftes nicht „überwiegt".

**Duldungsvollmacht**

→ Anscheinsvollmacht.

**durchschauter Irrtum**

→ Auffallenmüssen des Irrtums.

**Durchschnittsbedarf**

→ Regelbedarf.

# E echter Besitz – ex nunc/ex tunc

**echter Besitz**

→ Besitz, echter.

**echter Vertrag zugunsten Dritter**

→ Vertrag zugunsten Dritter.

**Ehe (§ 44)**

Vertrag, in dem zwei Personen verschiedenen Geschlechts in bestimmter Form ihren Willen erklären, in unzertrennlicher Gemeinschaft zu leben, Kinder zu zeugen, sie zu erziehen, und sich gegenseitigen Beistand zu leisten. Die Ehe kommt gültig nur durch Trauung vor einem Standesbeamten zustande (Prinzip der obligatorischen → Zivilehe, § 15 EheG; → Ehe, mangelhafte; → Ehenichtigkeit). Lange Zeit war die Ehe die einzige rechtlich anerkannte Lebensgemeinschaft. Dies hat sich mit dem EPG geändert (→ Eingetragene Partnerschaft-Gesetz).

**Ehe, mangelhafte**

Fehlerhafte Eheschließungen führen je nach Art des Fehlers zu relativer Nichtigkeit oder Aufhebbarkeit der Ehe (vgl demgegenüber die → Nichtehe). Wann eine Ehe relativ nichtig und damit rückwirkend (ex tunc) vernichtet werden kann, bestimmen die §§ 21–25 EheG (vgl → Ehenichtigkeit). Ex nunc aufhebbar ist eine Ehe wegen der in §§ 35–39 und § 44 EheG abschließend aufgezählten Willensmängel. Da die Ehe nicht rückwirkend beseitigt wird, kommen die Scheidungsfolgen zur Anwendung (§ 42 EheG).

**Ehefähigkeit**

Ehefähigkeit setzt das Vorliegen von → Ehegeschäftsfähigkeit und → Ehemündigkeit voraus.

**Ehegattenerbrecht**

Der Ehegatte, der mit dem Erblasser bei dessen Tod in aufrechter Ehe gelebt hat (§ 1266), hat ein gesetzliches Erbrecht, dessen Umfang davon abhängt, mit welcher Parentel er konkurriert (1/3, 2/3, § 757; die Regeln sind für eingetragene Partner entsprechend anzuwenden, § 537a). Unabhängig von seinem Erbrecht erhält er das pflichtteilsähnliche → Vorausvermächtnis des Ehegatten, das ihm nur durch eine rechtmäßige Enterbung entzogen werden kann (§ 758). Es umfasst die zum ehelichen Haushalt gehörenden beweglichen Sachen und das Recht, in der Ehewohnung weiter zu wohnen. Solange der Ehegatte sich nicht wieder verehelicht, hat er gegen die Erben einen Anspruch auf Unterhalt wie bei bestehender Ehe. Allerdings ist in diesen Anspruch einzurechnen, was der Ehegatte nach dem Erblasser von Todes wegen erhält (§ 796).

**Ehegeschäftsfähigkeit**

Die Ehegeschäftsfähigkeit bestimmt sich nach allgemeinen Regeln (→ Geschäftsfähigkeit), sodass völlig Geschäftsunfähige nicht heiraten können (§ 2 EheG; Vertretung ist bei diesem höchstpersönlichen Akt unzulässig). Beschränkt Geschäftsfähige benötigen die Zustimmung des gesetzlichen Vertreters und (sollte nicht ohnehin Personenidentität bestehen) die Einwilligung des Erziehungsberechtigten (§ 3 EheG). Wird die Zustimmung verweigert, kann das Gericht sie ersetzen.

**ehelicher Unterhalt**
→ Unterhalt, ehelicher.

**Ehelichkeitsbestreitung**
Früher wurde die → Feststellung der Nichtabstammung Ehelichkeitsbestreitung genannt.

**Ehemündigkeit**
Die Ehemündigkeit wird mit Vollendung des 18. Lebensjahres erreicht, allerdings kann das Gericht schon Personen, die das 16. Lebensjahr vollendet haben, für eine bestimmte Ehe für ehemündig erklären (§ 1 EheG).

**Ehename (§ 93)**
Bei der Trauung können die Ehegatten einen gemeinsamen Ehenamen wählen. Dieser darf zwar maximal aus zwei Bestandteilen bestehen, kann ansonsten aber beliebig aus den bisherigen Familiennamen (oder Teilen davon) kombiniert werden. Wer den Namen des anderen annimmt, kann seinen bisherigen Namen unter Setzung eines Bindestrichs dem gemeinsamen Familiennamen voran- oder nachstellen. Einigen sich die Ehegatten nicht, behalten sie ihren jeweiligen bisherigen Familiennamen bei.

**Ehenichtigkeit**
Unwirksamerklärung einer → Ehe durch das Gericht wegen der in den §§ 21–25 EheG aufgezählten Gründe (Blutsverwandtschaft, Doppelehe, völlige Geschäftsfähigkeit, Staatsangehörigkeitsehe, Formmängel). Klagslegitimiert sind die Ehegatten und der Staatsanwalt. Die Nichtigerklärung beseitigt die Ehe rückwirkend (ex tunc).

**Ehepakt**
Notariatsaktspflichtiger Vertrag zwischen Ehegatten. Mittels Ehepakt können die Ehegatten von der gesetzlichen Gütertrennung abweichen. Praktisch häufigster Fall des Ehepaktes ist die Vereinbarung einer → Gütergemeinschaft. Seltener wird ein → Erbvertrag geschlossen.

**Eherecht**
Alle Bestimmungen, die sich auf Inhalt, Abschluss und Auflösung der → Ehe sowie das Verhältnis der Ehegatten zueinander beziehen. Die Eheschließung, ihre Auflösung und deren (vermögensrechtliche) Folgen sind im EheG geregelt, die Ehewirkungen hingegen in den §§ 44–100.

**Ehescheidung**
Scheidung ist die Trennung einer gültigen → Ehe. Das Gesetz ermöglicht eine Scheidung aus Verschulden (§ 49 EheG; → Verschuldensscheidung) oder aus anderen Gründen (§§ 50 ff EheG). Eine Zerrüttung ist stets Voraussetzung der Scheidung. Dies gilt auch bei Scheidung wegen Auflösung der häuslichen Gemeinschaft (§ 55 EheG; → Heimtrennungsklage) und bei → einvernehmlicher Scheidung (§ 55a EheG). Daher ist das → Zerrüttungsprinzip ein Grundpfeiler des Scheidungsrechts. Die Scheidung ist durch Klage durchzusetzen (§ 46 EheG); die einvernehmliche Scheidung erfolgt hingegen im außerstreitigen Verfahren auf gemeinsamen Antrag der Parteien.

**Ehescheidungsstatut** Die kollisionsrechtliche Anknüpfung der Ehescheidung (nicht aber ihrer namens- und vermögensrechtlichen Konsequenz) ist in der EU-Verordnung → Rom III geregelt. Art 5 Rom III gibt den Ehegatten die Möglichkeit einer Rechtswahl. Die Wahlmöglichkeit ist allerdings auf Rechtsordnungen beschränkt, zu denen ein sachlicher Bezug besteht (Art 5 Abs 1 Rom III). Mangels einer Rechtswahl ist Art 8 Rom III anwendbar, der die → Kegel'sche Leiter auf den Kopf stellt. Anzuknüpfen ist: (1) Am Recht des Staates, in dem die Ehegatten zum Zeitpunkt der Anrufung des Gerichtes ihren (gemeinsamen) gewöhnlichen Aufenthalt hatten. (2) Am Recht des Staates, in dem die Ehegatten zuletzt ihren gewöhnlichen Aufenthalt hatten, sofern dieser nicht vor mehr als einem Jahr vor Anrufung des Gerichts endete und einer der Ehegatten zum Zeitpunkt der Anrufung des Gerichts dort noch seinen gewöhnlichen Aufenthalt hat. (3) Am Recht des Staates, dessen Staatsangehörigkeit beide Ehegatten zum Zeitpunkt der Anrufung des Gerichts besitzen. (4) Am Recht des Staates des angerufenen Gerichts.

**Eheschließung** → Ehe.

**Eheschließungsstatut** Für die materiellen Voraussetzungen der Eheschließung (zB Alter, Ehehindernisse) stellt § 17 IPRG auf das → Personalstatut der Ehewilligen ab. Die Rechtsfolgen der Missachtung der Eheschließungsvoraussetzungen richten sich nach dem Recht der Personalstatute der Ehegatten. Die jeweils stärkere Wirkung ist maßgebend. Die Form der Eheschließung (Standesamt, Zeremonie usw) richtet sich bei Trauungen in Österreich ausschließlich nach den österreichischen Formvorschriften (§ 16 Abs 1 IPRG). Bei Auslandstrauungen richtet sich die Form nach dem Personalstatut jedes Ehewilligen, es reicht aber die Einhaltung der Ortsform, also jener Form, die am Ort der Eheschließung vorgeschrieben ist (§ 16 Abs 2 IPRG).

**Eheverbote** Eheverbote verbieten dem Standesbeamten, die Trauung vorzunehmen. Die Rechtsfolgen hängen von der Gravität ab und reichen bis zur Nichtigerklärung der → Ehe (bei Blutsverwandtschaft oder Doppelehe; zB §§ 6, 8, 10 EheG).

**Eheverfehlung** Eine Voraussetzung für die Ehescheidung aus Verschulden (→ Verschuldensscheidung) ist die schwere Eheverfehlung (§ 49 EheG). Dazu gehören zB der Ehebruch, die Zufügung körperlicher Gewalt oder schweren seelischen Leides. Die Eheverfehlung muss kausal für die Zerrüttung und außerdem vorwerfbar sein. Eine Ausnahme vom Erfordernis der Vorwerfbarkeit gibt es, wenn die Eheverfehlung durch geistige Störung hervorgerufen wird (§ 50 EheG). In diesem Fall kann eine → Zerrüttungsscheidung erfolgen.

**Ehewirkung** → Ehename; → Schlüsselgewalt; → Unterhalt, ehelicher.

**Ehewirkungsstatut** Die Anknüpfung des Ehegattenunterhalts und des Unterhaltes gleichgeschlechtlicher Partner während aufrechter Ehe sowie nach Scheidung richtet sich nach dem Haager Unterhaltsprotokoll (HUP). Das HUP ist universell anwendbar und enthält → Sachnormverweisungen. Art 3 Abs 1 HUP bestimmt, dass grundsätzlich am Recht des Staates angeknüpft wird, in dem die berechtigte Person ihren gewöhnlichen Aufenthalt hat. Wechselt die berechtigte Person ihren gewöhnlichen Aufenthalt, so ist ab dem Zeitpunkt des Aufenthaltswechsels das Recht des Staates des neuen gewöhnlichen Aufenthalts anzuwenden (Art 3 Abs 2 HUP). Die sonstigen Ehewirkungen (Pflicht zur ehelichen Gemeinschaft, gemeinsames Wohnen usw) sind nach § 18 IPRG anzuknüpfen (→ Kegel'sche Leiter), wobei im Ehegüterrecht eine Rechtswahl zulässig ist (§ 19 IPRG).

**Ehewohnung**

Ehewohnung ist die Wohngelegenheit, in der die Ehegatten während der → Ehe ihren Lebensmittelpunkt hatten. Sie zählt bei der Scheidung zum aufzuteilenden → Gebrauchsvermögen (§ 81 Abs 2 EheG), außer wenn sie von einem Ehegatten eingebracht, geerbt oder ihm von Dritten geschenkt wurde. Selbst dann ist sie aber in die Aufteilung einzubeziehen, wenn der andere Ehegatte dringend darauf angewiesen ist. Die Ehegatten können von diesen Grundsätzen abweichen (→ Opting-in; → Opting-out).

**Ehrenbeleidigung**

Die Ehre ist ein absolut geschütztes Rechtsgut (§§ 16, 1330). § 1330 Abs 1 gewährt einen Anspruch auf Ersatz des positiven Schadens und des entgangenen Gewinns bei Ehrenbeleidigung, das ist ein Angriff auf die Würde durch Werturteile. Typische Fälle sind Verspotten, Beschimpfen, Herabwürdigen einer (unter Umständen auch juristischen) Person. Die Abgrenzung zu erlaubter Kritik, die nicht ersatzpflichtig macht, ist besonders bei Künstlern und Politikern schwierig. Der Wahrheitsbeweis des Schädigers wird – anders als bei der Kreditschädigung, bei der es um die Verbreitung von unwahren Tatsachen geht – nicht als zulässig angesehen, weil Werturteile als subjektive Aussagen objektiv nicht überprüfbar seien.

**Eigengeschäft**

→ Handeln im eigenen/fremden Namen.

**Eigengut**

Von der → Gütergemeinschaft ausgenommene Güter werden als Eigenvermögen (Eigengut) bezeichnet. Kraft Gesetzes sind höchstpersönliche Rechte (→ Sondergut) ausgenommen, kraft Vereinbarung Ausgenommenes wird als → Vorbehaltsgut bezeichnet.

**Eigenschaftsirrtum**

Der Irrtum über Eigenschaften einer zu leistenden Sache (Eigenschaftsirrtum) ist ein → Geschäftsirrtum (ieS). Welche Sacheigenschaft Geschäftsinhalt geworden ist, ist zunächst durch Vertragsauslegung festzustellen. Wird über eine Sacheigenschaft geirrt, die nicht Geschäftsinhalt geworden ist, liegt ein → Motivirrtum vor. Eigenschaften, die im abgeschlossenen Geschäft wertbildend, also für die Bestimmung der Gegenleistung maßgebend waren, gehören zum Inhalt des Geschäftes. Bsp: Wird ein „echter Perserteppich" teuer verkauft, liegt ein Eigenschaftsirrtum vor, wenn sich der Teppich als Fälschung herausstellt.

**Eigentum (§§ 353 f)**

Eigentum ist „die Befugnis, mit der Substanz und den Nutzungen einer Sache nach Willkür zu schalten und jeden anderen davon auszuschließen" (§ 354), also das dingliche Vollrecht an einer körperlichen Sache (→ Sache, körperliche; → Sachenrecht).

**Eigentümergemeinschaft**

Gemäß §§ 18 ff WEG bilden die Wohnungseigentümer die Eigentümergemeinschaft. Die → Rechtsfähigkeit dieser juristischen Person (→ Person, juristische) ist auf Angelegenheiten der → Verwaltung der Liegenschaft beschränkt. Die Wohnungseigentümer bestellen einen Verwalter (vgl § 18 Abs 3 WEG), der die Eigentümergemeinschaft vertritt. Der Verwalter hat nach außen unbeschränkbare → Formalvollmacht.

**Eigentümerhypothek**

Man unterscheidet die forderungsentkleidete und die forderungsbekleidete Eigentümerhypothek. Eine forderungsbekleidete Eigentümerhypothek (§ 1446) entsteht, wenn die Liegenschaft eines → Drittpfandbestellers mit einer Hypothek belastet ist und es zur Vereinigung der Rechtsposition von Gläubiger und Drittpfandbesteller kommt (durch Legalzession nach § 1358 oder im Erbweg). Der Gläubiger hat dann ein Pfandrecht an seiner eigenen Liegenschaft, der Personalschuldner haftet jetzt ihm. Eine forderungsentkleidete Eigentümerhypothek (§ 469) entsteht, wenn die gesicherte Forderung erloschen ist. Die Hypothek bleibt dann trotz des → Akzessorietätsprinzips aufgrund ihrer Eintragung im Grundbuch formell aufrecht. Der Eigentümer kann ein Verfügungsrecht über diese Pfandstelle haben (§ 469a; → Rangvorbehalt). Vor der Löschung besteht allerdings die Gefahr, dass der Gläubiger trotz erfolgter Befriedigung die Forderung abtritt und ein Dritter aufgrund des Vertrauens auf den Grundbuchsstand die Hypothek gutgläubig erwirbt.

**Eigentümeridentität**

→ Zubehör.

**Eigentümerpartner(schaft)**

Die Eigentümerpartnerschaft ist die Rechtsgemeinschaft zweier natürlicher Personen, die gemeinsam Wohnungseigentümer eines Wohnungseigentumsobjekts sind (§ 2 Abs 10, § 13 WEG). Stirbt einer der Partner, greifen erbrechtliche Sondervorschriften, weil dem Überlebenden kein „fremder" Partner aufgezwungen werden soll. Für die nach dem Tod eines Partners eintretenden Rechtsfolgen kommt es primär auf die Parteienvereinbarung zwischen den Eigentümerpartnern an. Die Vereinbarung kann eine dritte Person für die Nachfolge in einen Hälfteanteil vorsehen, die beim Erbfall einen Anspruch auf Übereignung erwirbt. Die Vereinbarung muss vor einem Notar oder Rechtsanwalt abgeschlossen werden. Nimmt der in der Vereinbarung Begünstigte den Hälfteanteil nicht an oder gibt es keine Vereinbarung, geht der Anteil unmittelbar ins Eigentum des überlebenden Partners über (§ 14 Abs 1 Z 1, Abs 5 Z 2 WEG). Da durch die Anwachsung die anderen Erben und Pflichtteilsberechtigten des verstorbenen Eigentümerpartners, aber auch seine Gläubiger nicht benachteiligt werden sollen, muss der Anwachsungsberechtigte einen → Übernahmspreis für den Hälfteanteil des Erblassers in die Verlassenschaft zahlen (§ 14 Abs 2 WEG).

**Eigentumserwerb, derivativer**

Wer derivativ erwirbt, leitet sein Recht von einem Vormann ab. Für einen derivativen Eigentumserwerb bedarf es eines Erwerbstitels (→ Verpflichtungsgeschäft) und der Setzung des Modus durch den berechtigten Vormann (→ Übergabe bei beweglichen Sachen; → Einverleibung bei Liegenschaften). Berechtigter Vormann ist nicht nur der Eigentümer, sondern auch, wer Eigentum aufgrund einer → Verfügungsermächtigung übertragen durfte.

**Eigentumserwerb, gutgläubiger**

Es gilt „nemo plus iuris transferre potest quam ipse habet" (§ 422). Von einem Nichtberechtigten kann man also grundsätzlich keine Rechte ableiten. Eine Ausnahme gibt es beim gutgläubigen Erwerb. Unbewegliche Sachen können nach § 1500 und den §§ 61 f GBG erworben werden (→ Vertrauensgrundsatz). Bei beweglichen körperlichen Sachen (nicht aber Forderungen) ist § 367 anwendbar. Es bedarf eines entgeltlichen Titels (→ Verpflichtungsgeschäft) und eines Modus (→ Verfügungsgeschäft), die → Redlichkeit ersetzt nur die fehlende sachenrechtliche Berechtigung des Vormannes. Außerdem setzt der gutgläubige Erwerb nach § 367 voraus, dass man die Sache vom → Vertrauensmann, im Rahmen einer öffentlichen → Versteigerung oder von einem → Unternehmer im gewöhnlichen Betrieb seines Unternehmens erwirbt.

**Eigentumserwerb, originärer**

Wer originär erwirbt, leitet sein Recht nicht von einem Vormann ab (Gegenstück zum derivativen Erwerb). Das Recht entsteht vielmehr beim Erwerber neu. Originäre Erwerbsarten sind → Ersitzung, Aneignung (→ Sache, herrenlose), → Fund, → Verarbeitung (weil hier gar kein Vormann vorhanden ist), → Enteignung (Erwerb des Begünstigten), aber auch der gutgläubige Eigentumserwerb (weil kein berechtigter Vormann vorhanden ist; → Eigentumserwerb, gutgläubiger).

**Eigentumsfreiheitsklage**

→ actio negatoria.

**Eigentumsklage**

→ rei vindicatio.

**Eigentumsvorbehalt**

Beim Kreditkauf wird oft ein Eigentumsvorbehalt vereinbart: Der Vorbehaltskäufer soll (entgegen § 1063) erst mit vollständiger Kaufpreiszahlung Eigentümer werden. Das Eigentum ist also für den Verkäufer durch vollständige Kaufpreiszahlung auflösend, für den Käufer ist der Eigentumserwerb aufschiebend bedingt. Der Vorbehaltskäufer erwirbt ein Anwartschaftsrecht auf das Eigentum, das er auch übertragen kann. Durch einen Eigentumsvorbehalt wird der Kaufpreisanspruch des Verkäufers gesichert. Gerät der Käufer mit der Zahlung in Verzug, kann der Verkäufer zurücktreten (§ 918; → Schuldnerverzug) und die Kaufsache mit der → rei vindicatio herausverlangen (§ 366).

**Eigentumsvorbehalt, erweiterter**

Bei dieser Variante des → Eigentumsvorbehalts vereinbaren Vorbehaltsverkäufer und Vorbehaltskäufer, dass das vorbehaltene Eigentum noch andere Forderungen als die Kaufpreisforderung sichern soll. Es liegt eine verdeckte publizitätslose und daher unwirksame Sicherungsübereignung vor (→ Sicherungseigentum).

**Eigentumsvorbehalt, nachgeschalteter**

Veräußert der Vorbehaltskäufer eine von ihm selbst nur unter Eigentumsvorbehalt gekaufte Sache an einen Dritten weiter und vereinbart mit diesem einen Eigentumsvorbehalt, bezeichnet man dies als nachgeschalteten Eigentumsvorbehalt. Der Vorbehaltskäufer gibt gegenüber dem zweiten Käufer also vor, selbst Eigentümer zu sein. Wenn es dafür keine Erlaubnis des ersten Vorbehaltsverkäufers gibt, kann der Dritte das Anwartschaftsrecht nur gutgläubig erwerben (→ Eigentumserwerb, gutgläubiger). In diesem Fall entstehen zwei Eigentumsvorbehalte und zwei Anwartschaftsrechte. Bezahlt der zweite Erwerber den Kaufpreis, so erwirbt er Eigentum.

**Eigentumsvorbehalt, verlängerter**

Bei dieser Variante des → Eigentumsvorbehalts ist dem Käufer die Weiterveräußerung der Vorbehaltssache an einen Dritten erlaubt. Die Erlaubnis des Eigentümers ist als → Verfügungsermächtigung zu qualifizieren. Der Dritte erwirbt derivativ Eigentum. Beim verlängerten Eigentumsvorbehalt lässt sich der Vorbehaltsverkäufer zur Sicherung seiner Kaufpreisforderung meist die Forderung des Vorbehaltskäufers gegen den Dritten im Voraus abtreten, die sicherungsweise abgetretene Forderung ist dann eine Ersatzsicherheit. Zur Wirksamkeit der → Sicherungszession bedarf es der Publizität (→ Drittschuldnerverständigung oder → Buchvermerk).

**Eigentumsvorbehalt, weitergeleiteter**

Veräußert der Vorbehaltskäufer sein Anwartschaftsrecht an einen Dritten, spricht man vom weitergeleiteten → Eigentumsvorbehalt. Der Dritte kann das Anwartschaftsrecht derivativ erwerben. Eigentümer wird er erst, wenn der Vorbehaltsverkäufer befriedigt wurde.

**Einantwortung (§§ 797, 819)**

Übergabe des → Nachlasses in den rechtlichen Besitz des Erben durch Beschluss des Verlassenschaftsgerichts. Durch die Einantwortung tritt die → Universalsukzession des Erben nach dem Erblasser ein: Der → ruhende Nachlass erlischt, alle Rechte und Pflichten, Besitz und Eigentum gehen auf den Erben über, ohne dass es besonderer Übertragungsakte bedarf (dies gilt auch für bücherliche Rechte).

**Eingetragene Partnerschaft**

→ Eingetragene Partnerschaft-Gesetz.

**Eingetragene Partnerschaft-Gesetz (EPG)**

Das Eingetragene Partnerschaft-Gesetz (EPG) bietet homosexuellen Partnern (§ 2 EPG; keine EP für heterosexuelle Paare) einen rechtlichen Rahmen, der der Ehe in den wichtigsten Punkten vollkommen gleicht. Die Partnerschaft wird vom Gesetzgeber aber nicht als „Ehe" bezeichnet. Erhebliche inhaltliche Unterschiede gibt es bei der → Adoption und bei der kollisionsrechtlichen Anknüpfung.

**Eingriffshaftung** Haftung wegen rechtmäßiger Inanspruchnahme fremder Güter. Der Eingriff ist zwar erlaubt, führt aber zur Ersatzpflicht. Beispiele für Eingriffshaftungen sind die Schädigung im rechtfertigenden Notstand (§ 1306a) und Schädigungen durch genehmigte Betriebe (§ 364a).

**Eingriffsnormen** Eingriffsnormen sind „international zwingende Bestimmungen" (vgl Art 9 Rom I; Art 16 Rom II). Sie werden unabhängig davon angewendet, auf welches Recht das IPR verweist. Eingriffsnormen sind Bestimmungen, an denen ein besonderes öffentliches Anwendungsinteresse des Staates besteht (Definition in Art 9 Rom I). Sie durchbrechen nicht nur die objektive Anknüpfung, sondern auch das von den Parteien gewählte Recht. In Österreich zählen zB Teile des Arbeitnehmer- und Verbraucherschutzrechts dazu.

**Einheit, wirtschaftliche (§ 13 Abs 1 Z 2 VKrG)** Voraussetzung für den → Einwendungsdurchgriff ist nach § 13 VKrG unter anderem die wirtschaftliche Einheit von finanziertem Geschäft und Finanzierungsgeschäft für Finanzierer und Verkäufer. Sie besteht bei ständiger Geschäftsbeziehung zwischen Verkäufer und Finanzierer wegen solcher Geschäfte; überdies dann, wenn Verkäufer und Finanzierer im konkreten Fall in Rechtsbeziehung zueinander treten und selbst dann, wenn im Kreditvertrag bloß die spezifische Ware angegeben ist.

**Einheitsrecht** → loi uniforme.

**Einlagezahl** Das → Grundbuch ist unterteilt in Einheiten, die Katastralgemeinden heißen. Innerhalb einer Katastralgemeinde gibt es Grundbuchseinlagen, die mit einer Einlagezahl (EZ) bezeichnet werden.

**Einlösung** → Zession, notwendige.

**Einlösungsrecht (§ 462)** Das Einlösungsrecht des § 462 gibt dem nachrangigen Hypothekargläubiger die Möglichkeit, seine Chance auf ein günstiges Meistbot bei Versteigerung der Liegenschaft zu optimieren. Er hat das Recht, den vorrangigen Hypothekargläubiger auszuzahlen, wenn dieser die Zwangsversteigerung der Liegenschaft betreibt. Der nachrangige Pfandgläubiger bezahlt (= löst die Forderung ein), tritt in das Recht des befriedigten Hypothekargläubigers ein und erhält dessen (durch Hypothek) gesicherte Forderung.

**Einlösungsverhältnis** Der Angewiesene soll die Leistung aufgrund der → Anweisung an den Anweisungsempfänger erbringen. Das Rechtsverhältnis zwischen Angewiesenem und Anweisungsempfänger wird als Einlösungsverhältnis bezeichnet. Als Einlösungsverhältnis bezeichnet man auch das Verhältnis zwischen Schuldner und Drittem beim → Vertrag zugunsten Dritter und das Verhältnis zwischen Garant und Garantiebegünstigtem bei der → Garantie.

**Einrechnung** → Anrechnung auf den Erbteil; → Anrechnung auf den Pflichtteil.

**Einrede des nicht (gehörig) erfüllten Vertrags (§ 1052)**

→ Zurückbehaltungsrecht.

**Einschränkung der Erwerbsfähigkeit**

Bei ehebedingter Einschränkung der Erwerbsfähigkeit kommt ein → Bedarfsunterhalt nach Scheidung in Betracht (§ 68a Abs 2 EheG). Hat ein Ehegatte in der Ehe jahrelang den Haushalt geführt oder die Kinder erzogen und ist nun wegen verpasster Aus- und Weiterbildung oder der Dauer der Abwesenheit vom Arbeitsmarkt nicht in der Lage, eine Stellung zu bekommen, soll ihm als Ausgleich für die Opferung seiner Berufschancen Billigkeitsunterhalt gewährt werden.

**einseitig/zweiseitig verpflichtendes Rechtsgeschäft**

→ Rechtsgeschäft, einseitig verpflichtendes; → Rechtsgeschäft, zweiseitig verpflichtendes.

**einseitiges/zweiseitiges Rechtsgeschäft**

→ Rechtsgeschäft, einseitiges; → Vertrag.

**Eintragungsgrundsatz (Intabulationsprinzip)**

Der Eintragungsgrundsatz besagt, dass der Modus für Erwerb, Übertragung, Beschränkung und Aufhebung bücherlicher Rechte ausschließlich die Eintragung (Intabulation) im Grundbuch ist (§ 431; → Einverleibung). Eine körperliche Übergabe genügt nicht. Vom Eintragungsprinzip gibt es Ausnahmen: Wer ein Recht an einer Liegenschaft ersitzt, erwirbt es mit Zeitablauf und ohne Eintragung (→ Ersitzung). Der Erbe erwirbt ebenfalls nicht erst mit Eintragung Eigentum, sondern bereits mit der → Einantwortung. Die Eintragung ist nur deklarativ. Weitere Ausnahmen sind der Zuschlag in der Zwangsversteigerung, die → Enteignung, der Erwerb durch → Bauführung (§ 418) und die → Anwachsung nach § 14 Abs 1 Z 1 WEG.

**Eintrittsrecht**

(1) § 12 MRG: Der Hauptmieter, der die Wohnung verlässt, kann sein Mietrecht an gewisse nahe Angehörige (nicht: Lebensgefährten) abtreten, die eine längere Zeit in dieser Wohnung im gemeinsamen Haushalt gelebt haben (Ehegatten und Verwandte in gerader Linie: 2 Jahre, Geschwister: 5 Jahre). Der Vermieter kann unter Umständen einen höheren Zins verlangen (bei Altmietverträgen: § 46 MRG). (2) § 12a MRG: Wenn der Hauptmieter einer Geschäftsräumlichkeit sein Unternehmen zur Fortführung veräußert, tritt der Erwerber ex lege in das Mietverhältnis ein. Der Vermieter darf den Mietzins aber auf den angemessenen Betrag erhöhen (beachte → Machtwechsel). (3) § 14 Abs 3 MRG: Stirbt der Hauptmieter einer Wohnung, gehen bestimmte Personen den gesetzlichen Erben vor, sie haben die Möglichkeit, in das Mietrecht einzutreten. Zu den Eintrittsberechtigten zählt unter anderem der (auch gleichgeschlechtliche) Lebensgefährte. (4) Zum erbrechtlichen Eintrittsrecht → Repräsentation.

**Einverleibung (Intabulation)**

Die Einverleibung ist eine Eintragung im → Grundbuch. Sie ist Modus für den Erwerb dinglicher Rechte an Liegenschaften und bewirkt einen unbedingten Rechtserwerb (zB Einverleibung des Käufers) oder Rechtsverlust (des Verkäufers). Voraussetzung für die Einverleibung ist vor allem die → Aufsandungserklärung.

**einvernehmliche Scheidung (§ 55a EheG)**

Die einvernehmliche Scheidung ist vom Konsens der beiden Ehegatten geprägt. Sie setzt einen gemeinsamen Scheidungsantrag, eine mindestens sechsmonatige Aufhebung der ehelichen Lebensgemeinschaft, das Zugeständnis der unheilbaren Zerrüttung und die Einigung über die wesentlichen Scheidungsfolgen in einem → Scheidungsvergleich voraus.

**Einwendungsdurchgriff (§ 13 VKrG)**

Der Einwendungsdurchgriff gibt dem Erwerber bei drittfinanzierten Verträgen (→ Kauf, drittfinanzierter) das Recht, dem Finanzierer Einwendungen aus dem Kaufvertrag entgegenzuhalten, obwohl sich dieser an sich auf die Forderung aus dem Kreditvertrag stützt. Nach § 13 VKrG ist Voraussetzung für den Durchgriff, dass der Kreditvertrag der Finanzierung eines Vertrags über die Lieferung von Waren oder Dienstleistungen dient und dass er mit dem finanzierten Vertrag eine wirtschaftliche Einheit bildet (→ Einheit, wirtschaftliche). Diskutiert wird, ob § 13 VKrG analog auf drittfinanzierte Verträge angewendet werden kann, die nicht dem VKrG unterliegen.

**Einwilligung des Verletzten**

Gestattung von sonst rechtswidrigen Eingriffen in fremde Güter durch den Geschädigten. Sie ist nur dann ein → Rechtfertigungsgrund, wenn der Gefährdete über die Rechtsgüter überhaupt verfügen kann. Ist das nicht der Fall, ist die Einwilligung unwirksam (§ 879). Unverzichtbar ist das Recht auf Leben, eine Einwilligung in die bloße Gefährdung des Lebens (nicht in die Verletzung dieses Rechtsguts, also in eine Tötung) ist allerdings bei Verfolgung rechtlich gebilligter Interessen zulässig (zB bei einer Operation).

**Einwilligung in Heilbehandlungen**

Die Einwilligung in medizinische Heilbehandlungen kann das einsichts- und urteilsfähige Kind nur selbst erteilen. Das Vorliegen der Einsichts- und Urteilsfähigkeit wird bei mündigen Minderjährigen vermutet (§ 173 Abs 1). Bei Behandlungen, die gewöhnlich mit einer schweren oder nachhaltigen Beeinträchtigung der körperlichen Unversehrtheit oder der Persönlichkeit verbunden sind, ist zusätzlich zur Einwilligung des einsichts- und urteilsfähigen Kindes die Einwilligung der mit der Pflege und Erziehung betrauten Person notwendig (§ 173 Abs 2).

**Einzelrechtsnachfolge**

→ Vermächtnis.

**Einzelvertretung**

Sind mehrere Personen für ein Rechtssubjekt vertretungsbefugt (zB 2 GmbH-Geschäftsführer), können sie Einzel- oder Gesamtvertreter (→ Gesamtvertretung) sein. Bei Einzelvertretung kann jeder selbständig vertreten. Bei passiver Vertretung wird aus einer Analogie zu gesellschaftsrechtlichen Bestimmungen allgemein Einzelvertretung angenommen.

**Eisenbahn- und Kraftfahrzeughaftpflichtgesetz (EKHG)**

Regelt die Haftung des Halters eines Kraftfahrzeugs und des Betriebsunternehmers einer Eisenbahn für Personen- und Sachschäden, die durch Unfälle beim Betrieb entstehen. Gehaftet wird auch ohne rechtswidriges und schuldhaftes Verhalten. Es handelt sich um eine → Gefährdungshaftung. Neben der verschuldensunabhängigen Haftung nach dem EKHG kann eine Haftung nach ABGB bestehen, was zB aufgrund der Haftungshöchstbeträge (§ 15 EKHG) relevant ist.

**Elastizität des Eigentums**

Eigentum ist das Recht, mit einer Sache „nach Willkür zu schalten und jeden anderen davon auszuschließen" (§ 354). Schranken des Vollrechts folgen aus dem Gesetz (zB Denkmalschutz, Bauordnung) und aus der Privatautonomie des Eigentümers (zB Vermietung der Eigentumswohnung). Fallen solche Beschränkungen weg (zB Beendigung des Mietvertrages), dehnt sich das Eigentum wieder aus, man spricht daher von der Elastizität des Eigentums.

**Empfangsbote**

→ Bote.

**Empfangstheorie**

→ Zugang.

**Endhersteller**

→ Hersteller.

**engste Verbindung**

→ Beziehung, stärkste.

**Enteignung**

Eine Enteignung führt zum originären Eigentumserwerb (→ Eigentumserwerb, originärer) des durch die Enteignung Begünstigten. Rechtsgrundlagen sind Art 5 Staatsgrundgesetz (StGG), § 365 sowie eine Reihe von Nebengesetzen. Zwar sieht Art 5 StGG nicht zwingend eine Entschädigung vor; in der Praxis erfolgt aber idR eine entsprechende Vergütung.

**Enterbung (§§ 768–773)**

Die ausdrückliche oder konkludente Entziehung des Pflichtteils durch letztwillige Verfügung. Die Enterbung ist nur bei Vorliegen eines → Enterbungsgrundes wirksam, den der Erblasser nicht anführen muss, der Erbe aber im Streitfall zu beweisen hat. Auch ein mit Stillschweigen übergangener Noterbe gilt als enterbt, wenn ein Enterbungsgrund vorliegt (§ 782). Ist die Enterbung unrechtmäßig, erhält der Noterbe zwar den Pflichtteil, aber keinen Erbteil (untechnische Enterbung). Nachkommen rechtmäßig enterbter Kinder haben ihrerseits ein Pflichtteilsrecht (§ 780; formelle → Repräsentation). Wer erbunwürdig ist (→ Erbunwürdigkeit), erhält keinen gesetzlichen Erbteil und damit auch keinen Pflichtteil. Daher spielt die Möglichkeit der gesonderten Enterbung hauptsächlich dafür eine Rolle, dass eine formfreie Verzeihung des Erbunwürdigkeitsgrundes nicht mehr möglich ist, sondern ein Widerruf nach § 772 zu erfolgen hat.

**Enterbung in guter Absicht**

Einen besonderen → Enterbungsgrund sieht § 773 vor: Wenn bei einem verschwenderischen oder verschuldeten Noterben die Gefahr besteht, dass der ihm zugewendete Pflichtteil dessen Nachfahren entgehen wird (weil er zu Lebzeiten alles verjuxt), kann ihm der Pflichtteil entzogen und gleich den Nachfahren zugewendet werden.

**Enterbungsgrund**

Einen Grund für eine → Enterbung setzt, wer den Erblasser im Notstand hilflos gelassen hat, wer wegen einer mit Vorsatz begangenen strafbaren Handlung zu einer lebenslangen oder 20-jährigen Freiheitsstrafe verurteilt worden ist oder wer eine gegen die öffentliche Sittlichkeit anstößige Lebensart beharrlich führt (§ 768). Beim Ehegatten bildet auch die gröbliche Vernachlässigung der Beistandspflicht (§ 90) einen Enterbungsgrund (§ 769). Nach § 770 sind auch alle Erbunwürdigkeitsgründe (→ Erbunwürdigkeit) zugleich Enterbungsgründe.

**entgangene Urlaubsfreude**

§ 31e Abs 3 KSchG ordnet an, dass der Reisende bei einem → Reiseveranstaltungsvertrag einen Anspruch auf angemessenen Ersatz der „entgangenen Urlaubsfreude" hat, wenn der Reiseveranstalter schuldhaft einen erheblichen Teil der vertraglich vereinbarten Leistung nicht erbracht hat. Das ist insofern eine Besonderheit, als ideelle Schäden im österreichischen Recht nur ersatzfähig sind, wenn dies besonders angeordnet ist (→ Schaden, immaterieller).

**entgangener Gewinn**

→ Gewinn, entgangener.

**Entgeltfremdheit**

Neben entgeltlichen und unentgeltlichen Geschäften gibt es eine dritte Kategorie von Rechtsgeschäften. In diesen Fällen werden Leistungen weder ausgetauscht noch unentgeltlich zugewendet. Es ist im Einzelfall zu prüfen, welche Vorschriften im konkreten Fall passend sind, ob also die Vorschriften über entgeltliche oder über unentgeltliche Geschäfte anzuwenden sind.

**entgeltliche/unentgeltliche Rechtsgeschäfte**

→ Entgeltlichkeit; → Unentgeltlichkeit.

**Entgeltlichkeit**

Bei entgeltlichen Verträgen soll nach dem Willen der Parteien eine Leistung durch eine andere vergolten werden (§ 917). Entgeltliche Verträge sind zB → Kauf, → Tausch oder → Bestandvertrag. Bei unentgeltlichen Verträgen wird hingegen eine Zuwendung aus Freigiebigkeit gemacht. Unentgeltliche Verträge sind → Schenkung und → Leihe. Entweder entgeltlich oder unentgeltlich können → Verwahrung, → Auftrag, → Darlehens-, aber auch → Werk- und → Dienstvertrag sein.

**Entschädigungsbürge (§ 1348)**

Der Entschädigungsbürge verpflichtet sich gegenüber dem Bürgen, ihn bei einer Inanspruchnahme durch den Gläubiger schadlos zu halten.

**Entschlagung**

Einseitige, unwiderrufliche Erklärung des potenziellen Erben im → Verlassenschaftsverfahren, das Erbe nicht antreten zu wollen.

**entschuldbare Fehlleistung**
Leichtester Grad der Fahrlässigkeit, der nach allgemeinem Schadenersatzrecht aber bereits zur Haftung führt. Dienstnehmer und Organe haben gegenüber Dienstgeber/Rechtsträger für entschuldbare Fehlleistungen nicht einzustehen. → Dienstnehmerhaftpflichtgesetz; → Organhaftpflichtgesetz.

**Erbanfall**
Entstehen des Erbrechts. Da es vor dem Tod des Erblassers kein Erbrecht, sondern nur eine Erbaussicht gibt, fällt das Erbrecht grundsätzlich im Zeitpunkt des Todes des Erblassers (Erbfall) an (vgl aber → Bedingung). Der Erbe muss den Erbanfall erleben und erbfähig sein. Dem → nasciturus fällt die Erbschaft gem § 22 unter der Bedingung seiner Lebendgeburt an. Erst dann kann er das Erbrecht unter Lebenden weitergeben (→ Erbschaftskauf/Erbschaftsschenkung) oder seinerseits vererben (→ Transmission).

**Erbantrittserklärung**
Unwiderrufliche Erklärung eines Erbprätendenten gegenüber dem Verlassenschaftsgericht, die Erbschaft anzunehmen. Die unbedingte Erbantrittserklärung ist die Annahme der Erbschaft ohne Haftungsvorbehalt. Sie führt zur betraglich unbeschränkten, persönlichen Haftung des Erben für die Verbindlichkeiten des → Nachlasses mit seinem ganzen Vermögen. Die bedingte Erbantrittserklärung ist die Annahme der Erbschaft mit Haftungsbeschränkung: Es ist ein Inventar zu errichten, der Erbe haftet zwar persönlich mit seinem ganzen Vermögen, allerdings nur bis zum Wert der von ihm übernommenen Erbschaft.

**Erbe**
Der zum Erwerb der Erbschaft Berechtigte. Der Erbe wird Gesamtrechtsnachfolger (→ Universalsukzession). Er erwirbt durch die → Einantwortung den gesamten → Nachlass oder eine Quote davon und tritt hinsichtlich aller übertragbarer Rechte und Pflichten an die Stelle des Erblassers. Pflichtteilsberechtigte (→ Noterben) und Legatare (→ Vermächtnis) sind keine Erben.

**Erbengemeinschaft**
→ Erbteilung.

**Erbfall**
→ Erbanfall.

**Erbgangsschulden**
→ Nachlass, reiner.

**Erbhof**
→ Anerbenrecht.

**Erblasser**
Der Verstorbene, dessen Rechtsnachfolge das → Erbrecht regelt. Eine juristische Person kann nicht Erblasserin sein, da sie nicht sterben und daher auch nichts vererben kann.

**Erblasserschulden**
→ Nachlass, reiner.

**Erbrecht**
(1) Summe aller Normen, die die Rechtsnachfolge von Todes wegen regeln. Das ABGB regelt das Erbrecht in den §§ 531 – 824. (2) Als Erbrecht bezeichnet man auch die Befugnis des Erben, den Nachlass ganz oder zu einer

Quote in Besitz zu nehmen. Das Erbrecht entsteht mit dem Tod des Erblassers, ab diesem Zeitpunkt (vgl § 879 Abs 2 Z 3) kann darüber verfügt werden (vgl → Erbschaftskauf/Erbschaftsschenkung). Das Erbrecht ist ein absolutes, gegen jedermann durchsetzbares Recht. Es entsteht durch Gesetz (→ Familienerbfolge), → Testament oder → Erbvertrag.

**Erbrecht, gesetzliches**
→ Familienerbfolge.

**Erbrechtsgrenze**
Grenze der gesetzlichen Erbfolge. Wer mit dem Erblasser ganz weitschichtig verwandt ist, hat kein gesetzliches Erbrecht. In der vierten Parentel erben daher nur die 8 Urgroßelternteile, ihre Nachkommen sind von der Erbschaft ausgeschlossen, sie können die Urgroßeltern daher nicht repräsentieren.

**Erbschaftskauf/ Erbschaftsschenkung**
Veräußerung des Erbrechts zwischen → Erbanfall (Tod) und → Einantwortung in Form eines Notariatsaktes oder gerichtlichen Protokolls (§ 1278 Abs 2). Eine Veräußerung des Erbrechts ist erst nach Erbanfall zulässig (§ 879 Abs 2 Z 3). Der Erbschaftskäufer tritt an die Stelle des Erben und übernimmt das Verlassenschaftsverfahren in dem Stadium, in dem es sich gerade befindet.

**Erbschaftsklage**
→ Scheinerbe.

**Erbteilung**
Aufhebung der durch das Vorhandensein mehrerer Erben entstandenen Erbengemeinschaft (→ Miteigentum) durch Erbteilungsübereinkommen oder Erbteilungsklage.

**Erbunwürdigkeit (§§ 540 ff)**
Gesetzlicher Ausschluss solcher Personen vom Erbrecht, die gegenüber dem Erblasser schwere Verfehlungen begangen haben (vorsätzliche, mit mehr als 1-jähriger Freiheitsstrafe bedrohte Straftat gegen den Erblasser, gröbliche Verletzung der Pflichten aus dem Rechtsverhältnis zwischen Eltern und Kindern) oder Angriffe auf seinen letzten Willen unternommen haben.

**Erbvertrag (§§ 602, 1249 ff)**
Formpflichtiger Vertrag zwischen dem Erblasser und seinem Ehegatten (oder zwischen Brautleuten), in dem der Ehegatte zum Erben berufen wird. Der Erbvertrag darf sich maximal auf drei Viertel des reinen → Nachlasses beziehen, ein reines (freies) Viertel muss dem Erblasser daneben zur freien Verfügung bleiben (§ 1253).

**Erbverzicht (§ 551)**
Vertrag zwischen einem potenziell Erbberechtigten und dem Erblasser, in dem der Berechtigte auf sein künftiges Erbrecht verzichtet. Andere Verfügungen über ein künftiges Erbrecht sind unwirksam (§ 879 Abs 2 Z 3). Der Verzicht beseitigt den Berufungsgrund, der → Erbanfall wird dadurch vereitelt. Eine spätere letztwillige Bedenkung durch den Erblasser ist möglich. Vgl auch → Repräsentation.

**Ereignis, unabwendbares (§ 9 EKHG)**

Zentrales Tatbestandsmerkmal der Haftungsbefreiung im → Eisenbahn- und Kraftfahrzeughaftpflichtgesetz. Der Halter (Betriebsunternehmer) haftet nicht, wenn der Schaden durch ein unabwendbares Ereignis verursacht wurde. Unabwendbar ist ein Ereignis besonders, wenn es auf dem Verhalten des Geschädigten, eines nicht beim Betrieb tätigen Dritten oder eines Tieres beruht und es trotz aller erdenklichen Sorgfalt und Vorsicht nicht abgewendet werden kann. Das Ereignis ist nicht unabwendbar, wenn es auf einem Fehler in der Beschaffenheit (gefährliche Konstruktion) oder einem Versagen der Verrichtungen beruht (zB Brems- oder Lenkungsdefekt). Es kommt damit auf die Mängelfreiheit der Sphäre des Halters an. Trotz Unabwendbarkeit wird bei außergewöhnlicher Betriebsgefahr (→ Betriebsgefahr, außergewöhnliche) gehaftet.

**Erfolg**

→ Werkvertrag.

**Erfüllung**

Wer die geschuldete Leistung erbringt, „erfüllt". In der Regel leistet der Schuldner dem Gläubiger bei Fälligkeit (vgl § 1412). Teilleistungen und frühzeitige Leistungen setzen Einverständnis des Gläubigers voraus (§§ 1413, 1415; beachte zum Verbraucherkredit aber § 16 VKrG). Eine Zahlung durch Dritte muss der Gläubiger nur annehmen, wenn der Schuldner einverstanden ist (§ 1423). Sie führt entweder zum Erlöschen oder zur Einlösung (→ Zession, notwendige). Eine Leistung an Dritte ist nur mit Einverständnis des Gläubigers zulässig; wer einem Geschäftsunfähigen schuldet, muss die Leistung jedoch grundsätzlich dem gesetzlichen Vertreter erbringen (§ 1424). Bei Gläubigerverzug wird der Schuldner durch gerichtliche Hinterlegung frei (§ 1425).

**Erfüllungsgehilfe (§ 1313a)**

Erfüllungsgehilfe ist, wessen sich der Geschäftsherr zur Erfüllung einer Sonderrechtsbeziehung (Vertrag, vorvertragliches Schuldverhältnis) mit dem Geschädigten bedient. Ob es sich beim Erfüllungsgehilfen um Dienstnehmer oder selbstständige Dritte (zB Subunternehmer) handelt, ist für die Zurechnung ebenso irrelevant wie ob überhaupt ein Rechtsverhältnis des Gehilfen zum Geschäftsherrn besteht. Der Geschäftsherr haftet für das Verhalten seiner Erfüllungsgehilfen wie für eigenes Verschulden. Mangels Sonderrechtsbeziehung mit dem Geschädigten haftet der Geschäftsherr für Gehilfen hingegen nur sehr eingeschränkt (→ Besorgungsgehilfe; § 1315). Ein Gehilfe ist also gleichzeitig Erfüllungsgehilfe gegenüber den besonders geschützten Personen und Besorgungsgehilfe gegenüber Dritten (zB Postbote); sein Verhalten führt daher – je nach der geschädigten Person – unter verschiedenen Voraussetzungen zur Haftung. Das Bestehen einer Sonderrechtsbeziehung mit dem Geschädigten führt allerdings nur zur Zurechnung als Erfüllungsgehilfe, wenn der Schaden durch die Erfüllung entstanden ist. Für beliebige, nur anlässlich der Erfüllung zugefügte Schädigungen (zB Diebstahl durch Handwerker) wird nur nach § 1315 gehaftet. Durch eine Haftung des Geschäftsherrn bleibt eine allfällige → Deliktshaftung des Gehilfen selbst (zB Verletzung absolut geschützter Rechtsgüter) unberührt, beide haften dem Geschädigten solidarisch. Intern bestehen Regressan-

E

sprüche (§ 1313). Die Regel über die interne Schadenstragung wird im Anwendungsbereich des → Dienstnehmerhaftpflichtgesetz insofern modifiziert, als das DHG den Dienstnehmer gegenüber dem Dienstgeber schützt.

**Erfüllungsinteresse**

Der Vorteil, den ein Vertragspartner bei ordnungsgemäßer Erfüllung des Vertrages gehabt hätte. Der Vertragspartner (Gläubiger) ist so zu stellen, wie er stünde, wenn vertragsgemäß erfüllt worden wäre. Das Erfüllungsinteresse gebührt, wenn der Schädiger eine vertragliche Leistungspflicht verletzt hat. Der Schadenersatzanspruch tritt dann an Stelle der gehörigen Vertragserfüllung. Vgl auch → Vertrauensinteresse.

**Erfüllungsinteresse, hypothetisches**

Der Ersatz des → Vertrauensinteresses ist durch das gedachte (hypothetische) Erfüllungsinteresse begrenzt. Die Grenze bildet also der Vorteil, den der Geschädigte (hypothetisch) gehabt hätte, wenn das Geschäft tadellos erfüllt worden wäre. Durch die Begrenzung soll verhindert werden, dass der Geschädigte über den Schadenersatz seine früheren (ungünstigen) Dispositionen ungeschehen macht. Bsp zur → falsa procuratio (§ 1019): Wollte der Geschädigte vom Scheinvertreter eine Sache um 80 kaufen, die einen Wert von 100 hat, und kommt das Geschäft mangels Vollmacht nicht zustande, kann er nicht einen Vertrauensschaden von 30 fordern, wenn ihm zwischenzeitig eine Abschlussgelegenheit für eine gleiche Sache um 70 entgangen ist. Er hätte auch bei Erfüllung des wegen falsa procuratio unwirksamen Vertrags den Vorteil von 30 nicht gehabt (sondern 20).

**Erfüllungsort**

Ort, an dem der Schuldner die Leistung anbieten und der Gläubiger abnehmen soll. Es kommen vor allem → Bringschuld, → Holschuld und → Schickschuld in Betracht.

**Erfüllungsübernahme**

Ein Dritter verspricht dem Schuldner, die Leistung an den Gläubiger zu erbringen. Gemäß § 1404 wirkt die Vereinbarung nur zwischen Schuldner und Übernehmer, dem Gläubiger entsteht daraus kein Anspruch. Aus der Auslegung der Parteienvereinbarung kann sich jedoch Anderes (Klagerecht des Gläubigers gegen den Übernehmer) ergeben.

**ergänzende Auslegung**

→ Auslegung, ergänzende.

**Erhaltungspflicht (§ 1096)**

Der Bestandgeber hat die Sache dem Bestandnehmer nicht nur in brauchbarem Zustand zu übergeben, sondern auch zu erhalten. Der Bestandgeber darf den Bestandnehmer in der Ausübung seines Rechtes nicht stören und hat Störungen durch Dritte zu unterbinden. Bei nicht gehöriger Erfüllung dieser Pflichten wird der Bestandnehmer ex lege von der Pflicht zur Zinszahlung befreit. Darauf kann bei Miete unbeweglicher Sachen nicht im Voraus verzichtet werden.

**Erklärungsbewusstsein**

Bewusstsein, eine rechtsgeschäftliche Willenserklärung abzugeben. Eine unbewusst abgegebene Erklärung wird dem Äußernden nur dann zugerechnet, wenn er entweder den Erklärungstatbestand adäquat verursacht und dabei zumindest fahrlässig gehandelt hat oder das Risiko des Entstehens eines Erklärungstatbestandes unnötig erhöht hat (zB Unterzeichnung einer ungelesenen Urkunde; Blankounterschrift) und der Empfänger auf den Vertrauenstatbestand auch tatsächlich vertraut hat (→ Vertrauenstheorie). Man spricht von „Erklärungsfahrlässigkeit".

**Erklärungsbote** → Bote.

**Erklärungsfahrlässigkeit** → Erklärungsbewusstsein.

**Erklärungsirrtum** Liegt vor, wenn der Erklärende meint, etwas anderes zu erklären, als er wirklich erklärt (zB Versprechen, Verschreiben, Übermittlungsfehler, Irrtum über die Bedeutung der Erklärung), oder wenn ihm die Erklärung gar nicht als solche bewusst ist (mangelndes → Erklärungsbewusstsein). Es handelt sich um einen Unterfall des → Geschäftsirrtums iwS. Der Erklärungsirrtum berechtigt bei Vorliegen einer Alternativvoraussetzung des § 871 (→ Irrtumsveranlassung; → Auffallenmüssen des Irrtums; → Aufklärung, rechtzeitige) zur Geltendmachung.

**Erlass** → Verzicht.

**Ermächtigung** Die Ermächtigung ist ein einseitiges Rechtsgeschäft, das dem Ermächtigten erlaubt, auf Rechnung des Ermächtigenden Rechtsgeschäfte oder Rechtshandlungen vorzunehmen. Die Ermächtigung begründet ein Dürfen im Verhältnis zum Ermächtigenden. Im Gegensatz zum Auftragnehmer ist der Ermächtigte aber nicht verpflichtet, tätig zu werden. So wie der bloße → Auftrag begründet auch die Ermächtigung als solche noch keine Befugnis zur direkten → Stellvertretung.

**Ersatzerbschaft** Der Erblasser trifft Vorsorge für den Fall, dass der ersteingesetzte Erbe die Verlassenschaft nicht erwirbt und bestimmt einen Ersatzerben, der an die Stelle des zuerst eingesetzten Erben treten soll (§ 604). Der Ersatzerbe geht den gesetzlichen Erben vor, es kommt nicht zur → Anwachsung. Bis zur Erbantrittserklärung des Ersteingesetzten verhindert der Ersatzerbe auch die → Transmission.

**Ersatzhypothek** Bei der → Simultanhypothek sollen nachrangige Pfandgläubiger nicht durch die Versteigerung nur einer Liegenschaft benachteiligt werden. Gehören die simultan belasteten Liegenschaften demselben Eigentümer, wird dieses Ziel dadurch erreicht, dass auf den nicht verwerteten Liegenschaften eine Ersatzhypothek nachrangiger Pfandgläubiger der versteigerten Liegenschaft einverleibt wird (§ 222 EO).

**Ersetzungsbefugnis** → facultas alternativa.

**Ersitzung**

Ersitzung ist originärer Rechtserwerb durch qualifizierten Besitz während einer bestimmten Dauer (§ 1452). Nur körperliche Sachen (Auto, Liegenschaft) können ersessen werden, nicht aber Forderungen. Die Ersitzungszeit beträgt bei Liegenschaften 30 Jahre. Bei beweglichen Sachen ist zu differenzieren: Bei der eigentlichen Ersitzung hat der Ersitzende einen Titel (zB Kauf), die Frist beträgt 3 Jahre (6 Jahre bei unechtem oder unredlichem Vormann). Bei der uneigentlichen Ersitzung hat der Ersitzende keinen Titel, die Ersitzung ist erst nach 30 Jahren abgeschlossen. Gegen juristische Personen werden die Zeiten (3/30 Jahre) verlängert (6/40 Jahre, § 1472). Der Ersitzende erwirbt bereits mit Ablauf der Frist Eigentum. Die Ersitzung unbeweglicher Sachen durchbricht also den → Eintragungsgrundsatz.

**Ersparnisregel**

→ Sphärentheorie.

**Erstfrage**

→ Vorfrage.

**erweiterter Eigentumsvorbehalt**

→ Eigentumsvorbehalt, erweiterter.

**Erziehung (§ 160)**

Teil der → Obsorge über ein Kind. Zur Erziehung gehören insbesondere die Förderung der Entfaltung der körperlichen und geistigen Entwicklung des Kindes unter Bedachtnahme auf Bedürfnisse und Talente sowie den Kindeswillen.

**essentialia negotii**

Vertragspunkte, die von den Parteien geregelt werden müssen, damit der Vertrag überhaupt zustande kommt. Nebenpunkte können hingegen durch dispositives Recht ergänzt werden. ZB bedarf es beim Kaufvertrag der Einigung über Ware und Preis, beim Werkvertrag der Einigung über die Herstellung eines Werks gegen Entgelt usw.

**EU-Erbrechts-VO (EUErbVO)**

Die EUErbVO regelt die Gerichtszuständigkeit, das anwendbare Recht sowie die Anerkennung und Vollstreckung von ausländischen Entscheidungen und öffentlichen Urkunden bei grenzüberschreitenden Erbsachen. Sie ist ab August 2015 anwendbar. Die EUErbVO beruft in einer grenzüberschreitenden Erbsache das Recht des Staates, in dem der Erblasser im Todeszeitpunkt seinen gewöhnlichen Aufenthalt hatte (Art 21 Abs 1 EUErbVO). Wer nicht in seinem Heimatstaat wohnt, kann jedoch bestimmen, dass das Recht seiner Staatsangehörigkeit für die Rechtsnachfolge von Todes wegen anwendbar ist (Art 22 Abs 1 EUErbVO). Im Ergebnis unterliegt der gesamte Nachlass immer nur einem Recht (Art 23 Abs 1 EUErbVO), der Nachlass ist von einem Gericht abzuwickeln (keine → Nachlassspaltung). Die EUErbVO führt außerdem ein → Europäisches Nachlasszeugnis ein.

**Europäisches Nachlasszeugnis**

Die → EU-Erbrechts-VO führt ein Europäisches Nachlasszeugnis ein, mit dessen Hilfe sich Erben, bestimmte Vermächtnisnehmer, Testamentsvollstrecker und Nachlassverwalter ohne weitere Formalitäten auf ihre Rechtsstellung berufen können (Art 63 Abs 1 EUErbVO). Für die Ausstellung des

Zeugnisses sind die Gerichte des Mitgliedstaates zuständig, die nach der VO für die Abhandlung zuständig sind (Art 64 EUErbVO). Das Zeugnis tritt dabei neben innerstaatliche Schriftstücke, die zu ähnlichen Zwecken verwendet werden (zB Einantwortung). Das Europäische Nachlasszeugnis gibt dem Berechtigten gem Art 69 Abs 2 EUErbVO die Möglichkeit, sich auf seine Rechtsstellung zu berufen (zB um gegenüber dem Firmenbuch- oder dem Grundbuchsgericht eine Eintragung zu erwirken). Daneben schützt es auch das Vertrauen Dritter, die von den (vermeintlich) Berechtigten Rechte erwerben. So wie das Nachlasszeugnis, tritt auch der Vertrauenstatbestand neben vergleichbare innerstaatliche Regelungen.

**EU-Richtlinie** „Die Richtlinie ist für jeden Mitgliedstaat, an den sie gerichtet wird, hinsichtlich des zu erreichenden Ziels verbindlich, überlässt jedoch den innerstaatlichen Stellen die Wahl der Form und der Mittel" (Art 288 Abs 3 AEUV). Richtlinien wirken also (anders als → EU-Verordnungen) nicht unmittelbar, sondern müssen erst vom Gesetzgeber umgesetzt werden, um Wirkung zu entfalten. Innerstaatliches Recht ist aber im Lichte geltender Richtlinien zu interpretieren (→ Interpretation, richtlinienkonforme). Vor allem auf dem Gebiet des → Verbraucherschutzes existieren zahlreiche EU-Richtlinien.

E

**EU-Überbuchungsverordnung** Die EU-Verordnung für Ausgleichs- und Unterstützungsleistungen für Fluggäste („Überbuchungsverordnung") gewährt Fluggästen gewisse Mindestrechte (weitergehende innerstaatliche Rechte sind also möglich) bei Nichtbeförderung, Annullierung und Flugverspätung. Es bestehen vor allem Ausgleichs- und Erstattungsansprüche sowie das Recht auf Betreuungsleistungen (Mahlzeit, Hotelunterbringung). Die Anwendung der Verordnung setzt eine gültige Flugbuchung voraus (zum räumlichen Anwendungsbereich Art 3 der VO).

**EU-Unterhalts-VO** Die Anknüpfung des ehelichen Unterhalts, des Unterhalts eingetragener Partner und des Kindesunterhalts richten sich gemäß Art 15 der EU-Unterhalts-VO nach dem → Haager Unterhaltsprotokoll.

**EU-Verordnung** „Die Verordnung hat allgemeine Geltung. Sie ist in allen ihren Teilen verbindlich und gilt unmittelbar in jedem Mitgliedstaat" (Art 288 Abs 2 AEUV). Verordnungen sind also anders als EU-Richtlinien nicht erst umzusetzen. Sie sind (auch gegen innerstaatliches Recht) anzuwenden. Während sie im materiellen Privatrecht selten sind, gibt es im → Internationalen Privatrecht wichtige EU-Verordnungen: → Rom I, → Rom II, → Rom III, → EU-Erbrechts-VO.

**ex contractu** → Vertragshaftung.

**ex delicto** → Deliktshaftung.

**ex nunc-Wirkung/ ex tunc-Wirkung**

Wird ein Vertrag durch Ausübung eines → Gestaltungsrechts (zB Irrtumsanfechtung, Wandlung, Rücktritt) aufgehoben, entstehen Bereicherungsansprüche. Wirkt eine Aufhebung auch sachenrechtlich ex tunc, konnte es nie zu einem derivativen Rechtsübergang kommen. Die Parteien können nicht nur mit der Kondiktion, sondern auch mit der rei vindicatio (Eigentumsklage) vorgehen. Sachenrechtlich ex tunc wirkt die Aufhebung wegen eines → Wurzelmangels. Wirkt die Aufhebung sachenrechtlich ex nunc (zB bei → Leistungsstörung), ist zwar alles aufgrund des Vertrages Erhaltene bereicherungsrechtlich zurückzustellen, die Aufhebung hat jedoch keine Auswirkungen auf dingliche Rechtspositionen. Wirkt eine Aufhebung auch schuldrechtlich nur ex nunc („von jetzt an"; zB Kündigung des Mietvertrags), so kann der Vertrag zwar keine zukünftigen Vermögensverschiebungen rechtfertigen, bisher Geleistetes ist allerdings nicht zurückzustellen.

# F Factoring – Fund

**Factoring** → Zession der in einem Geschäftsbetrieb entstandenen Forderungen für Warenlieferungen und Dienstleistungen durch einen Unternehmer an einen „Factor". Das Factoring ist also der Titel für die Abtretung. Seine Ausgestaltung hängt von der Parteienvereinbarung ab und kann → Inkassozession oder Kauf der Forderung sein. Übernimmt der Factor das Risiko der Zahlungsunfähigkeit des Schuldners (Delkredererisiko), spricht man von echtem Factoring. Der Factor hat in diesem Fall keine Ansprüche gegen den Altgläubiger wegen der Uneinbringlichkeit der abgetretenen Forderungen.

**facultas alternativa** Hat der Schuldner eine facultas alternativa (Alternativermächtigung, Ersetzungsbefugnis), kann er statt der geschuldeten eine andere Leistung erbringen. Bsp: Der verkürzende Vertragsteil hat bei → laesio enormis die Alternativermächtigung, auf den vollen gemeinen Wert aufzuzahlen, damit der Vertrag aufrecht bleibt. Zum Unterschied von der → Wahlschuld wird nur eine Leistung geschuldet.

**Fahrlässigkeit** Fahrlässig handelt ein Schädiger, wenn er zwar nicht mit → Vorsatz agiert, aber doch die nötige Sorgfalt außer Acht lässt. Die persönliche Vorwerfbarkeit setzt voraus, dass der Schädiger die gehörige Sorgfalt auch (subjektiv) hätte einhalten können. Eine stärkere Objektivierung findet allerdings bei der Sachverständigenhaftung (§ 1299) statt. Innerhalb der Fahrlässigkeit unterscheidet man die leichte und die grobe: Die leichte Fahrlässigkeit beruht auf Fehlern, die auch einem sorgfältigen Menschen gelegentlich unterlaufen können. Grob fahrlässig ist, wem ein Versehen unterläuft, das nur bei besonders nachlässigen oder leichtsinnigen Menschen vorkommt. Die Unterscheidung ist vor allem für den Umfang des zu ersetzenden Schadens relevant: Bei grober Fahrlässigkeit wird auch der entgangene Gewinn (→ Gewinn, entgangener) ersetzt.

**Fälligkeit** Zeitpunkt, in dem die Leistung erbracht werden soll. Primär richtet sich die Fälligkeit nach der Parteienvereinbarung, ansonsten nach dem Zweck der Leistung. Ergibt sich weder aus der Parteienvereinbarung noch aus dem Zweck der Leistung etwas, kann der Gläubiger die Leistung jederzeit durch Mahnung fällig stellen (§ 904). Im Verbraucherrecht hat der Unternehmer mangels anderer Vereinbarung Warenlieferungen unverzüglich zu erbringen, spätestens jedoch 30 Tage nach Vertragsabschluss (§ 7a KSchG). Leistet der Schuldner bei Fälligkeit nicht, liegt → Schuldnerverzug vor. Nimmt der Gläubiger die gehörig angebotene Leistung nicht an, ist er im → Gläubigerverzug. Ein nachträgliches Hinausschieben der Fälligkeit nennt man → Stundung.

**falsa demonstratio non nocet** → Konsens.

**falsa procuratio (Scheinvertretung)**

Handelt jemand im fremden Namen, ohne → Vollmacht zu haben, so ist er, wenn das Geschäft nicht nachträglich genehmigt wird, falsus procurator (Scheinvertreter). Scheinvertreter ist nicht nur derjenige, der überhaupt nicht vertretungsbefugt ist, sondern auch derjenige, der die Grenzen seiner Vertretungsmacht überschreitet. Die Vertretungshandlung für den scheinbar Vertretenen wirkt nicht, weil die Vertretungsmacht fehlt. Sie wirkt auch nicht für den Scheinvertreter selbst, weil dieser im fremden, nicht im eigenen Namen handelt. Der schuldhaft agierende Scheinvertreter ist zum Ersatz des → Vertrauensinteresses verpflichtet, wenn er den Mangel der Vertretungsbefugnis vorsätzlich oder fahrlässig nicht mitgeteilt hat (§ 1019). Zu ersetzen sind alle Nachteile, die nicht eingetreten wären, wenn sich der Dritte nicht auf das gültige Zustandekommen des Geschäftes eingerichtet hätte. Die Haftung entfällt, wenn dem Dritten der Vollmachtsmangel bekannt war; sie wird gemindert, wenn er ihm bekannt sein musste.

**Familienerbfolge**

Die gesetzliche Erbfolge ist Familienerbfolge. Das Vermögen soll der Familie (→ Parentelensystem) erhalten bleiben. Dies ist auf Grund der regelmäßig engen Bindungen sachlich gerechtfertigt. Die Familienerbfolge (§§ 727–759) kommt nur zum Zug, wenn der Erblasser keinen gültigen letzten Willen hinterlassen hat (§ 727). Stirbt der Erblasser unter Hinterlassung einer letztwilligen Verfügung, stellt das Pflichtteilsrecht den Ausgleich zwischen Familienerbfolge und Testierfreiheit her: Eine bestimmte Quote (Pflichtteil) steht den nächsten Angehörigen jedenfalls zu, sie kann nur unter qualifizierten Voraussetzungen entzogen werden (→ Enterbung).

**Familienrecht**

Alle Bestimmungen, die Ehe und Verwandtschaft regeln. Der Großteil der familienrechtlichen Vorschriften ist im Personenrecht des ABGB (§§ 40 ff und §§ 89 ff) und in Sondergesetzen, insbesondere im Ehegesetz (EheG) und im → Eingetragene Partnerschaft-Gesetz (EPG) enthalten.

**Faustpfandprinzip**

Aus dem Publizitätserfordernis (→ Publizität) folgt, dass Modus für den Erwerb eines Pfandrechts an einer beweglichen körperlichen Sache die körperliche Übergabe an den Gläubiger ist (§§ 451 f). Dadurch soll verhindert werden, dass sich das Pfand beim Pfandschuldner befindet und Dritte dadurch einen falschen Eindruck von seinem Vermögen gewinnen. Das Faustpfandprinzip gilt auch bei der Sicherungsübereignung (→ Sicherungseigentum), nicht aber beim → Eigentumsvorbehalt, der publizitätslos zulässig ist.

**favor testamenti**

Auslegungsmaxime für letztwillige Verfügungen (§ 655 letzter Halbsatz). Im Zweifel müssen letztwillige Verfügungen so ausgelegt werden, dass sie aufrecht bleiben. Dem Erblasserwillen soll, soweit möglich, zum Durchbruch verholfen werden. Mit dem Grundsatz „favor testamenti" wird auch begründet, dass bei Teilunwirksamkeit einer → letztwilligen Verfügung der Rest aufrecht bleibt.

**Fernabsatz**

→ Verbrauchergeschäfte, die nur mittels Fernkommunikation (zB Internet, E-Mail, Telefon) abgeschlossen werden, sind Fernabsatzverträge, wenn sich der Unternehmer eines für den Fernabsatz organisierten Vertriebs- oder Dienstleistungssystems bedient (§ 3 Z 2 FAGG). Fernabsatzgeschäfte lösen umfassende → Informationspflichten des Unternehmers (§§ 4 ff FAGG) und ein 14-tägiges, ohne Begründung ausübbares → Rücktrittsrecht des Verbrauchers (§§ 11 ff FAGG) aus. Ähnliche Regelungen enthält das Fern-Finanzdienstleistungs-Gesetz.

**Fern- und Auswärtsgeschäfte-Gesetz**

Das Fern- und Auswärtsgeschäfte-Gesetz (FAGG) setzt die europäische Verbraucherrechte-RL um, indem es den → Verbraucher bei Verträgen im → Fernabsatz und bei Verträgen, die außerhalb von Geschäftsräumen abgeschlossen werden (→ Auswärtsgeschäft), schützt. Dieser Schutz wird gewährleistet durch umfangreiche → Informationspflichten des → Unternehmers (§§ 4 ff FAGG) und durch das Recht des Verbrauchers, binnen 14 Tagen ohne Angabe von Gründen vom Vertrag zurückzutreten (§§ 11 ff FAGG; vgl → Rücktrittsrechte des Verbrauchers).

**Feststellung der Nichtabstammung (§ 151)**

Die gerichtliche Feststellung der Nichtabstammung vom Ehemann der Mutter kann auf Antrag des Ehemannes oder des Kindes erfolgen (§ 151). Die Antragsfrist beträgt 2 Jahre ab Kenntnis der Umstände, die eine Vaterschaft unwahrscheinlich machen.

**Feststellung der Vaterschaft**

Eine Vaterschaft entsteht juristisch durch → Vaterschaftsanerkenntnis oder Vermutung der → Vaterschaft des Ehemannes. Sie kann aber auch gerichtlich auf Antrag festgestellt werden (§ 148). Das ist erstens der Fall, wenn sich niemand freiwillig (durch Anerkenntnis) zu dem Kind bekennen will, zweitens aber auch, wenn der potenzielle Vater sich zum Kind bekennen möchte, aber nicht weiß, ob er wirklich der Vater ist. Antragsberechtigt ist das Kind gegen den Mann, aber auch umgekehrt der Mann, der als Vater festgestellt werden möchte, gegen das Kind. Die Feststellung ist auch durch und gegen Rechtsnachfolger zulässig.

**Finanzierungsleasing**

Finanzierungsleasingverträge weisen sowohl Elemente des Kaufs als auch Elemente der Miete auf (→ Leasingvertrag). Es handelt sich daher um gemischte Verträge. Der Leasingnehmer wird nicht Eigentümer, sondern er hat nur ein Gebrauchsrecht. Das wirtschaftliche Risiko wird aber dennoch dem Leasingnehmer zugeordnet. Der Leasingnehmer ist nämlich verpflichtet, die Raten bei zufälliger Beschädigung oder Untergang des Leasinggutes weiter zu zahlen. Je nachdem, ob die Vertragsdauer annähernd der Lebensdauer des geleasten Gegenstandes entspricht, unterscheidet man → Voll- und → Teilamortisationsverträge. Aufgrund der großen Ähnlichkeit zum Kauf wird bei Finanzierungsleasingverträgen Kaufrecht angewendet (→ Absorptionstheorie).

**Finderlohn**

Anspruch des Finders einer vergessenen oder verlorenen Sache gegen denjenigen, dem der Fundgegenstand ausgefolgt wird (→ Fund; §§ 388 ff).

Der Finderlohn beträgt bei verlorenen Sachen 10%, bei vergessenen 5% ihres gemeinen Werts; übersteigt der gemeine Wert € 2000, beträgt der Finderlohn in Rücksicht des übersteigenden Werts nur die Hälfte dieser Prozentsätze (§ 393 Abs 1).

**Fixgeschäft (§ 919)** Bei einem Fixgeschäft ist der Erfüllungszeitpunkt ein so wesentlicher Bestandteil der Leistung, dass eine verspätete Erbringung durch den Schuldner überhaupt unmöglich ist oder der Gläubiger sie nicht mehr annehmen muss. Das kann sich neben einer ausdrücklichen Vereinbarung auch aus der Natur des Geschäftes oder aus dem für den Schuldner erkennbaren Zweck der Leistung ergeben. Erfüllt der Schuldner nicht rechtzeitig, zerfällt der Vertrag anders als sonst beim → Schuldnerverzug, ohne dass der Gläubiger eine Nachfrist setzen oder den Rücktritt erklären müsste. Sofern die bei einem Fixgeschäft geschuldete Leistung vom Schuldner aber noch erbracht werden könnte und der Gläubiger sie doch ausnahmsweise lieber später als gar nicht möchte, kann er den Vertrag „retten", wenn er dem Schuldner unverzüglich mitteilt, dass er die Leistung noch möchte („relatives" Fixgeschäft).

**Flaschenpfand** → Rückverkaufsrecht.

**Folgeschaden** Schaden in Folge der Beeinträchtigung eines absolut geschützten Rechtsguts (→ Rechtsgut, absolut geschütztes). Es geht nicht mehr um den Nachteil an der Substanz, der Gesundheit usw, sondern um weitere Konsequenzen dieser Schädigung (zB Verdienstentgang). Da Ausgangspunkt des Folgeschadens die Beeinträchtigung eines deliktisch geschützten Rechtsgutes ist, darf er nicht mit einem bloßen Vermögensschaden verwechselt werden (→ Vermögensschaden, bloßer). Ein Folgeschaden ist vielmehr auch im deliktischen Bereich (vorbehaltlich des → Rechtswidrigkeitszusammenhanges) ersatzfähig.

**Forderung** → Anspruch; → Schuldverhältnis.

**Form** Unter der „Form" eines Rechtsgeschäftes versteht man die Art, wie es zu einem Abschluss gelangt (mündlich, in Schriftform, vor dem Notar, unter Beiziehung von Zeugen). Das Gesetz überlässt es den Parteien, in welcher Form sie ein Rechtsgeschäft schließen wollen und ob sie sich an eine bestimmte Form binden wollen: Grundsatz der Formfreiheit (§ 883). Zahlreiche gesetzliche → Formvorschriften schränken diesen Grundsatz ein.

**Formalvollmacht** Formalvollmacht ist eine umfänglich unbeschränkbare Vertretungsmacht. Dies gilt besonders für die Vertretungsmacht von Organen juristischer Personen. Ihre Vertretungsmacht ist im Gesetz geregelt, Beschränkungen werden weitgehend nicht zugelassen (zB § 74 Abs 2 AktG; § 20 Abs 2 GmbHG; § 20 Abs 1 WEG). Setzt das Organ eine Vertretungshandlung, die im Innenverhältnis verboten war, so ist das Geschäft trotzdem gültig, im Innenverhältnis ist jedoch ein Schadenersatzanspruch (zB wegen Verletzung des

Dienstvertrages) zu prüfen. Der Grund für die Unbeschränkbarkeit liegt in der im Geschäftsleben bestehenden Notwendigkeit klarer und zumutbarer Strukturen: Wer zB mit einer AG ein Geschäft abschließen möchte, soll möglichst einfach und sicher wissen, was der Vorstand kann.

**formelle Repräsentation**

→ Repräsentation.

**Formvorschriften**

Ausnahmsweise schreibt das Gesetz eine bestimmte → Form für Rechtsgeschäfte vor. Wird die vorgeschriebene Form nicht eingehalten, ist das Rechtsgeschäft grundsätzlich nicht gültig (beachte aber → Naturalobligation). Wo das Gesetz Schriftform vorsieht, bedarf es einer Unterschrift des Erklärenden (§ 886). Dies verlangt das Gesetz zB für die Verpflichtungserklärung des Bürgen (§ 1346 Abs 2; analog auch bei → Schuldbeitritt zu Sicherungszwecken), wobei die Übermittlung einer im Original unterschriebenen Erklärung durch Fax aber ausreicht. Strenge Formvorschriften gibt es für letztwillige Verfügungen (→ Testamentsform). Eines Notariatsaktes bedürfen zB Ehepakte, Kauf-, Tausch- und Darlehensverträge zwischen Ehegatten sowie Schenkungsverträge ohne wirkliche Übergabe. Der notariellen Beurkundung bedürfen zB Hauptversammlungsbeschlüsse einer AG (§ 120 AktG) und die Abänderung des Gesellschaftsvertrages einer GmbH (§ 49 GmbHG).

**Fortlaufshemmung**

Für die Dauer der Fortlaufshemmung ruht die → Verjährung. Die Verjährungsfrist wird also um die Zeit der Fortlaufshemmung „verlängert". Bsp: Gem § 22 Abs 1 Zivilrechts-MediationsG hemmen der Beginn und die gehörige Fortsetzung einer Mediation durch einen eingetragenen Mediator den Anfang und Fortlauf der Verjährung sowie sonstiger Fristen zur Geltendmachung der von der Mediation betroffenen Rechte und Ansprüche; auch die Stundung bewirkt eine Fortlaufshemmung (vgl § 1478). Vgl auch → Ablaufshemmung.

**forum shopping**

Da die Kollisionsnormen der Staaten voneinander abweichen, kann die Sachentscheidung eines Falles unterschiedlich ausfallen, je nachdem, in welchem Staat er gerichtsanhängig gemacht wird. Für die Praxis, den insofern günstigsten Gerichtsstand zu suchen, hat sich die Bezeichnung forum shopping eingebürgert.

**freies Viertel**

→ Erbvertrag.

**Freigiebigkeit**

→ Unentgeltlichkeit.

**Freiheitsersitzung (§ 1488)**

→ Dienstbarkeiten verjähren durch Nichtgebrauch, wenn das Recht 30 Jahre nicht ausgeübt wird (40 Jahre, wenn eine juristische Person berechtigt ist). Widersetzt sich der Verpflichtete aber der Ausübung, verjähren sie in 3 Jahren, wenn der Berechtigte sein Recht innerhalb dieser Zeit nicht geltend macht (Freiheitsersitzung, usucapio libertatis).

F

**Fremdgeschäftsführungswille (animus rem alteri gerendi)**
Absicht, für jemand anderen ein Geschäft zu führen. Der Fremdgeschäftsführungswille ist Voraussetzung für den Anspruch aus der → Geschäftsführung ohne Auftrag (§§ 1035 ff). Verfolgt der Geschäftsführer zum Teil eigene Interessen, so ist der Fremdgeschäftsführungswille trotzdem zu bejahen. In manchen Fällen verzichtet das Gesetz aber explizit auf das Erfordernis eines Fremdgeschäftsführungswillens: → Geschäftsführung ohne Auftrag, angewandte.

**Früchte**
Naturalfrüchte sind Erzeugnisse, die von einer Sache bestimmungsgemäß gewonnen werden (Äpfel eines Baumes). Der Begriff hat im Sachenrecht und im Bereicherungsrecht Bedeutung: Früchte sind bis zur Absonderung von der Hauptsache sonderrechtsunfähig und gehören dem Eigentümer der Hauptsache. Der redliche Bereicherungsschuldner kann alle aus der Sache entspringenden Früchte behalten (§ 330), der unredliche Bereicherungsschuldner ist grundsätzlich dazu verpflichtet, jeden durch den Besitz erlangten Vorteil – und damit auch Früchte – herauszugeben (§ 335). Von den Naturalfrüchten unterscheidet man Zivilfrüchte, das sind Erträgnisse, die aus einer Sache aufgrund eines Rechtsverhältnisses gezogen werden (Mietzins). Sie werden bereicherungsrechtlich wie Naturalfrüchte behandelt.

**Fruchtgenussrecht**
Das Fruchtgenussrecht ist eine → Personaldienstbarkeit. Der Fruchtnießer hat das dingliche Recht, eine fremde Sache unter Schonung ihrer Substanz zu gebrauchen (§ 509); im Übrigen ist die Nutzung durch ihn nicht beschränkt. Er darf die Sache daher auch vermieten.

**frustrierte Aufwendungen**
→ Aufwendungen, frustrierte.

**Fund (§§ 388 ff)**
Das Entdecken und Ansichnehmen einer verlorenen oder vergessenen Sache. Der Fund ist der Fundbehörde anzuzeigen und bei ihr abzugeben. Meldet sich der Verlustträger (§ 389 Abs 2) innerhalb eines Jahres nicht, erwirbt der Finder originär Eigentum (§ 395; → Eigentumserwerb, originärer). Ansonsten hat der Finder Anspruch auf → Finderlohn und Ersatz seiner Auslagen (§§ 392 f).

# G Garant – gutgläubiger Pfandrechtserwerb

**Garant**
Bei der dreipersonalen → Garantie verspricht der Garant dem Garantiebegünstigten, für einen Erfolg einzustehen.

**Garantie**
(1) Im Leistungsstörungsrecht: Übernahme der Haftung für die Mangelfreiheit der Leistung. Wird die Garantie vom Übergeber (zB Verkäufer) gegeben, ist sie nur sinnvoll, wenn sie über die ohnehin zustehenden Rechte aus der → Gewährleistung hinausgeht. Praktisch bedeutsamer ist das Versprechen des Herstellers, dass sein Produkt mangelfrei ist. Da der Hersteller meist nicht direkt mit dem Letztabnehmer in einem Vertragsverhältnis steht, gäbe es ohne diese Garantie nämlich auch keine Ansprüche des Letztabnehmers gegen ihn. Übernimmt der Hersteller eine Garantie, geht er diese Verpflichtung freiwillig ein. (2) Dreipersonale Garantie: Der Garant sagt dem Garantiebegünstigten zu, für einen Erfolg einzustehen oder für einen Schaden aufzukommen (§ 880a). Dreipersonale Garantien sind Sicherungsgeschäfte. Anders als die → Bürgschaft ist eine dreipersonale Garantie abstrakt. Der Garant kann sich anders als der Bürge also nicht auf die Ungültigkeit des → Deckungs- oder des → Valutaverhältnisses berufen.

**Garantieauftraggeber**
Bei der dreipersonalen → Garantie beauftragt der Garantieauftraggeber den Garant, der den Garantievertrag mit dem Begünstigten abschließt. Das Rechtsverhältnis zum Garanten wird als Deckungsverhältnis bezeichnet, es handelt sich meist um einen → Auftrag.

**Garantiebegünstigter**
Der Anspruchsberechtigte aus einer dreipersonalen → Garantie.

**Garantievertrag**
→ Garantie.

**Gastwirtehaftung**
Haftung von Gastwirten, die Fremde beherbergen, für die von den aufgenommenen Gästen eingebrachten Sachen (§ 970 Abs 1). Die Haftung kann der Gast alternativ zu einer allfälligen vertraglichen Haftung geltend machen. Der Gastwirt haftet nicht nur für sein eigenes Verschulden und das seiner Leute (→ Verschuldenshaftung), sondern auch für Schäden, die durch im Hause ein- und ausgehende Personen verursacht wurden (→ Gefährdungshaftung). Die strenge Haftung wird mit der „Gefahr des offenen Hauses" begründet. Der Gastwirt hat den wirtschaftlichen Vorteil der Beherbergung, dafür muss er auch die dadurch begründete Gefahr von Diebstählen tragen.

**Gattungsschuld**
Bei der Gattungsschuld (Genusschuld) wird der Schuldinhalt anders als bei der → Speziesschuld durch generelle Merkmale festgelegt. Die Charakterisierung als Gattung hängt nicht von objektiven Kriterien, sondern primär vom Parteiwillen ab. Die Unterscheidung zwischen Gattungs- und Spezies-

schuld hat vor allem im Leistungsstörungsrecht Bedeutung: → Austausch; → Gefahrtragung.

**Gattungsvollmacht**

Die → Vollmacht kann für alle Geschäfte einer Person erteilt werden (Generalvollmacht), für einzelne Geschäfte (Spezialvollmacht) oder für eine bestimmte Art von Geschäften (zB Vollmacht, Waren zu verkaufen: Gattungsvollmacht). Bei manchen Geschäften (zB Darlehensverträge, Vergleiche) reicht eine Generalvollmacht nicht aus, sondern ist gemäß § 1008 Gattungsvollmacht Voraussetzung wirksamer direkter → Stellvertretung.

**Gebrauch**

(1) → Gebrauchsüberlassungsvertrag. (2) → Gebrauchsvermögen. (3) → Personaldienstbarkeit. (4) Der Begriff des Gebrauchs einer Sache ist insbesondere dort rechtlich relevant, wo mehrere ein Recht an einer Sache haben (→ Miteigentum). Der Gebrauch der Sache steht grundsätzlich jedem Miteigentümer zu (Bsp: Fahren mit dem gemeinsamen Auto; Liegen auf der gemeinsamen Wiese). Gegen einen übermäßigen Gebrauch seines Gemeinschafters kann sich jeder Miteigentümer zur Wehr setzen. Vgl → Benützungsvereinbarung.

**Gebrauchsüberlassungsvertrag**

Inhalt eines Gebrauchsüberlassungsvertrages ist die (entgeltliche oder unentgeltliche) Überlassung der Nutzung einer Sache auf Zeit. Dazu gehören → Miete, → Pacht, → Leihe und → Darlehensvertrag.

**Gebrauchsvermögen**

Sachen, die während der Ehe dem Gebrauch beider Gatten gedient haben (Hausrat, Ehewohnung; § 81 Abs 2 EheG). Sie werden neben ehelichen Ersparnissen bei Scheidung, Aufhebung oder Nichtigerklärung der Ehe aufgeteilt (§§ 81 ff EheG).

**Gefährdungshaftung**

Zentrales Zurechnungsmoment einer Gefährdungshaftung ist die objektive Gefährlichkeit eines Verhaltens: Wer den Nutzen aus einer erlaubten, aber gefährlichen Tätigkeit zieht, soll als Ausgleich dafür auch haften, wenn sich die Gefahr verwirklicht (guter Tropfen – böser Tropfen). Das Verschulden ist bei der Gefährdungshaftung daher keine Haftungsvoraussetzung (anders als bei → Verschuldenshaftung). Gefährdungshaftungen enthalten zB das → Eisenbahn- und Kraftfahrzeughaftpflichtgesetz (EKHG), das Luftfahrtgesetz (LFG), das Gentechnikgesetz (GTG), das Atomhaftungsgesetz (AtomHG) und das → Produkthaftungsgesetz (PHG). Ähnlichkeiten bestehen zur → Eingriffshaftung.

**Gefahrtragung**

Verteilung des Risikos der zufälligen Verschlechterung oder des Untergangs der geschuldeten Sache zwischen Vertragsabschluss und → Übergabe. Bei → Speziesschulden stellt man die Frage nach der Preisgefahr: Geht die Sache vor bedungener Übergabe unter, hat der Schuldner keinen Anspruch auf die Gegenleistung, er trägt also die Preisgefahr. Geht sie hingegen nach bedungener Übergabe unter, kann der Schuldner die Gegenleistung verlangen, der Käufer trägt die Preisgefahr. Die Preisgefahr geht aber nicht über, solange der Schuldner in Verzug ist. Bei → Gattungsschulden wird das Risiko ähnlich verteilt, man fragt allerdings nach der Leistungsgefahr: Geht ein Stück aus der Gattung vor bedungener Übergabe unter, muss der Schuldner ein anderes Stück aus der Gattung liefern. Er trägt das wirtschaftliche Risiko des Sachunterganges (Leistungsgefahr), weil er für die verlorene Sache kein zusätzliches Entgelt erhält. Bei einem Untergang nach bedungener Übergabe wird die Gattungsschuld hingegen wie eine Speziesschuld behandelt (→ Konzentration), der Käufer trägt die Preisgefahr.

**Geheimnisschutz** → Persönlichkeitsrecht.

**Gehilfenhaftung** → Besorgungsgehilfe; → Erfüllungsgehilfe.

**Gehilfenmitverschulden** → Mitverschulden.

**Geldersatz** → Naturalrestitution.

**Geldschulden** Für die Erfüllung von Schulden, die zur Leistung von Geld verpflichten, gelten Besonderheiten. Anders als sonstige Verbindlichkeiten (→ Holschuld) sind Geldschulden → Bringschulden (§ 907a Abs 1). Der Schuldner kann die Verbindlichkeit physisch oder per Banküberweisung erfüllen, wenn der Gläubiger ein Bankkonto bekannt gibt (dazu sind Unternehmer gegenüber Verbrauchern nach § 6a Abs 1 KSchG verpflichtet). Die Schuld ist dann mit Eingang des Geldes beim Gläubiger getilgt (zB Gutschrift am Konto, § 907a Abs 2; Ausnahme: verbraucherische Geldschuldner, § 6a Abs 2 KSchG). Im Verzug mit Geldschulden fallen → Verzugszinsen an. Vgl auch → Betreibungskosten.

G

**geltungserhaltende Reduktion** → Teilnichtigkeit.

**Geltungskontrolle** → Allgemeine Geschäftsbedingungen gelten nur kraft Vereinbarung durch die Parteien. Eine spezielle Geltungskontrolle regelt § 864a: Bestimmungen ungewöhnlichen Inhaltes in Allgemeinen Geschäftsbedingungen oder Vertragsformblättern („überraschende Klauseln") werden nicht Vertragsbestandteil, wenn sie dem anderen Teil nachteilig sind und er mit ihnen auch nach den Umständen, vor allem nach dem äußeren Erscheinungsbild der Urkunde, nicht zu rechnen brauchte; es sei denn, der eine Vertragsteil hat den anderen besonders darauf hingewiesen.

**gemäßigte Rechtsfolgentheorie** → Rechtsfolgewille.

**Gemeingebrauch** → Sache, öffentliche.

**gemeinsame Obsorge** → Obsorge, gemeinsame.

**gemeinsamer Irrtum** → Irrtum, gemeinsamer.

**Gemeinsames Europäisches Kaufrecht (Common European Sales Law, CESL)** Ambitionierte Projekte eines EU-Zivilgesetzbuches sind bisher gescheitert. Die Vorstellungen über das Ausmaß der Privatrechtsvereinheitlichung gehen weit auseinander. Nicht nur das „wie", schon das „ob" ist umstritten. Neuester Meilenstein ist der Kommissionsvorschlag für eine Verordnung über ein Gemeinsames Europäisches Kaufrecht (Common European Sales Law, CESL), die materielles Recht für Kaufverträge und bestimmte Dienstleistungsverträge enthalten soll. Selbst wenn der Vorschlag verwirklicht werden sollte, wird das CESL die nationalen Kaufrechte allerdings nicht ersetzen. Das Gemeinsame Kaufrecht tritt nach der Vorstellung der Kommission neben die nationalen Rechte (was die Chance seiner politischen Durchsetzbarkeit erhöhen soll) und gibt den Parteien die Möglichkeit, das „Optionale Instrument" durch Parteienvereinbarung zu wählen.

**gemischte Schenkung** → Schenkung, gemischte.

**gemischter Vertrag** → Vertrag, gemischter.

**genehmigte Anlage** → Anlage, genehmigte.

**Genehmigung, nachträgliche** (1) Vollmachtslose Geschäfte werden wirksam, wenn der (zunächst) ohne → Vollmacht Vertretene das Geschäft nachträglich genehmigt, ebenso, wenn er sich in Kenntnis des Sachverhaltes den Vorteil aus dem Geschäft zuwendet (§ 1016). (2) Rechtsgeschäfte, die von Minderjährigen (ab dem 7. Geburtstag) abgeschlossen werden, sind nicht absolut nichtig, sondern schwebend unwirksam. Stimmt der gesetzliche Vertreter dem Geschäft zu (nachträgliche Genehmigung), wird es rückwirkend rechtswirksam. Bis zur Entscheidung des gesetzlichen Vertreters ist der Geschäftspartner gebunden (§ 865 Satz 2).

**Generalklausel** Generalklauseln sind nach einer gängigen Definition ein „Stück offengelassener Rechtsetzung". Speziell im Privatrecht bedient sich der Gesetzgeber offener Begriffe wie Billigkeit, → Sittenwidrigkeit usw, weil es nicht möglich ist, alle denkbaren künftigen Sachverhalte präzise zu regeln. Der Richter hat dann die Aufgabe, die Generalklausel zu konkretisieren und unter Berücksichtigung der Umstände des Einzelfalls anzuwenden.

**Generalunternehmer** Geschäftsherr, der sich zur Erfüllung seiner vertraglichen Verpflichtung (Werkvertrag) gegenüber einem Dritten eines Subunternehmers bedient (§ 1165). Der Generalunternehmer haftet gegenüber seinem Vertragspartner (Werkbesteller) für das Verschulden des Subunternehmers als → Erfüllungsgehilfen. Eine allfällige deliktische Haftung des Subunternehmers selbst (zB wegen Verletzung absolut geschützter Rechtsgüter) bleibt davon unberührt, Generalunternehmer und Subunternehmer haften dem geschädigten Werkbesteller dann solidarisch. Im Innenverhältnis kann der Generalunternehmer vom Subunternehmer Rückersatz verlangen (vgl § 1313; ihm können gegen diesen zB auch Gewährleistungsrechte zustehen).

**Generalvollmacht** Die → Vollmacht kann für alle Geschäfte einer Person erteilt werden (Generalvollmacht), für einzelne Geschäfte (Spezialvollmacht) oder für eine bestimmte Art von Geschäften (zB Vollmacht, Waren zu verkaufen: Gattungsvollmacht). Bei manchen Geschäften reicht eine Generalvollmacht nicht aus, sondern ist gemäß § 1008 → Gattungs- oder sogar → Spezialvollmacht Voraussetzung wirksamer direkter → Stellvertretung.

**gentlemen's agreements** → Rechtsfolgewille.

**genus non perit** → Unmöglichkeit, nachträgliche.

**Genusschuld** → Gattungsschuld.

**geradezu Unmögliches** Nach § 878 kann nicht Gegenstand des Vertrages werden, was „geradezu unmöglich" ist. Darunter ist nach einem Teil der Lehre nur das rechtlich Unmögliche und das faktisch Absurde zu verstehen. Nach anderer Ansicht fallen darunter auch Leistungen, die von niemandem erbracht werden können. Absurdität des Vereinbarten wird hingegen nicht gefordert. Rechtsfolge einer „geradezu unmöglichen" Vereinbarung ist die absolute Nichtigkeit. Der Versprechende ist (Verschulden vorausgesetzt) zum Ersatz des Vertrauensschadens (→ Vertrauensinteresse) verpflichtet, nach § 878 Satz 3 kann es aber zur → Kulpakompensation kommen.



**Gerichtskommissär** Notar, der im Außerstreitverfahren Amtshandlungen für das Gericht zu besorgen hat. Er erledigt insbesondere mit dem Verlassenschaftsgericht die Verlassenschaftsabhandlung (Todesfallaufnahme, Nachforschung nach letztwilligen Verfügungen, Erstellung des Inventars, Entgegennahme der Erbantrittserklärungen; → Verlassenschaftsverfahren). Der Gerichtskommissär ist ein hoheitlich tätiges, staatliches Organ.

**Gerichtsstand** → Internationales Zivilverfahrensrecht.

**geringfügiger Mangel** → Mangel, geringfügiger.

**Gesamtanalogie** Gemäß § 7 zweiter Satz sind die natürlichen Rechtsgrundsätze heranzuziehen, wenn sich ein Fall weder mit Hilfe der Gesetzesauslegung noch durch → Gesetzes- oder → Rechtsanalogie entscheiden lässt. Es kommt dann zur Gesamtanalogie. Die natürlichen Rechtsgrundsätze sind die allgemeinsten Wertprinzipien, die unserer Rechtsordnung zugrunde liegen. Sie stellen die „ultima ratio" dar und werden selten zur Grundlage von Entscheidungen gemacht. Oft werden die natürlichen Rechtsgrundsätze hingegen zur Konkretisierung der guten Sitten (§ 879 Abs 1) herangezogen (→ Sittenwidrigkeit).

**Gesamtforderung (Solidarforderung)**

Gesamtforderung entsteht, wenn mehrere Personen ausdrücklich berechtigt werden, etwas zur ungeteilten Hand zu fordern (§ 892). Jeder Gesamtgläubiger kann dann vom Schuldner die gesamte Leistung an sich fordern. Hat der Schuldner die Leistung einmal erbracht, erlischt der Anspruch aller Gläubiger. Der Schuldner darf aber ab dem Zeitpunkt, in dem er von einem der Gläubiger „angegangen" (geklagt; nach überwiegender Auffassung auch: außergerichtlich gemahnt) wurde, nur mehr diesem leisten.

**Gesamthandeigentum**

Gesamthandeigentümern gehört eine Sache gemeinsam, sie können auch nur gemeinsam darüber verfügen. Gesamthandeigentümer haben – anders als beim schlichten → Miteigentum (§§ 825 ff) – keine ideellen Anteile an der Sache. Gesamthandeigentum ist dem ABGB fremd.

**Gesamthandforderung**

Gesamthandforderung nach § 890 Satz 2 liegt vor, wenn der Schuldner nur durch Leistung an alle Gläubiger befreit wird, jeder Gläubiger aber die Leistung an alle Gläubiger fordern kann (zB durch Überweisung auf ein gemeinsames Konto). Gesamthandforderung entsteht, wenn mehrere einen Anspruch auf eine unteilbare Leistung haben, auch Ansprüche von Miteigentümern und Gesellschaftern einer GesBR sind nach überwiegender Auffassung Gesamthandforderungen (§§ 848 Satz 3, 1203 Satz 2).

**Gesamthandschuld**

Bei der gesetzlich nicht geregelten Gesamthandschuld können nur alle Schuldner gemeinsam an einen Gläubiger leisten, der Gläubiger kann die Leistung nur von allen gemeinsam fordern. Sie entsteht kraft Parteienvereinbarung (zB Vertrag mit einer Band über einen Auftritt).

**Gesamtnormverweisung**

Die Gesamtnormverweisung (Renvoi) bezieht sich auf die gesamte fremde Rechtsordnung unter Einschluss des → Internationalen Privatrechts. Verweist das fremde IPR auf sein eigenes Sachrecht, ist dieses anwendbar und die international-privatrechtliche Prüfung ist abgeschlossen. Verweist das fremde IPR auf die ursprüngliche Rechtsordnung (Rückverweisung), ist das Sachrecht der ursprünglichen Rechtsordnung anwendbar (§ 5 Abs 2 IPRG). Das fremde IPR kann auch auf eine dritte Rechtsordnung verweisen (Weiterverweisung).

**Gesamtrechtsnachfolge**

→ Universalsukzession.

**Gesamtsache**

Als Gesamtsache bezeichnet § 302 den „Inbegriff von besonderen Sachen, die als eine Sache angesehen und mit einem gemeinschaftlichen Namen bezeichnet zu werden pflegen" (zB Unternehmen). Gesamtsachen können schuldrechtlich als solche gekauft, gemietet usw werden. Sachenrechtlich sind aber meist gesonderte Übertragungsakte für die einzelnen Sachen notwendig (zB Unternehmen: → Einverleibung bei Betriebsliegenschaft, → Übergabe des Fuhrparks).

**Gesamtschuld (Solidarschuld)**

Bei einer Gesamtschuld (§ 891) kann der Gläubiger jeden Schuldner in Anspruch nehmen. Leistet einer, werden auch die übrigen frei. Der Schuldner, der die Leistung erbracht hat, kann bei seinen Mitschuldnern → Regress nehmen, im Zweifel trägt jeder Schuldner im Innenverhältnis die Schuld zu gleichen Teilen (§ 896). Gesamtschuld entsteht bei entsprechender Vereinbarung. Von Gesetzes wegen entsteht sie, wenn mehrere eine unteilbare Leistung schulden oder wenn sich mehrere Unternehmer gemeinschaftlich zu einer teilbaren Leistung verpflichten (§ 348 UGB). Gesamtschuld entsteht auch, wenn mehrere einen Schaden gemeinschaftlich und vorsätzlich zugefügt haben oder wenn sich die Schadensanteile bei fahrlässiger Schädigung nicht feststellen lassen (§ 1302).

**Gesamtvertretung**

Sind mehrere Personen für ein Rechtssubjekt vertretungsbefugt, so können sie Einzel- oder Gesamtvertreter sein. Verlangen Gesetz oder Vertrag Gesamtvertretung, sind Vertretungsakte nur wirksam, wenn die Vertreter den Vertretungsakt zusammen, wenn auch nicht notwendigerweise gleichzeitig, setzen. Durch das Erfordernis der Gesamtvertretung wird die Vertretungsmacht also beschränkt. Gesamtvertretung ist im Kapitalgesellschaftsrecht häufig durch Gesetz oder durch die Satzung für die aktive Vertretungsbefugnis des Leitungsorgans (zB Vorstand einer AG) angeordnet.



**Geschäft für den, den es angeht**

In Fällen, in denen die vertragsschließenden Teile an der Identität des Partners typischerweise nicht interessiert sind, wird von einem Teil der Lehre von einer Offenlegung als Voraussetzung wirksamer Stellvertretung (→ Handeln im fremden Namen) abgesehen, das Geschäft soll jedenfalls für den „materiell Beteiligten", also denjenigen, von dem der Handelnde Vertretungsmacht hat und für den er tätig werden will, gelten.

**Geschäftsfähigkeit**

Fähigkeit, sich durch eigenes rechtsgeschäftliches Verhalten zu berechtigen oder zu verpflichten (zum Schadenersatz: → Deliktsfähigkeit). Wer geschäftsunfähig ist, kann rechtsgeschäftlich nur durch einen Vertreter Rechte erwerben und verpflichtet werden. Die Geschäftsfähigkeit hängt von Alter und Geisteszustand ab. Es bestehen Abstufungen zwischen Geschäftsunfähigkeit und voller Geschäftsfähigkeit. Voll geschäftsfähig ist jeder geistig gesunde Volljährige, für den kein Sachwalter bestellt ist. Vor der Erreichung der Volljährigkeit kennt das Gesetz drei relevante Altersstufen (§§ 170 ff, 865): Personen unter 7 Jahren (Kinder), unmündige Minderjährige (unter 14) und mündige Minderjährige (unter 18). Geisteskranke oder Geistesschwache sowie Personen, die nur vorübergehend nicht im Besitz ihrer geistigen Kräfte sind, können keine gültigen Geschäfte schließen.

**Geschäftsführung im Notfall (§ 1036)**

Geschäftsführung zur „Abwendung eines bevorstehenden Schadens" (§ 1036) des Geschäftsherrn. Die Anwendung des § 1036 setzt auch voraus, dass die Zustimmung des Geschäftsherrn nicht mehr rechtzeitig eingeholt werden kann. Der Geschäftsführer erhält den „notwendigen und zweckmäßig gemachten Aufwand". Dies gilt selbst dann, wenn seine Bemühungen erfolglos geblieben sind (§ 1036). Nach herrschender Auffassung hat (nur) derjenige, der in Ausübung seines Berufes tätig wurde, daneben auch einen Anspruch auf Entgelt.

**Geschäftsführung ohne Auftrag (§§ 1035 ff)**

Eigenmächtige Besorgung der Angelegenheiten einer fremden Person in der Absicht, deren Interessen zu fördern (→ Fremdgeschäftsführungswille). Eigenmächtig handelt, wer weder vom Geschäftsherrn noch aufgrund des Gesetzes zur Geschäftsführung befugt ist. Bei Geschäftsführung ohne Auftrag ist zu fragen, ob der Geschäftsführer Ersatz für seinen Aufwand bzw eine Entlohnung verlangen kann und welche Pflichten ihn treffen. Dies hängt von der Art der Geschäftsführung (im Notfall; nützliche Geschäftsführung; unerlaubte Geschäftsführung) ab.

**Geschäftsführung ohne Auftrag, angewandte**

Das Gesetz verweist manchmal auf die Bestimmungen über die Geschäftsführung ohne Auftrag, verzichtet aber auf die Voraussetzung des → Fremdgeschäftsführungswillens. In solchen Fällen spricht man von angewandter Geschäftsführung. Fälle sind zB § 336 (→ Aufwandersatz des Besitzers), § 418 (→ Bauführung), § 837 Satz 3 (eigenmächtige Verwaltung durch Teilhaber beim → Miteigentum) und § 1097 (Aufwand des Bestandnehmers auf die Bestandsache).

**Geschäftsführung ohne Auftrag, nützliche (§ 1037)**

Geschäftsführung zum klaren und überwiegenden Vorteil des Geschäftsherrn, aber nicht im Notfall. Der Geschäftsführer hat Anspruch auf Ersatz seiner Aufwendungen, soweit sie zum Vorteil des Geschäftsherrn fortwirken. Anders als bei → Geschäftsführung im Notfall erfolgt also eine ex post-Betrachtung; für ex ante nützliche, aber im Ergebnis erfolglose Aufwendungen gibt es keinen Ersatz.

**Geschäftsführung ohne Auftrag, unechte**

Führung eines fremden Geschäftes mit der Absicht, den daraus erzielten Nutzen sich selbst zuzuwenden. Es gibt also keinen → Fremdgeschäftsführungswillen. Die Regeln der Geschäftsführung sind zwar nicht anwendbar, die herrschende Auffassung wendet aber § 1039 analog an, wonach den Geschäftsführer eine Rechnungslegungspflicht trifft.

**Geschäftsführung ohne Auftrag, unerlaubte (§ 1040)**

Handelt der Geschäftsführer zwar mit → Fremdgeschäftsführungswillen, aber gegen den ausdrücklichen Willen des Geschäftsherrn, bezeichnet man dies als unerlaubte Geschäftsführung. Unerlaubte Geschäftsführung ist rechtswidrig und macht schadenersatzpflichtig. Der Geschäftsführer hat (natürlich) auch keinen Anspruch auf Aufwandersatz.

**Geschäftsgrundlage**

Als Geschäftsgrundlage bezeichnet man die Vorstellung der Geschäftspartner von Umständen (Motiven; vgl § 901), die für das Geschäft typisch sind und zum Zeitpunkt des Vertragsabschlusses bestehen. Eine Änderung oder das gänzliche Fehlen dieser Umstände wird Wegfall der Geschäftsgrundlage genannt und berechtigt zur Anfechtung oder Anpassung des Vertrages (analog zum → Irrtum). Dies jedoch nicht, wenn Fehlen bzw Wegfall der Umstände bei Vertragsabschluss vorhersehbar war oder gar der Partei zuzurechnen ist, die sich darauf berufen will. Der Rechtsbehelf ist außerdem subsidiär zu den gesetzlich geregelten Behelfen wegen → Willensmängeln und → Leistungsstörungen.

**Geschäftsirrtum** Der Geschäftsirrtum ist entweder → Erklärungsirrtum oder Geschäftsirrtum im engeren Sinn. Geschäftsirrtum im engeren Sinn liegt vor, wenn der Erklärende irrt über (1) die Natur des Geschäftes (zB Miete oder Leihe), (2) Inhalt oder Gegenstand des Geschäftes (→ Eigenschaftsirrtum) oder (3) über eine für das Geschäft bedeutsame Eigenschaft der Person des Geschäftspartners (zB über das Vorliegen einer für den Vertrag relevanten Berufsberechtigung). Er bezieht sich daher auf Punkte, die Inhalt des Rechtsgeschäftes sind, und ist vom → Motivirrtum abzugrenzen, der Umstände betrifft, die außerhalb des Geschäftsinhaltes liegen.

**Geschäftsraum** → Mietrechtsgesetz; vgl auch → Pacht.

**Geschäftsunfähigkeit** → Geschäftsfähigkeit.

**Gesetzesanalogie** Bei dieser Form der Lückenfüllung wird die für einen bestimmten Einzeltatbestand angeordnete Rechtsfolge durch → Analogie auf einen nicht geregelten Sachverhalt erstreckt, weil nach der im Gesetz zum Ausdruck kommenden Wertung anzunehmen ist, dass der geregelte und der ungeregelte Fall in den maßgebenden Voraussetzungen übereinstimmen.



**Gesetzesauslegung (§§ 6 f)** Ermittlung des Sinnes einer gesetzlichen Vorschrift (auch Interpretation genannt). Methoden der Gesetzesauslegung sind: → Wortinterpretation; → Interpretation, systematische; → Interpretation, historische; → Interpretation, teleologische. Der äußerst mögliche Wortsinn ist die Grenze jeder Auslegung. Die Erstreckung einer Rechtsfolge auf einen vom Wortlaut nicht erfassten Sachverhalt ist nur durch → Analogie möglich.

**gesetzliche Erbfolge** → Familienerbfolge; → Parentelensystem.

**gesetzliche Pfandrechte** → Pfandrechte können nicht nur durch → Pfandbestellungsvertrag begründet werden, in manchen Fällen gewährt auch das Gesetz ein Pfandrecht. Ein Pfandrecht hat zB der Vermieter für Mietzinsforderungen an den eingebrachten Sachen des Mieters (§ 1101; → Bestandgeberpfandrecht), der Rechtsanwalt für seine Kosten am bei ihm befindlichen Geld des Mandanten (§ 19 RAO) sowie Frachtführer und Spediteure, Lagerhalter und Kommissionäre für ihre Kosten an den ihnen übergebenen Sachen (§§ 440, 410, 421, 397 UGB).

**gesetzliche Vertretung**
→ Vertretung, gesetzliche.

**gesetzliche Zession**
→ Zession, gesetzliche.

**Gesetzwidrigkeit (§ 879 Abs 1)**
Ein Geschäft, das mit einer Norm des positiven Rechts in Widerspruch steht, ist nichtig, wenn die Verbotsnorm diese Sanktion ausdrücklich anordnet. Vereinbarungen, die gegen Verbotsnormen verstoßen, die diese Sanktion nicht ausdrücklich vorsehen, sind entgegen § 879 Abs 1 nicht schlechthin unwirksam, sondern nur, wenn dies der Schutzzweck der übertretenen Verbotsnorm verlangt.

**Gestaltungsrecht**
Die Rechtsmacht einer Person, durch einseitige Erklärung eine Veränderung der Rechtslage herbeizuführen, zB einen Vertrag durch → Anfechtung, → Wandlung oder → Rücktritt zu beseitigen. Gestaltungsrechte sind insbesondere von → Ansprüchen zu unterscheiden. Anders als zur Befriedigung eines Anspruches bedarf es zur Ausübung eines Gestaltungsrechts nicht der Mitwirkung eines anderen.

**geteilte Gewährleistung**
→ Warnpflicht.

**Gewährleistung (§§ 922 ff)**
Bei entgeltlichen Verträgen haftet der Schuldner verschuldensunabhängig für einen → Mangel der Leistung bei der Erbringung (er „leistet Gewähr"). Ziel der Gewährleistung ist die Wiederherstellung der durch die mangelhafte Erfüllung gestörten subjektiven Äquivalenz. Das Gewährleistungsrecht des ABGB ist dispositiv, Unternehmer können die Gewährleistung gegenüber Verbrauchern jedoch nicht einschränken (§ 9 Abs 1 KSchG). Primäre → Gewährleistungsbehelfe sind → Austausch und → Verbesserung, die sekundären → Preisminderung und → Wandlung. Vgl auch → Beweislastumkehr; → Gewährleistungsfristen; → Leistungsstörung.

**Gewährleistung, geteilte**
→ Warnpflicht.

**Gewährleistungsausschluss**
(1) § 928: „Fallen die Mängel einer Sache in die Augen oder sind die auf einer Sache haftenden Lasten aus den öffentlichen Büchern zu ersehen, so findet außer dem Falle des arglistigen Verschweigens des Mangels oder einer ausdrücklichen Zusage (...) keine Gewährleistung statt" (→ Mangel, offenkundiger). Vgl aber → Depurierungspflicht. (2) Beim → Kauf in Pausch und Bogen ist die Gewährleistung stark eingeschränkt. (3) Die Gewährleistung ist auch ausgeschlossen, wenn der Übernehmer wissentlich eine fremde Sache kauft oder – weil das Gewährleistungsrecht des ABGB dispositiv ist – wenn der Übernehmer einen Gewährleistungsverzicht abgibt. Bei → Verbrauchergeschäften ist das Gewährleistungsrecht zugunsten des Verbrauchers zwingend (§ 9 Abs 1 KSchG).

**Gewährleistungsbehelfe (§ 932)**

Liegen die Voraussetzungen der → Gewährleistung vor, kann der Übernehmer einen Gewährleistungsbehelf geltend machen. Das sind → Verbesserung, → Austausch, → Preisminderung und → Wandlung (§ 932 Abs 1). § 932 Abs 2 und 4 bestimmen den Vorrang von Verbesserung und Austausch, die daher auch als primäre Gewährleistungsbehelfe bezeichnet werden. Der Übergeber soll durch den Vorrang der Nacherfüllungsansprüche eine „zweite Chance" erhalten, den vertragsgemäßen Zustand herzustellen. Der Übernehmer kann allerdings in gewissen Fällen auf die sekundären Behelfe umsteigen und den Preis mindern oder (bei nicht geringfügigen Mängeln; → Mangel, geringfügiger) den Vertrag wandeln. Dies setzt voraus, dass die primären Behelfe mit erheblichen Unannehmlichkeiten für den Übernehmer verbunden sind, ihm aus triftigen, beim Übergeber liegenden Gründen unzumutbar sind oder der Übergeber die Verbesserung verweigert oder mit ihr in Verzug gerät (§ 932 Abs 4 Satz 2). Der Übernehmer ist von Vornherein auf die sekundären Behelfe verwiesen, wenn die primären Gewährleistungsbehelfe unmöglich oder mit einem unverhältnismäßig hohen Aufwand für den Übergeber verbunden sind (§ 932 Abs 4 Satz 1).

**Gewährleistungsfristen (§ 933)**

Der Übernehmer hat die → Gewährleistung bei beweglichen Sachen innerhalb von 2, bei unbeweglichen innerhalb von 3 Jahren gerichtlich geltend zu machen. Da die Übergabe Anknüpfungspunkt für die Gewährleistung ist, beginnt die Frist in diesem Zeitpunkt zu laufen. Anderes gilt bei Rechtsmängeln, bei denen es für den Fristbeginn auf die Erkennbarkeit ankommt. Die Fristen sind im Verbrauchergeschäft einseitig zwingend. Bei gebrauchten Sachen kann allerdings im Einzelnen eine Fristverkürzung auf ein Jahr ausgehandelt werden. Für Gebrauchtautos gilt das nur, wenn seit der Erstzulassung mehr als ein Jahr vergangen ist (§ 9 Abs 1 KSchG).

**Gewahrsame**

Wer eine Sache in seiner Macht oder Gewahrsame hat, heißt ihr Inhaber (§ 309 Satz 1). Die Anforderungen an die Gewahrsame richten sich nach der Verkehrsauffassung. Je nach Art des Gegenstandes werden hier auch weitgehende Lockerungen des räumlichen Naheverhältnisses toleriert. Wer eine Sache mit dem Willen in seiner Gewahrsame hat, sie als die seinige zu behalten, ist ihr Besitzer (§ 309).

**Gewinn, entgangener**

→ Vermögensschaden, bei dem nicht nur ein schon vorhandenes Rechtsgut beeinträchtigt, sondern eine künftige Erwerbschance vernichtet wird. Nach der Rechtsprechung ist die Beeinträchtigung relativ sicherer Erwerbschancen nicht entgangener Gewinn, sondern positiver Schaden (→ Schaden, positiver). Es kommt darauf an, ob mit dem Gewinn im Verkehr mit einer an Sicherheit grenzenden Wahrscheinlichkeit zu rechnen ist. Der entgangene Gewinn wird im bürgerlichen Recht nur bei grobem Verschulden ersetzt (§§ 1323, 1324), ein Unternehmer muss einem anderen Unternehmer hingegen den entgangenen Gewinn auch bei leichtem Verschulden ersetzen (§ 349 UGB).

**gewöhnlicher Aufenthalt**
→ Aufenthalt, gewöhnlicher.

**Gläubiger (creditor)**
Aus einem → Schuldverhältnis (im engeren Sinn) Berechtigter.

**Gläubigerkonvokation**
Die Aufforderung an die Gläubiger des Erblassers, ihre Forderung binnen einer bestimmten Frist anzumelden (§§ 813 ff ABGB; §§ 165 Abs 2, 174 ff AußStrG). Die Gläubigerkonvokation sichert die Haftungsbegrenzung, die sich bei bedingter → Erbantrittserklärung durch die Inventarisierung ergibt. Befriedigt der Erbe nämlich Nachlassforderungen ohne Inventarisierung, haftet er über die Aktiva hinaus für Forderungen unbekannt gebliebener Gläubiger in dem Maß, in dem diese Befriedigung erlangt hätten.

**Gläubigerverzug (Annahmeverzug, § 1419)**
Gläubigerverzug liegt vor, wenn die vom Schuldner ordnungsgemäß angebotene Leistung nicht abgenommen wird. Liegt → Schuldnerverzug vor, ist ein Gläubigerverzug also definitionsgemäß ausgeschlossen. Der Annahmeverzug ist eine → Obliegenheitsverletzung, weil der Gläubiger zur Abnahme nicht verpflichtet ist. Die „widrigen Folgen" (§ 1419) fallen aber auf ihn: Nach herrschender Auffassung trägt der Gläubiger im Annahmeverzug die Preisgefahr (→ Gefahrtragung), der Schuldner haftet nur für grobes Verschulden und ist zur schuldbefreienden Hinterlegung bei Gericht berechtigt (§ 1425). Der Schuldner kann außerdem Ersatz für seine Aufwendungen fordern (→ Geschäftsführung ohne Auftrag, angewandte).

**Gleichbehandlungsgesetz**
Das auf europarechtlichen Vorgaben basierende Gleichbehandlungsgesetz (GlBG) schränkt die → Privatautonomie ein, indem es Diskriminierungen im Wirtschaftsleben aufgrund des Geschlechts und der Rasse verbietet (vgl § 30 GlBG). Nach einer verbreiteten Auffassung führt ein Verstoß nicht nur zu Schadenersatzansprüchen (§ 38 GlBG), sondern es besteht auch ein → Kontrahierungszwang. Noch weiter geht der Gesetzgeber im Arbeitsrecht, wo auch Diskriminierungen aufgrund anderer Kriterien (Religion, Weltanschauung, Alter, sexuelle Orientierung) verboten sind.

**Gleichbehandlungsthese**
→ Bewahrungsgehilfe.

**Gleichstellungsprinzip**
→ Person, juristische.

**Grenzkataster**
→ Grundbuch.

**Grober Undank (§ 948)**
Liegt vor, wenn der Beschenkte eine gerichtlich strafbare Verletzung am Leibe, an Ehre, an Freiheit oder am Vermögen des Geschenkgebers begeht. Grober Undank berechtigt zum → Schenkungswiderruf.

**Größenschluss**
Unterfall der → Analogie. Es gibt zwei Arten des Größenschlusses: Beim argumentum a minori ad maius (Schluss vom Kleineren auf das Größere) wird

eine Rechtsfolge auf einen nicht geregelten Sachverhalt übertragen, auf den der Zweck der Regelung umso mehr zutrifft. Beim argumentum a maiori ad minus (Schluss vom Größeren auf das Kleinere) erfolgt eine negative Abgrenzung: Wenn nach dem Gesetz nicht einmal der gewichtigere Sachverhalt eine Rechtsfolge auslöst, so erst recht nicht der weniger gewichtige.

**Grundbuch** Öffentliches, von den Bezirksgerichten geführtes Register, in das alle Grundstücke und die an ihnen bestehenden dinglichen Rechte und deren Beschränkungen eingetragen werden. Das Grundbuch besteht aus Hauptbuch und Urkundensammlung (§ 1 GBG). Im Gegensatz zu früher wird das Grundbuch nicht mehr in Papierform, sondern elektronisch geführt. In der Urkundensammlung werden die Originalurkunden (zB Kaufvertrag, Pfandbestellungsvertrag) aufbewahrt. Seit einigen Jahren wird auch die Urkundensammlung elektronisch geführt. Daneben gibt es noch Hilfseinrichtungen, die nicht Bestandteil des Grundbuchs sind. Dazu gehört die Grundbuchsmappe. Das ist eine Landkarte, auf der die Lage der Grundstücke ersichtlich ist. Das Vertrauen auf die dort eingezeichneten Grenzen ist aber nicht geschützt. Beim Erwerb richten sich die Grenzen nach den tatsächlichen Grenzen in der Natur oder – wenn die Liegenschaft bereits im Grenzkataster eingetragen ist – nach den dort eingetragenen Grenzen (§ 49 Vermessungsgesetz).

**Grundbuchsmappe** → Grundbuch.

**Grunddienstbarkeit** Steht eine → Dienstbarkeit dem jeweiligen Eigentümer einer bestimmten Liegenschaft zu, spricht man von einer Grunddienstbarkeit. Das Recht besteht in der „vorteilhafteren oder bequemeren Benützung" des herrschenden Grundstücks. ZB Wegerecht über ein fremdes Grundstück, um eine beschwerliche Route abkürzen zu können. Man bezeichnet dies als „Utilitätserfordernis".

**Grundfolgentheorie** → Rechtsfolgewille.

**Gründungstheorie** Die Rechtsfähigkeit von juristischen Personen ist grundsätzlich nach dem Personalstatut (Sitzstaat) zu beurteilen (Sitztheorie; § 12 IPRG). Bei Sitzverlegung von einem Mitgliedstaat der EU in einen anderen müsste die juristische Person daher die Erfordernisse des Staates, in den der Sitz verlegt wird, einhalten, obwohl sie nach dem Recht eines anderen EU-Mitgliedstaates bereits wirksam gegründet wurde. Dies wäre mit der Niederlassungsfreiheit unvereinbar. Es kommt in diesen Fällen zur Anwendung der Gründungstheorie: Die Rechtspersönlichkeit der juristischen Person ist anzuerkennen, wenn die Körperschaft nach dem Recht des Gründungsstaates wirksam entstanden ist.

**Gütergemeinschaft** Abweichung vom gesetzlichen Güterstand der Gütertrennung durch → Ehepakt. Die Ehegatten werden Miteigentümer (→ Miteigentum), haften aber auch solidarisch (§ 1235). Wie weit die Gütergemeinschaft reicht, bestimmt die Vereinbarung: Es kann Gütergemeinschaft des gemeinsamen gegenwärtigen, zukünftig erworbenen oder ererbten Vermögens vereinbart werden (§§ 1233, 1177). Auch Gütergemeinschaft auf das künftig zu erwerbende Vermögen unter Ausschluss des Ererbten (Errungenschaftsgemeinschaft) ist möglich. Höchstpersönliche Rechte (→ Sondergut) und kraft Vereinbarung ausgenommene Güter (→ Vorbehaltsgut) sind von der Gütergemeinschaft ausgeschlossen. Im Zweifel entsteht die Gütergemeinschaft erst bei Tod eines Ehegatten (§ 1234); Abweichendes kann aber vereinbart werden (Gütergemeinschaft unter Lebenden).

**Gütertrennung (§§ 1233, 1237)**
Der gesetzliche Güterstand, nach dem jeder Gatte behält, was er in die Ehe eingebracht hat und ins Alleineigentum erwirbt, was er während aufrechter Ehe dazu erwirbt.

**gutgläubiger Erwerb**
→ Eigentumserwerb, gutgläubiger.

**gutgläubiger Pfandrechtserwerb**
→ Pfandrechtserwerb, gutgläubiger.

# H Haager Kindesentführungsübereinkommen – hypothetisches Erfüllungsinteresse

**Haager Kindesentführungsübereinkommen**

Das von Österreich ratifizierte Haager Kindesentführungsübereinkommen (HKÜ) ist ein völkerrechtliches Übereinkommen, das Regelungen für die Rückstellung eines Kindes enthält, das unter Bruch des Sorgerechts eines Elternteils von einem Vertragsstaat in einen anderen verbracht oder dort zurückgehalten wird.

**Haager Straßenverkehrsabkommen**

Das von Österreich ratifizierte Haager Straßenverkehrsabkommen ist ein völkerrechtliches Abkommen, das auf Schadenersatzansprüche bei Verkehrsunfällen anwendbar ist, an denen mindestens ein Fahrzeug beteiligt ist. Es knüpft grundsätzlich am Recht des Unfallortes an, manchmal kommt es aber zu einer Anknüpfung am Recht des Zulassungsstaates. Das Abkommen geht der Anknüpfung nach → Rom II vor.

**Haager Testamentsübereinkommen**

Das von Österreich ratifizierte Haager Testamentsübereinkommen (HTÜ) ist ein völkerrechtliches Übereinkommen, nach dem sich das auf die Form letztwilliger Verfügungen anzuwendende Recht richtet. In seinem Anwendungsbereich verdrängt das HTÜ sowohl das IPRG als auch die → EU-Erbrechts-VO.

**Haager Unterhaltsprotokoll**

Das von Österreich ratifizierte Haager Unterhaltsprotokoll (HUP) ist ein völkerrechtliches Übereinkommen, das die Anknüpfung des Ehegattenunterhalts (des Unterhalts gleichgeschlechtlicher Partner) während aufrechter Ehe (Partnerschaft) und nach Scheidung sowie Unterhaltsansprüche von Kindern regelt. Das HUP ist universell anwendbar und enthält → Sachnormverweisungen. Art 3 Abs 1 HUP bestimmt, dass grundsätzlich am Recht des Staates angeknüpft wird, in dem die berechtigte Person ihren gewöhnlichen Aufenthalt hat. Wechselt die berechtigte Person ihren gewöhnlichen Aufenthalt, so ist ab dem Zeitpunkt des Aufenthaltswechsels grundsätzlich das Recht des Staates des neuen gewöhnlichen Aufenthalts anzuwenden (Art 3 Abs 2 HUP).

**Haager Unterhaltsstatutsübereinkommen**

Die Anknüpfung von Unterhaltsansprüchen von Kindern wird grundsätzlich durch das von Österreich ratifizierte → Haager Unterhaltsprotokoll geregelt. Das (dadurch ersetzte) Haager Unterhaltsstatutsübereinkommen ist aber noch für die Anknüpfung von Unterhaltsansprüchen unverheirateter Kinder unter 21 Jahren anwendbar, dies jedoch auch nur im Verhältnis zu Staaten, die zwar dem Übereinkommen angehören, für die das HUP aber nicht gilt (zB Japan, Schweiz, Türkei).

**Haftung**

(1) Haftung bedeutet Einstehenmüssen für eine Schuld. Der Gläubiger kann den Schuldner mit Hilfe des Gerichtes zur Leistung zwingen. Manchmal ist die Haftung aber betraglich („pro viribus") oder auf bestimmte Sachen („cum viribus") beschränkt. Schulden ohne Haftung bezeichnet man

als → Naturalobligationen. (2) Als „Haftung" bezeichnet man auch die schadenersatzrechtliche Verantwortlichkeit des Schädigers.

**Haftung des Scheinvertreters**
→ falsa procuratio.

**Haftung ex contractu**
→ Vertragshaftung.

**Haftung ex delicto**
→ Deliktshaftung.

**Halter**
Wer eine Sache auf eigene Rechnung und Gefahr betreibt. Das Gesetz verwendet den Begriff des Halters zB im → Eisenbahn- und Kraftfahrzeughaftpflichtgesetz (EKHG), bei der → Wegehalterhaftung (§ 1319a), der → Bauwerkehaftung (§ 1319) sowie der → Tierhalterhaftung (§ 1320), um den Haftpflichtigen zu umschreiben. Es kommt auf das Ziehen von Nutzen und die Tragung der Kosten (Instandhaltung, Bedienung) an. Auch das Kriterium der dauerhaften und kontinuierlichen freien Verfügung hat für den Halterbegriff Bedeutung. Der Halter muss nicht Eigentümer sein, Halter kann auch ein Leasingnehmer, Pächter usw sein.

**Handeln auf eigene Gefahr**
Nimmt der Geschädigte eine Gefährdung in Kauf und setzt sich ihr aus, spricht man vom Handeln auf eigene Gefahr. Es ist ein → Rechtfertigungsgrund: Erleidet der auf eigene Gefahr Handelnde einen Schaden, kann er keinen Ersatz verlangen, weil die Schädigung nicht rechtswidrig war. Bsp: Teilnahme an sportlichen Wettkämpfen. Der Rechtfertigungsgrund umfasst aber nur die üblichen Gefahren. Eine gewisse Ähnlichkeit besteht zur → Einwilligung des Verletzten; wer auf eigene Gefahr handelt, willigt allerdings nicht in die konkrete Verletzung des Rechtsgutes ein.

**Handeln im eigenen/fremden Namen**
Eine der Voraussetzungen wirksamer direkter → Stellvertretung ist, dass der Vertreter dem Geschäftspartner gegenüber deutlich macht, dass er für den Vertretenen agiert (Handeln im Namen des Vertretenen, Offenlegung). Man bezeichnet dies als Offenlegungsgrundsatz. Es genügt nicht, dass der Vertreter dem Vertretenen den wirtschaftlichen Erfolg seines Handelns zuwenden will (Handeln auf Rechnung eines anderen: zB → Auftrag), er hat die Beziehung zum Vertretenen auch klarzustellen, andernfalls dieser nicht Vertragspartner wird. Ob Handeln im fremden Namen vorliegt, hängt davon ab, wie der Geschäftspartner das Auftreten des Vertreters verstehen durfte. Im Zweifel ist ein Eigengeschäft (Handeln im eigenen Namen) anzunehmen. Ausnahmen vom Erfordernis der Offenlegung bestehen bei der → Schlüsselgewalt (§ 96) und beim → Geschäft für den, den es angeht.

**Handeln unter fremdem Namen**
Unter fremdem Namen handelt, wer für sich selbst handelt, aber den Namen einer anderen Person als den seinigen angibt. Wird dabei ein erfundener Name oder ein „Allerweltsname" verwendet, der zur Individualisierung des Handelnden nichts beiträgt, so liegt ein Eigengeschäft des Handelnden

vor, der Handelnde wird Vertragspartner. Werden aber mit dem fremden Namen beim Dritten bestimmte Identitätsvorstellungen erweckt, so ist fraglich, ob das Geschäft für den Handelnden oder für den Namensträger wirken soll. Kommt es dem Dritten gerade auf den Abschluss mit der Person des Namensträgers an, so wird kein Eigengeschäft angenommen, sondern der Handelnde wie jemand angesehen, der im fremden Namen auftritt (→ Handeln im eigenen/fremden Namen). Liegt keine → Vollmacht vor, haftet der Handelnde nach § 1019: → falsa procuratio.

**Händlerregress (§ 933b)**

Ein Unternehmer, der einem Verbraucher Gewähr geleistet hat, kann von seinem Vormann auch dann → Gewährleistung fordern, wenn die Gewährleistungsfristen diesem gegenüber abgelaufen sind. Dasselbe gilt für frühere Übergeber im Verhältnis zu ihren Vormännern, wenn sie selbst wegen der Gewährleistungsrechte des letzten Verbrauchers ihrem Nachmann Gewähr geleistet haben. Der Anspruch ist mit der Höhe des eigenen Aufwandes beschränkt und muss innerhalb von 2 Monaten ab Erfüllung der eigenen Gewährleistungspflicht gerichtlich geltend gemacht werden. Er endet jedenfalls 5 Jahre nach Erbringung der Leistung des Vormannes. In der Lehre wird diskutiert, ob die Bestimmung analog angewendet werden kann, wenn der letzte Erwerber nicht (wie vom Wortlaut des § 933 Abs 1 gefordert) Verbraucher, sondern Unternehmer ist.

**Handlungsfähigkeit**

Fähigkeit, durch eigenes Verhalten Rechte und Pflichten zu begründen. Sie ist entweder → Geschäftsfähigkeit oder → Deliktsfähigkeit. Im Gegensatz zur → Rechtsfähigkeit wird die Handlungsfähigkeit nicht schon mit der Geburt erworben, sondern nur jenen Personen zuerkannt, die in der Lage sind, ihre Angelegenheiten in vernünftiger und sachgerechter Weise zu ordnen und sich dem Recht gemäß zu verhalten. Die Handlungsfähigkeit ist daher von Alter und Geisteszustand abhängig und kann nur natürlichen (nicht juristischen) Personen zukommen.

**Handlungsvollmacht**

Unter Handlungsvollmacht versteht man jede von einem Unternehmer im Rahmen seines Betriebes erteilte → Vollmacht, die nicht → Prokura ist (vgl §§ 54–58 UGB; § 28 GmbHG; § 26 GenG). Im Gegensatz zur Prokura ist die Erteilung von Handlungsvollmacht nicht nur im Firmenbuch eingetragenen Unternehmern vorbehalten.

**Härteklausel**

Die Scheidungsgründe nach §§ 50–52 EheG (geistige Störung; schwere Geisteskrankheit; ekelerregende oder ansteckende Klage) geraten in Widerspruch mit der ehelichen Beistandspflicht (§ 90). Aus diesem Grund kann dem Scheidungsbegehren die Härteklausel eingewendet werden (§ 54 EheG): Die Ehe darf dann nicht geschieden werden, wenn das Scheidungsbegehren sittlich nicht gerechtfertigt ist. Das ist erstens der Fall, wenn die Scheidung für den Beklagten eine außergewöhnliche Härte darstellen würde. Zweitens kann sich die fehlende sittliche Rechtfertigung auch aus dem Verhalten des Klägers ergeben, wenn seine Verfehlungen das Verhalten des Beklagten deutlich überwiegen oder das Verhalten des

Beklagten erst ausgelöst haben (§ 49 Satz 3 EheG analog). Auch die Härteklausel hat Grenzen: Sie kann eine → Heimtrennungsklage nicht verhindern.

**Hauptbuch**

→ Grundbuch.

**Hauptleistungspflicht**

Für die Parteien im Vordergrund stehende und für den Vertrag charakteristische Pflicht. Bei einem → Synallagma entstehen Hauptleistungspflichten auf beiden Seiten des Schuldverhältnisses (zB Kaufvertrag: Ware gegen Preis), sodass beide Parteien gleichzeitig Gläubiger und Schuldner werden. In einem einseitig verpflichtenden Rechtsgeschäft wird dagegen nur eine Vertragspartei Schuldner, die andere nur Gläubiger (→ Rechtsgeschäft, einseitig verpflichtendes).

**Haustürgeschäft**

Gemäß § 3 Abs 1 KSchG kann der Verbraucher vom Vertrag oder seiner Vertragserklärung formfrei zurücktreten, wenn er seine Vertragserklärung weder in den vom Unternehmer für seine geschäftlichen Zwecke dauernd benützten Räumen noch bei einem von diesem dafür auf einer Messe oder einem Markt benützten Stand abgegeben hat. Zweck des 14-tägigen Rücktrittsrechts beim Haustürgeschäft ist der Schutz des Verbrauchers vor einem Vertragsabschluss in einer für ihn überraschenden Situation. Bei Verträgen, die unter das FAGG (→ Fern- und Auswärtsgeschäfte-Gesetz) fallen (vgl insbesondere das mit dem Haustürgeschäft verwandte → Auswärtsgeschäft), ist das Rücktrittsrecht nach § 3 Abs 1 KSchG ausgeschlossen (§ 3 Abs 3 Z 4 KSchG).

**Heilungskosten**

→ Körperverletzung.

**Heimfall (Kaduzität, § 760)**

Gibt es keinen Erbberechtigten oder tritt er die Erbschaft nicht an, so fällt die Verlassenschaft als ein erbloses Gut dem Staate anheim. Der Staat kommt dann zum Zug, wenn weder der eingesetzte Erbe noch ein Ersatzerbe noch ein Transmissar zur Erbschaft gelangt, keine Anwachsung möglich ist, keine gesetzlichen Erben vorhanden sind und keine Legatare die Erbschaft antreten (§ 726; außerordentliches Erbrecht der Legatare). Das Heimfallsrecht ist kein Erbrecht, sondern ein spezifisches Recht auf Aneignung, das zur Gesamtrechtsnachfolge (→ Universalsukzession) führt. Allerdings ist eine → Transmission an den Fiskus ausgeschlossen. Es ist von Amts wegen ein Inventar zu errichten (§ 165 AußStrG), der Staat haftet immer nur bis zur Höhe der übernommenen Aktiven. Zur Durchsetzung steht dem Staat die Heimfälligkeitsklage zur Verfügung. Kaduzität ist also immer nur die ultima ratio und steht daher ganz am Ende der Prüfung mittels → TEA-GAK-Formel.

**Heimtrennungsklage (§ 55 EheG)**

Ist die häusliche Gemeinschaft mindestens 3 Jahre aufgehoben, kann jeder Ehegatte – unabhängig vom eigenen Verschulden – auf → Ehescheidung klagen. Der andere kann widersprechen, wenn der Kläger die Zerrüttung (vgl → Zerrüttungsprinzip) allein oder überwiegend verschuldet hat und den Beklagten die Scheidung härter trifft als den Kläger die Abweisung des Begehrens. Nach 6 Jahren Zerrüttung ist der Scheidungsklage aber jedenfalls stattzugeben. Auf Antrag des Beklagten kann das alleinige oder überwiegende Zerrüttungsverschulden des Klägers ausgesprochen werden (§ 61 Abs 3 EheG).

**Hemmung (der Verjährung)** → Ablaufshemmung; → Fortlaufshemmung.

**hereditas iacens** → ruhender Nachlass.

**Hersteller (§ 3 PHG)** Unternehmer, der ein → Produkt hergestellt und in den Verkehr gebracht hat. Dazu zählt, wer das Endprodukt, einen Grundstoff oder ein Teilprodukt erzeugt hat sowie jeder, der als Hersteller auftritt, indem er seinen Namen, seine Marke oder ein anderes Erkennungszeichen auf dem Produkt anbringt (Scheinhersteller). Es haften End-, Teil, Grundstoff- und Scheinhersteller gleichermaßen jeweils bei Fehlerhaftigkeit ihres Produkts (Endprodukt, Teilprodukt, Grundstoff).

**Herstellergarantie** → Garantie; → Transparenzgebot.

**Hineinvermächtnis** Wird einem Erben neben seinem Erbteil ein → Vermächtnis hinterlassen, das auf den Erbteil anzurechnen ist, liegt ein Hineinvermächtnis vor, sodass dem Erben daraus kein zusätzlicher Vorteil erwächst. Das Hineinvermächtnis hat bei mehreren Erben die Funktion einer Teilungsanordnung. Ist das an den Erben gemachte Vermächtnis nicht anzurechnen, liegt ein → Vorausvermächtnis vor.

**Hinterlegung (§ 1425)** Die Möglichkeit zur Hinterlegung ist eine Folge des → Gläubigerverzugs. Da sich der Schuldner nicht allein aufgrund des Annahmeverzugs vom Vertrag lösen (zurücktreten) kann, ermöglicht ihm das Gesetz, wenn er nicht ewig erfüllungsbereit sein will, die gerichtliche Hinterlegung (§ 1425). Der Schuldner wird dadurch von seiner Verbindlichkeit befreit.

**historische Interpretation** → Interpretation, historische.

**Höchstbetragshypothek (§ 14 Abs 2 GBG)** Eine → Hypothek, die bis zu einem ziffernmäßig angeführten Höchstbetrag aus einem bestimmten Grundverhältnis eingeräumt wird. Wie weit der Höchstbetrag ausgenützt wird, ist aus dem Grundbuch nicht ersichtlich. Die Höchstbetragshypothek ist damit eine Ausnahme vom → Spezialitätsprinzip. Der praktisch bedeutendste Fall sind Kredithypotheken.

**Höchstpersönlichkeit** → Persönlichkeitsrecht.

**Höhe der Bereicherung** → Benützungsentgelt; → Wertersatz im Bereicherungsrecht. Vgl auch → Zwei-Kondiktionen-Theorie/Saldotheorie.

**Holschuld** Erfüllungsort ist der Sitz des Schuldners. Dieser muss die Leistung abholbereit machen. Nach § 905 Abs 1 ist im Zweifel Holschuld anzunehmen. Die Parteien können Abweichendes, zB → Schick- oder → Bringschuld, vereinbaren.

**Host-Provider** → Providerhaftung.

**Hypothek** Als Hypothek bezeichnet man das → Pfandrecht an einer Liegenschaft. Die Hypothek wird so wie andere Sachenrechte an einer Liegenschaft durch Titel (→ Pfandbestellungsvertrag) und → Einverleibung (= Modus) erworben. Vgl auch → Akzessorietät.

**Hypothekenübernahme** Ist die erworbene Liegenschaft mit einer Hypothek belastet, wird der Erwerber → Realschuldner und muss die Zwangsvollstreckung in die Liegenschaft dulden, wenn der Personalschuldner die besicherte Forderung nicht bezahlt. Der Erwerber kann aber zusätzlich die persönliche Haftung übernehmen. § 1408 vermutet eine privative → Schuldübernahme, wenn der Erwerber einer Liegenschaft ein auf dieser haftendes Pfandrecht übernimmt. Die Zustimmung des Gläubigers zur Schuldübernahme gilt als erteilt, wenn er auf Aufforderung des Veräußerers zur Annahme des neuen Schuldners binnen 6 Monaten die Annahme nicht verweigert.

**hypothetischer Parteiwille** Manchmal stellt das Gesetz für die Ermittlung einer Rechtsfolge darauf ab, was die Parteien bei (früherer) Kenntnis eines Umstandes vereinbart hätten. Man spricht vom hypothetischen Parteiwillen. Bsp: Bei → Teilunmöglichkeit ist der hypothetische Parteiwille entscheidend für die Frage, ob der Restvertrag aufrecht bleibt. Für die Rechtsfolge der Geltendmachung eines → Irrtums (Anfechtung oder Anpassung) kommt es darauf an, ob die Parteien ohne Irrtum dennoch, aber zu anderen Konditionen kontrahiert hätten: → Irrtum, (un)wesentlicher.

**hypothetisches Erfüllungsinteresse** → Erfüllungsinteresse, hypothetisches.

# I ideeller Schaden – Irrtumsveranlassung

**ideeller Schaden** → Schaden, immaterieller.

**immaterieller Schaden** → Schaden, immaterieller.

**Immission (§§ 364 Abs 2, 364a)** Einwirkungen von einer auf eine andere Liegenschaft durch Gestank, Lärm, Abwasser usw. Der Liegenschaftseigentümer muss nur solche Immissionen dulden, die das nach den örtlichen Verhältnissen gewöhnliche Maß nicht überschreiten und die ortsübliche Benutzung des Grundstückes nicht wesentlich beeinträchtigen. Gegen ortsunübliche Immissionen, die die Benutzung wesentlich beeinträchtigen, stehen ihm Beseitigungs- und Unterlassungsansprüche zu, bei Verschulden des Störers auch Schadenersatz. Bei negativen Immissionen (Entzug von Licht und Luft) ist der Maßstab höher: Unzulässig sind zwar auch nur Beeinträchtigungen, die das ortsübliche Maß übersteigen, es kommt aber nicht auf die wesentliche Beeinträchtigung an, sondern die Immission muss zu unzumutbaren Einschränkungen der Nutzung führen.

**Immobiliarklausel** → Prokura.

**imperium** → Recht, öffentliches.

**Importeur** Importeur ist, wer ein → Produkt zum Vertrieb in den EWR eingeführt und hier in den Verkehr gebracht hat (§ 1 Abs 1 Z 2 PHG). Gibt es keinen nach dem Produkthaftungsgesetz haftpflichtigen → Hersteller im EWR-Raum, haftet neben dem Drittstaatshersteller der Importeur in den EWR (§ 10 PHG).

**indirekte Stellvertretung** → Stellvertretung, indirekte.

**Informationspflichten (Aufklärungs-, Warn-, Hinweispflichten)** Grundsätzlich ist jeder selbst dafür verantwortlich, die Informationen zu beschaffen und zu bewerten, die für seinen rechtsgeschäftlichen Entschluss relevant sind. Es gibt keine allgemeine Pflicht, den Vertragspartner über alle relevanten Umstände zu informieren. Dies ist Ausfluss der → Privatautonomie. Es kann aber sein, dass es ein Informationsgefälle gibt, in dem einer Partei Informationen nicht (wirtschaftlich sinnvoll) zugänglich sind. Dann sieht die Rechtsordnung (teilweise positiviert) Informationspflichten vor. Sie entstehen zumeist nicht erst mit Vertragsabschluss, sondern bereits mit Aufnahme des rechtsgeschäftlichen Kontakts (→ culpa in contrahendo). Explizite Anordnungen von Informationspflichten finden sich insbesondere im Verbraucherrecht. So gilt allgemein, dass der → Unternehmer den → Verbraucher über die Ware/Dienstleistung, seinen Namen/seine Firma, den Preis, die Zahlungs-, Liefer- und Leistungsbedingun-

I

gen usw aufklären muss (§ 5a KSchG). Besondere Informationspflichten existieren bei im → Fernabsatz geschlossenen Verträgen und → Auswärtsgeschäften (§ 4 ff FAGG; vgl → Fern- und Auswärtsgeschäfte-Gesetz) sowie bei Kreditverträgen (§ 6 VKrG; vgl → Verbraucherkreditgesetz). Die Verletzung von Informationspflichten ist im Verbraucherrecht oft verwaltungsrechtlich sanktioniert. Sie kann davon unabhängig allgemeinzivilrechtlich relevant sein (§ 871 Abs 2, → Irrtum; → culpa in contrahendo; → Gewährleistung). Außerdem führt die Informationspflichtverletzung in manchen Fällen zur Verlängerung der Frist eines → Rücktrittsrechts des Verbrauchers (siehe zB § 12 FAGG).

**Inhaber**

Wer eine Sache in seiner Macht oder Gewahrsame hat, heißt ihr Inhaber (§ 309 Satz 1). Damit stellt das Gesetz auf etwas rein Äußerliches ab. Will der Inhaber die Sache als die seinige behalten, hat er → Besitz (§ 309).

**Inhaltsfreiheit**

Freiheit der Vertragsparteien, über den Vertragsinhalt nach ihren eigenen Bedürfnissen und Wünschen zu entscheiden. Die Inhaltsfreiheit ist damit eine Ausprägung von → Privatautonomie und → Vertragsfreiheit. Die Parteien können insbesondere vom dispositiven Recht (→ Recht, dispositives) abweichen und sind nicht an die im Gesetz vorgegebenen Vertragstypen gebunden. Die Inhaltsfreiheit stößt im ABGB aber an die Grenze der → Sittenwidrigkeit (§ 879) und des → geradezu Unmöglichen (§ 878). Zahlreiche Inhaltsverbote, die der Gestaltungsfreiheit zwingende Grenzen setzen, bestehen im Arbeits- und Verbraucherschutzrecht. Im Sachen- oder Gesellschaftsrecht besteht außerdem → Typenzwang: Die Parteien können in ihrer Gestaltung nur aus dem gesetzlichen Angebot wählen.

**Inhaltskontrolle (§ 879 Abs 3 ABGB, § 6 KSchG)**

Da → Allgemeine Geschäftsbedingungen Kunden regelmäßig benachteiligen, ordnet das Gesetz eine besondere inhaltliche Prüfung an. Gemäß § 879 Abs 3 sind Nebenbestimmungen (nicht: → Hauptleistungspflichten) nichtig, wenn sie unter Berücksichtigung aller Umstände des Falles einen Teil gröblich benachteiligen. Bsp: Völliger Gewährleistungsausschluss bei neuer Ware. Eine gröbliche Benachteiligung führt aber nur zur Nichtigkeit der betroffenen Bestimmungen; der Rest des Vertrages bleibt gültig (→ Teilnichtigkeit). Über § 879 hinausgehende Einschränkungen finden sich im Verbraucherrecht: § 9 Abs 1 KSchG verbietet eine Verkürzung der Gewährleistungsrechte. § 6 KSchG führt außerdem in Abs 1 Vertragsbestimmungen an, die jedenfalls nichtig sind. In Abs 2 finden sich Vertragsbestimmungen, die nur gültig sind, sofern der Unternehmer beweisen kann, dass sie im Einzelnen ausverhandelt wurden.

**Inkassozession**

Einer Inkassozession liegt die Vereinbarung zugrunde, dass die Forderung zwar abgetreten wird (→ Zession), der Neugläubiger aber im Verhältnis zum Altgläubiger verpflichtet sein soll, ihm den Erlös herauszugeben. Ziel der Abtretung ist also, dass der Neugläubiger die Forderung im eigenen Namen eintreibt. Wirtschaftlich bleibt die Forderung beim Altgläubiger, es liegt daher eine Form der → Treuhand vor.

**Inkognitoadoption**

Die Inkognitoadoption ist ein Sonderfall der → Adoption Minderjähriger. Auf Antrag der Beteiligten bleiben Name und Wohnort des Annehmenden geheim. Dadurch soll das Kind einem allfälligen schädlichen Einfluss leiblicher Verwandter entzogen werden. Dazu bedarf es allerdings der Einwilligung vor allem der leiblichen Eltern, die dann nicht erfahren, wer ihr Kind adoptiert, aber über die persönlichen und wirtschaftlichen Verhältnisse der Annehmenden aufzuklären sind (§ 88 AußStrG).

**Innenvollmacht**

Die Bevollmächtigung erfolgt intern, indem der Machtgeber die Befugnis seinem Vertreter erklärt. Im Gegensatz dazu wird bei der → Außenvollmacht die Befugnis (auch) dem Dritten gegenüber erklärt.

**innocent bystander**

Wer als unbeteiligter Dritter von einem Produkt geschädigt wird. Unbeteiligt ist, wer das schädigende Produkt nicht selbst gekauft hat. Der innocent bystander wurde erst durch das → Produkthaftungsgesetz in die Produkthaftung mit einbezogen. Die früher herangezogene Konstellation eines → Vertrages mit Schutzwirkung zugunsten Dritter zwischen Produzenten und Händler konnte ihn als nicht vorhersehbar Betroffenen nicht schützen.

**Insichgeschäft**

Liegt vor, wenn ein Stellvertreter rechtsgeschäftliche Wirkungen für und gegen den Vertretenen durch Willenserklärung an sich selbst erzeugen kann (→ Stellvertretung, direkte). Der Vertreter schließt entweder das Geschäft für den Vertretenen mit sich selbst ab (Selbstkontrahieren). Bsp: A ist alleiniger Geschäftsführer einer GmbH. Er verkauft ein Auto der GmbH in deren Namen an sich selbst. Oder der Vertreter schließt das Geschäft für zwei oder mehrere Vertretene ab, für die er vertretungsbefugt ist (Doppelvertretung, Mehrfachvertretung). Bsp: Der GmbH-Geschäftsführer A verkauft ein Auto im Namen der GmbH an seinen Sohn, dessen gesetzlicher Vertreter er ist. Insichgeschäfte sind im Allgemeinen unzulässig, weil eine Person regelmäßig nicht in der Lage ist, den gegenläufigen Interessen mehrerer Parteien gleichermaßen gerecht zu werden. Ein Insichgeschäft ist daher nur wirksam, wenn der oder die beteiligten Machtgeber damit einverstanden sind, wenn das Selbstkontrahieren dem Vertretenen ausschließlich rechtliche Vorteile bringt oder keine Gefahr der Schädigung des Vertretenen besteht (zB verkaufte Ware hat Markt- oder Börsenpreis). Das ABGB regelt das Verbot des Insichgeschäftes ausdrücklich nur in den §§ 271 ff (Kollisionskurator).

**Insolvenzforderung**

Im Insolvenzverfahren wird der Unterschied zwischen starken und schwachen Rechten schlagend. Während sich absolute Rechte (Sachenrechte) keine Kürzung gefallen lassen müssen (→ Aussonderung; → Pfandrecht), werden relative Forderungsrechte (→ Schuldverhältnis) zu Insolvenzforderungen, die nur anteilig befriedigt werden.

**Institutionensystem**

Geht von einer Zweiteilung des allgemeinen Privatrechts in Personen- und Vermögensrecht aus (anders das heute zugrunde gelegte → Pandektensystem). Das → ABGB folgt in seiner Einteilung dem Institutionensystem: Nach einer Einleitung werden im ersten Teil („Von dem Personenrechte") Personen- und Familienrecht geregelt. Im zweiten Teil („Von dem Sachenrechte") folgen Sachenrecht, Erbrecht und Schuldrecht. Der dritte Teil handelt „Von den gemeinschaftlichen Bestimmungen der Personen- und Sachenrechte".

**Instruktionsfehler**

→ Produktfehler, bei dem sich die Fehlerhaftigkeit aus der mangelhaften Aufklärung oder Warnung ergibt („mangelhafte Gebrauchsanleitung", zB kein Hinweis auf Unverträglichkeit bei Medikamenten).

**Intabulationsprinzip**

→ Eintragungsgrundsatz.

**Interesse**

→ Vermögensschaden.

**Interessenwahrungspflicht**

Der Auftragnehmer muss den → Auftrag sorgfältig ausführen, die Interessen des Auftraggebers wahren, wenn nötig, dessen Weisungen einholen sowie jeden aus dem Geschäft erlangten Vorteil herausgeben und Rechnung legen (§ 1009). Man fasst dies unter dem Schlagwort „Interessenwahrungspflicht" zusammen. Die schuldhafte Verletzung dieser Pflichten macht schadenersatzpflichtig.

**Internationales Privatrecht (Kollisionsrecht)**

Das Internationale Privatrecht (IPR) beschäftigt sich mit Fällen mit Auslandsbezug und regelt die Frage, nach welchem nationalen Privatrecht solche Fälle zu beurteilen sind. Der Begriff des Internationalen Privatrechts ist irreführend, weil es sich weder um materielles → Privatrecht noch um internationales Recht (im Sinne von Völkerrecht) handelt. Es handelt sich vielmehr um Verweisungsnormen, die bloß das Privatrecht eines bestimmten Staates zur Lösung einer Frage berufen. Ursprünglich hatte jeder Staat ein eigenes „Internationales Privatrecht". Ist eine Privatrechtssache bei einem österreichischen Gericht anhängig, so klärt das österreichische IPR, nach welcher Privatrechtsordnung die Frage entschieden wird. Wird die Frage vor einem deutschen Gericht anhängig gemacht, so ist deutsches Internationales Privatrecht maßgebend usw. Das ist zwar grundsätzlich immer noch so, wie das österreichische IPRG zeigt, allerdings werden heute große Bereiche des IPR (vertragliche und außervertragliche Schuldverhältnisse, Teile des Familien- und Erbrechts) durch unmittelbar anwendbare → EU-Verordnungen geregelt.

**Internationales Zivilverfahrensrecht**

Normiert, ob die Gerichte eines Staates bei Sachverhalten mit Auslandsbezug zuständig sind. Österreichisches internationales Zivilverfahrensrecht normiert daher, ob österreichische Gerichte zuständig sind, also ein „Gerichtsstand" in Österreich besteht. Es ist dem IPR vorgelagert. Für den Bereich der Europäischen Union ist das Recht der internationalen Zuständigkeit in vielen Bereichen durch → EU-Verordnungen einheitlich geregelt.

**Interpretation**

→ Gesetzesauslegung.

**Interpretation, historische**
Methode der → Gesetzesauslegung, bei der man auf den Willen des historischen Gesetzgebers, der in den Gesetzesmaterialien (Ausschussberichte, Erläuterungen zur Regierungsvorlage) zum Ausdruck kommen kann, zurückgreift. Dies ist nur zulässig, sofern die Materialien nicht mit dem Wortlaut in eindeutigem Widerspruch stehen. Man nennt diese Methode auch subjektive Auslegung.

**Interpretation, richtlinienkonforme**
Der Richter ist bei der Anwendung innerstaatlichen Rechts verpflichtet, einschlägige → EU-Richtlinien zu berücksichtigen. Dieses Gebot der richtlinienkonformen Interpretation bezieht sich nicht nur auf innerstaatliches Recht, das in Umsetzung der Richtlinie ergangen ist. Von der richtlinienkonformen Interpretation werden auch Normen erfasst, die nicht in Umsetzungsabsicht ergangen sind. Eine richtlinienkonforme Auslegung ist aber nur dann vorzunehmen, wenn das nationale Recht einen Spielraum für die richtlinienkonforme Variante lässt. Ist dies nicht der Fall, scheidet eine richtlinienkonforme Interpretation aus.

**Interpretation, systematische**
Methode der → Gesetzesauslegung, bei der die auszulegende Norm nicht isoliert, sondern im Zusammenhang mit der Gesamtregelung betrachtet wird. Unter mehreren Bedeutungen ist daher diejenige zu wählen, die die Gesamtregelung konsequent erscheinen lässt. Eine besondere Art der systematischen Auslegung ist die verfassungskonforme Interpretation. Bei mehreren Deutungsvarianten eines einfachen Gesetzes ist diejenige zu wählen, die mit höherrangigen (verfassungsrechtlichen) Vorgaben in Einklang steht.

**Interpretation, teleologische**
Methode der → Gesetzesauslegung. Man orientiert sich dabei am objektiven Zweck der Regelung und fragt, welchen Sinn (telos) eine Regelung vernünftigerweise haben kann. Man spricht auch von objektiver Auslegung.

**Interzession**
Interzession ist die Besicherung einer materiell fremden Schuld durch persönliche Haftung (→ Bürgschaft; → Schuldbeitritt; → Garantie). Verbraucherische Interzedenten werden vom Gesetzgeber besonders geschützt: → Verbraucherbürgschaft. Beachte außerdem → Angehörigenbürgschaft.

**invecta illata**
→ Bestandgeberpfandrecht.

**Inventar**
Vollständiges Verzeichnis aller körperlichen Sachen und aller vererblichen Rechte und Verbindlichkeiten des Verstorbenen und ihres Wertes im Zeitpunkt des Todes (§ 166 AußStrG). Die Errichtung eines Inventars führt zur beschränkten Haftung der Erben (→ pro viribus-Haftung). Ein Inventar ist zB bei bedingten → Erbantrittserklärungen zu errichten.

**Inverkehrbringen**
Nach dem → Produkthaftungsgesetz wird nur für Produkte gehaftet, die schon in den Verkehr gebracht wurden (§§ 6, 7 Abs 1 PHG). Das Inverkehrbringen ist für jeden Haftpflichtigen (zB Hersteller, Importeur, Händler) gesondert zu prüfen. Ein Produkt ist in den Verkehr gebracht, wenn es –

I

gleich aufgrund welchen Titels – einem anderen in seine Verfügungsmacht oder zu dessen Gebrauch übergeben wurde. Dies ist der Fall, wenn das Produkt der Öffentlichkeit zugänglich gemacht wurde und den innerbetrieblichen Teil des Herstellungsprozesses und den Lagerbereich verlassen hat. Entscheidend ist das Verlassen der Herrschaftssphäre des Haftpflichtigen („Werktorprinzip"), die Versendung an den Abnehmer genügt.

**Irrtum (Irrtumsrecht)**

Irrtum ist die unzutreffende (falsche oder mangelhafte) Vorstellung von der Wirklichkeit. Die §§ 871 ff regeln, unter welchen Voraussetzungen derjenige, der bei Abgabe einer Willenserklärung einem Irrtum unterliegt, sich von seiner Erklärung lösen kann. Grundvoraussetzung ist das Zustandekommen eines gültigen Rechtsgeschäfts; bei → Dissens kommt keine Anfechtung wegen Irrtums in Betracht. Der Irrtum muss überdies kausal für den Abschluss des konkreten Geschäftes gewesen sein (sonst spricht man von einem „unerheblichen Irrtum"). Für die Frage der Beachtlichkeit des Irrtums ist danach zu differenzieren, ob ein → Motiv- oder → Geschäftsirrtum iwS vorliegt. Während der Motivirrtum nur manchmal beachtlich ist, berechtigt der Geschäftsirrtum bei allen Geschäften zur Anfechtung, wenn eine der Voraussetzungen des § 871 Abs 1 vorliegt: → Irrtumsveranlassung, → Auffallenmüssen des Irrtums, → Aufklärung, rechtzeitige. Der Irrende hat das Recht der Irrtumsanfechtung oder Irrtumsanpassung: → Irrtum, (un)wesentlicher. Dieses Recht muss er gerichtlich durch Klage oder Einrede innerhalb von 3 Jahren ab Vertragsabschluss (§ 1487) geltend machen.

**Irrtum, gemeinsamer**

Beim gemeinsamen → Irrtum unterliegen beide Vertragspartner demselben Irrtum. Er ist beachtlich, wenn die allgemeinen Voraussetzungen für die Anfechtung vorliegen. Strittig ist, ob beim gemeinsamen Irrtum auf die Alternativvoraussetzungen des § 871 Abs 1 verzichtet werden kann. Von den Befürwortern wird der gemeinsame Irrtum als „ungeschriebene" vierte Anfechtungsmöglichkeit des § 871 Abs 1 gesehen.

**Irrtum, (un)wesentlicher**

Der → Irrtum ist wesentlich, wenn der Erklärende ohne ihn das Geschäft nicht geschlossen hätte, oder unwesentlich, wenn ohne ihn das Geschäft anders geschlossen worden wäre (vgl § 872), also beide Parteien bei Kenntnis der wahren Sachlage zu anderen Bedingungen kontrahiert hätten. Dass nur eine Partei zu einem Vertrag mit anderem Inhalt bereit gewesen wäre, reicht für die Unwesentlichkeit nicht aus. Beim wesentlichen Irrtum hat der Irrende ein Anfechtungsrecht, das zur rückwirkenden Vertragsaufhebung führt. Liegt hingegen ein unwesentlicher Irrtum vor, kann der Irrende den Vertrag nur nach der relativen Berechnungsmethode anpassen.

**Irrtum über Zukünftiges**

Fehlvorstellung über Zukünftiges. Er betrifft nach Vertragsabschluss eintretende Umstände. Der Irrtum über Zukünftiges stellt einen unbeachtlichen → Motivirrtum dar, weil künftige Entwicklungen regelmäßig nicht vorhersehbar sind. Jeder muss auf sein eigenes Risiko disponieren. Fehlvorstellungen über Zukünftiges sind daher nur in sehr engen Grenzen beachtlich, etwa beim Wegfall der → Geschäftsgrundlage und beim Widerruf von Schenkungen (→ Schenkungswiderruf).

**Irrtumsveranlassung**

Alternativvoraussetzung des § 871 Abs 1. Veranlassung bedeutet adäquate Verursachung des → Irrtums beim Geschäftspartner durch aktives Tun oder Unterlassen der Aufklärung. Der Geschäftspartner muss den Irrtum aber nicht verschuldet haben.

I

# J juristische Person

**juristische Person** → Person, juristische.

# K Kaduzität – Kunstfehler

**Kaduzität**
→ Heimfall.

**Kalkulationsirrtum**
Bei der Kalkulation unterlaufender Irrtum. Er ist nur dann ein → Geschäftsirrtum, wenn die Kalkulationsgrundlagen (zB Arbeitsstunden oder Materialbedarf beim Werkvertrag) Vertragsinhalt werden: Das setzt voraus, dass sie dem Gegner offengelegt werden und Einvernehmen darüber besteht, dass das Geschäft auf dieser Basis erfolgen soll. Hingegen liegt → Motivirrtum vor, wenn ein Teil ohne die genannten Voraussetzungen die Höhe der von ihm zu tragenden Kosten oder den von ihm zu tätigenden Aufwand falsch einschätzt.

**kassatorische Klausel**
→ Bestreitungsverbot.

**Kauf(vertrag) (§§ 1053 ff)**
Der Kaufvertrag ist ein grundsätzlich formfreier → Konsensualvertrag, in dem sich eine Partei (Verkäufer) verpflichtet, eine Sache (§ 285) einer anderen Partei (Käufer) gegen Geld zu übertragen. Der Kaufpreis muss bestimmt oder bestimmbar sein. Der Kauf ist ein → Verpflichtungsgeschäft, er bildet den Titel für die Übertragung des Eigentums (vgl auch → Eigentumsvorbehalt). Besondere im Gesetz geregelte Nebenvereinbarungen zum Kauf sind das → Wiederkaufsrecht, das → Vorkaufsrecht und das → Rückverkaufsrecht.

**Kauf auf Probe**
Bei einem → Kauf auf Probe (§§ 1080 ff) erhält der Käufer die Gelegenheit, die Ware eine Zeit lang zu probieren. Der Kauf steht unter der (aufschiebenden oder auflösenden) Potestativbedingung der Genehmigung durch den Käufer, ist also von dessen Willensentschluss nach Probe abhängig. Wird nicht genehmigt, steht auch kein Entgelt zu.

**Kauf, drittfinanzierter**
Gewährt ein Finanzierer dem Käufer oder dem Verkäufer Kredit, sind „drittfinanzierter" Kaufvertrag und das mit dem Finanzierer geschlossene Kreditgeschäft grundsätzlich voneinander unabhängig. Anderes kann beim eigentlichen drittfinanzierten Kaufvertrag gelten, der in zwei Varianten vorkommt: Die → Abtretungskonstruktion bereitet kaum Probleme. Bei Kreditgewährung an den Käufer („Darlehenskonstruktion") arbeiten Verkäufer und Finanzierer meist zusammen. Der Finanzierer zahlt den Kredit direkt an den Verkäufer aus und bekommt von diesem die Ratenkaufpreisforderung abgetreten und das vorbehaltene Eigentum (zur Sicherung dieser Forderung) übertragen. Der Käufer soll dem Finanzierer den Kredit zurückzahlen. Um die mit dieser Konstruktion verbundenen Nachteile für den Käufer zu vermeiden, bestimmt § 13 VKrG den → Einwendungsdurchgriff gegen den Finanzierer bei verbundenen Kreditverträgen.

**Kauf in Pausch und Bogen**

„Werden Sachen in Pausch und Bogen, nämlich so, wie sie stehen und liegen, ohne Zahl, Maß und Gewicht übergeben; so ist der Übergeber, außer dem Falle, dass eine von ihm fälschlich vorgegebene, oder von dem Empfänger bedungene Beschaffenheit mangelt, für die daran entdeckten Fehler nicht verantwortlich" (§ 930). Da in dem vom Gesetz angesprochenen Fall die → Gesamtsache (Bibliothek, Unternehmen) als solche zu einem Gesamtpreis Vertragsinhalt wird, ergibt sich diese Einschränkung in der Regel schon aus der Vertragsauslegung.

**Kauf mit Umtauschvorbehalt**

Ein → Kauf, bei dem der Käufer (durch Parteienvereinbarung) das Recht hat, die erworbene Sache zurückzugeben und dafür eine andere oder Geld zu erhalten. Meist ist das Umtauschrecht auf eine bestimmte Warengattung beschränkt.

**Kauf mit Vorbehalt eines besseren Käufers**

Beim → Kauf mit Vorbehalt eines besseren Käufers (§§ 1083 ff) hat der Verkäufer das Recht, den Kaufvertrag aufzulösen, wenn sich binnen einer vereinbarten Frist ein besserer Käufer findet. Er hat in der Praxis keine besondere Bedeutung.

**kausale Tradition**

→ Tradition, kausale.

**kausales Rechtsgeschäft**

→ Verpflichtungsgeschäft.

**Kausalität (Verursachung)**

Die Kausalität ist eine Voraussetzung der schadenersatzrechtlichen Haftung in der → Verschuldenshaftung. Im Schadenersatzrecht haftet nur, wer den Schaden selbst oder durch eine ihm zurechenbare Handlung (→ Erfüllungsgehilfe; → Besorgungsgehilfe) verursacht hat. Maßgebend für die Prüfung der Kausalität eines Verhaltens ist die → Äquivalenztheorie, nach der ein Umstand für einen Erfolg kausal ist, wenn dieser ohne ihn nicht eingetreten wäre. Das Verhalten muss demnach conditio sine qua non („Bedingung, ohne die nicht", ergänze: der Schaden eingetreten wäre) für den Schadenseintritt sein (csqn-Formel). Dieser weite Kausalitätsbegriff wird durch das Erfordernis der → Adäquanz eingeschränkt, sodass nur gehaftet wird, wenn der Erfolgseintritt nicht ganz unvorhersehbar war.

**Kausalität, alternative**

Bei der alternativen Kausalität gibt es einen Schaden und mehrere mögliche Täter, von denen zumindest einer den Schaden sicher verursacht hat; wer, lässt sich aber nicht feststellen. Nach herrschender Ansicht haften alle potentiellen Schädiger solidarisch (→ Gesamtschuld), wenn sie konkret gefährlich gehandelt haben (§ 1302 analog). Die konkrete Gefährlichkeit ersetzt den Verursachungsbeweis.

**Kausalität, kumulative**

Ein Schaden wird von zwei gleichzeitig wirksam werdenden Ursachen herbeigeführt, von denen jede einzelne den Schaden für sich allein herbeigeführt hätte. Nach der Formel conditio sine qua non würde keiner der Täter haften, jeder könnte sich auf die „Reserveursache" des anderen berufen und argumentieren, er sei nicht ursächlich, weil ja der Schaden auch ohne sein Verhalten eingetreten wäre. Nach herrschender Ansicht kommt es aber zur Solidarhaftung (→ Gesamtschuld).

**Kausalität, psychische**

Der Täter führt den Schaden nicht selbst herbei, sondern schafft eine Situation, auf die ein Dritter so reagiert, dass ein Schaden entsteht. Eine Haftung ist besonders deshalb problematisch, weil grundsätzlich jeder für seine eigenen Handlungen verantwortlich ist. Grundsätzlich gibt es in den Fällen der psychischen Kausalität keinen Ersatz. In manchen Fällen liegt der Schaden aber innerhalb des → Rechtswidrigkeitszusammenhangs. Dies wird von der Rsp in den so genannten Verfolgungsfällen bejaht, in denen bei der Verfolgung eines (psychisch kausalen) Straftäters ohne dessen Zutun ein Schaden entsteht (zB Unfall des Polizisten).

**Kausalität, überholende**

Ein Schaden wird durch die Schadensursache 1 verursacht, später wäre derselbe Schaden durch Ursache 2 ebenso verursacht worden (Reserveursache). Es handelt sich um „zeitlich gedehnte kumulative" Kausalität. Nach herrschender Auffassung haftet jedenfalls derjenige, der den Schaden real verursacht hat. Er kann sich nicht darauf berufen, dass auch ohne sein Handeln der Schaden eingetreten wäre. Strittig ist aber, ob derjenige, der den Schaden nicht herbeigeführt hat, solidarisch mit dem Verursacher haftet. Vgl auch → Anlageschaden.

**Kegel'sche Leiter**

Die persönlichen Ehewirkungen (eheliche Gemeinschaft, gemeinsames Wohnen, Ehegüterrecht; zum Unterhalt → Haager Unterhaltsprotokoll) sind nach § 18 IPRG anzuknüpfen, dessen stufenartige Anknüpfung als „Kegel'sche Leiter" bezeichnet wird. Zunächst ist das gemeinsame → Personalstatut maßgebend, mangels eines solchen das letzte gemeinsame Personalstatut der Ehegatten, sofern es einer beibehalten hat. Sind diese Voraussetzungen nicht erfüllt, ist das Recht des gemeinsamen gewöhnlichen Aufenthaltsortes, mangels eines solchen das Recht des letzten gewöhnlichen Aufenthaltsortes, sofern einer der Ehegatten den Aufenthalt noch beibehalten hat, entscheidend.

**Kind**

Nach der allgemeinen Regel des ABGB sind mit dem Wort Kinder alle → Deszendenten (also auch Enkel, Urenkel etc) gemeint (§ 42). An diese Vorschrift knüpft zB das → Pflichtteilsrecht an (siehe § 763). Da § 42 diese Begriffsbedeutung aber nur „in der Regel" vorgibt, kann mit dem Wort Kind abhängig vom rechtlichen Zusammenhang auch Anderes gemeint sein. Bereits das → Erbrecht übernimmt das allgemeine Verständnis nicht umfassend (vgl § 681). Im Recht der → Geschäftsfähigkeit sind Kinder wiederum Personen, die unter 7 Jahre alt sind (ohne dass es auf Verwandtschaftsbeziehungen ankäme). Mit Ausnahme des → Taschengeldparagraphs (§ 170 Abs 3) sind Kinder vollkommen geschäftsunfähig. Auch im → Familienrecht ist der Begriff von Bedeutung, weil dort geregelt ist, wer die Eltern eines Kindes sind (→ Abstammung) und welche Rechtsfolgen sich aus dieser Verwandtschaft ergeben (→ Kindschaftsrecht).

**Kindesunterhalt (§§ 231 ff)**

Bis zur Selbsterhaltungsfähigkeit haben die Eltern zur Deckung der Bedürfnisse ihren Kindern anteilig Unterhalt zu leisten. Unterhalt kann in Geld oder Naturalien (Essen, Kleidung usw) bestehen. Sobald das Kind selbst seine Bedürfnisse decken kann oder könnte, endet die Unterhaltspflicht der Eltern. Auch wenn das Kind aus eigenem Verschulden kein ausreichendes Einkommen hat, kann es keinen Unterhalt mehr fordern (→ Anspannungsprinzip). Können die Eltern aus eigenen Kräften den Unterhalt nicht bestreiten, ist zunächst das Vermögen des Kindes (zB aus einer Erbschaft) heranzuziehen. Sollte das unzumutbar oder nicht möglich sein, haben die Großeltern einzuspringen (§ 232). Die Höhe des Unterhalts bemisst sich nach der Leistungsfähigkeit der Eltern und den individuellen Bedürfnissen des Kindes. Meist wird etwa 16–22 % des Nettoeinkommens gewährt (→ Prozentsatzmethode). Um unangemessen hohe Unterhaltsansprüche zu verhindern, wird nie mehr als das Zweieinhalbfache des Durchschnittsbedarfs zugesprochen (→ Playboygrenze).

**Kindeswohl**

Leitender Gedanke und Prüfmaßstab der → Obsorge und des persönlichen Kontakts (→ Kontaktrecht) ist das Kindeswohl („Was ist das Beste für das Kind?"). § 138 enthält einen langen demonstrativen Katalog von Kriterien, die bei der Beurteilung des Kindeswohls zu berücksichtigen sind (zB angemessene Versorgung mit Nahrung und Wohnraum, Geborgenheit, Wertschätzung, Förderung der Fähigkeiten des Kindes, Gefahrvermeidung, Vermeidung von Loyalitätskonflikten, Lebensverhältnisse des Kindes und seiner Eltern).

**Kindschaftsrecht**

Alle Bestimmungen, die das Rechtsverhältnis zwischen Eltern und → Kindern regeln. Rechtsquellen sind das → ABGB (§§ 137–190, 231–235) und einige Nebengesetze.

**Kindsname**

Eltern haben weitgehende Freiheit bei der Bestimmung des Familiennamens ihrer Kinder (vgl § 155). Grundsätzlich erhalten Kinder den gemeinsamen Familiennamen der Eltern, der auch ein Doppelname sein kann. Auch ein Doppelname, den nur ein Elternteil durch Voran- oder Nachstellen seines Familiennamens zum gemeinsamen Ehenamen führt, kann zum Familiennamen des Kindes bestimmt werden. Fehlt ein gemeinsamer Familienname der Eltern, ist jede beliebige Kombination der Nachnamen (und von Teilen davon) zulässig, solange der Name maximal aus zwei Bestandteilen besteht. Gleiches gilt bei Kindern unverheirateter Eltern. Mangels Einigung erhält das Kind den Familiennamen der Mutter.

**Klauselkatalog**

→ Inhaltskontrolle.

**Knebelungsverträge**

→ Sittenwidrigkeit.

**Kodizill** → Letztwillige Verfügung, die aber keine Erbseinsetzung enthält und damit auch kein → Testament ist. Die Vorschriften für Testamente (zB Form) kommen auf Kodizille grundsätzlich zur Anwendung.

**Kollisionskurator** → Insichgeschäft.

**Kollisionsrecht** → Internationales Privatrecht.

**Kollusion** → Missbrauch der Vollmacht.

**Kombinationstheorie** Nach der Kombinationstheorie ist jeder Teil eines gemischten Vertrages (→ Vertrag, gemischter) soweit wie möglich nach dem jeweils „passenden" Vertragstyp zu behandeln. Ein Beispiel ist § 1151 Abs 2, nach dem die Auftragsregeln (§§ 1002 ff) zu beachten sind, wenn in einem Dienst- oder Werkvertrag auch rechtsgeschäftliche Tätigkeiten erbracht werden. Für die Abgrenzung Kauf/Tausch sowie Miete/Pacht gilt hingegen die → Absorptionstheorie.

**Kommorientenpräsumtion (§ 11 TEG)** „Kann nicht bewiesen werden, dass von mehreren gestorbenen oder für tot erklärten Menschen der eine den anderen überlebt hat, so wird vermutet, dass sie gleichzeitig gestorben sind (§ 11 TEG)." Diese Kommorientenpräsumtion hat Auswirkungen auf die Erbfolge. Insbesondere fällt keinem der „gemeinsam Gestorbenen" ein Erbrecht nach einem anderen von ihnen an (→ Erbanfall).

**Kondiktion** → Leistungskondiktion.

**Konfusion** → Vereinigung.

**konkrete Pflichtteilsberechtigung** → Noterben; → Pflichtteilsrecht.

**Konnexität** → Zurückbehaltungsrecht.

**Konsens** Stimmen die von den Parteien abgegebenen Willenserklärungen überein, so liegt Konsens vor, sonst → Dissens. Maßgebend für die Frage, ob Willensübereinstimmung erzielt wurde, ist der objektive Erklärungswert. Der Teil, dessen subjektiver Wille mit dem Inhalt seiner → Willenserklärung nicht übereinstimmt, hat die Möglichkeit, bei Vorliegen der gesetzlichen Voraussetzungen den Vertrag (zB wegen → Irrtums) zu beseitigen. Die Frage, ob Konsens vorliegt, ist somit der Frage, ob eine Anfechtung des Vertrages möglich ist, vorgelagert. Besteht ein vom objektiven Erklärungswert abweichender natürlicher Konsens, so gilt falsa demonstratio non nocet: Das wirklich Gewollte gilt.

K

**Konsensualvertrag**

Konsensualverträge kommen bereits mit übereinstimmenden Willenserklärungen der Parteien zustande. Im Gegensatz dazu ist bei → Realverträgen zum Zustandekommen des Vertrages noch die tatsächliche Leistung einer Partei erforderlich. Realverträge sind die Ausnahme, zB → Verwahrung; → Leihe; Trödelvertrag (→ Verkaufsauftrag). Die bloße Abrede ohne Übergabe kann einen → Vorvertrag darstellen.

**Konstruktionsfehler**

→ Produktfehler, bei dem die Fehlerhaftigkeit auf einer falschen Planung, Entwicklung oder Gesamtkonstruktion basiert. Die gesamte Serie des Produkts ist in diesem Fall fehlerhaft.

**Konsumentenschutzgesetz (KSchG)**

Das KSchG ist kodifiziertes Verbraucherschutzrecht. Rechtspolitischer Hintergrund für seine Schaffung war die Überlegung, dass → Verbraucher ihre Privatautonomie in Verträgen mit → Unternehmern typischer Weise nicht ausreichend wahrnehmen können. Das KSchG enthält daher hauptsächlich Regelungen für Verbrauchergeschäfte, also Verträge zwischen Unternehmern und Verbrauchern (= Konsument). Neben diesen Regeln (§ 1 ff) enthält das Gesetz auch Bestimmungen über die Verbandsklage (§§ 28 ff) und allgemeine Bestimmungen, die nicht auf Verbrauchergeschäfte beschränkt sind (§§ 30a ff). Neben das KSchG sind mittlerweile zahlreiche andere Verbraucherschutzgesetze getreten (zB → Verbraucherkreditgesetz; → Fern- und Auswärtsgeschäfte-Gesetz).

**Kontaktrecht (§ 187)**

Nach § 187 Abs 1 haben das Kind und jeder Elternteil (nach § 188 Abs 1 auch Enkel und Großeltern) das Recht auf regelmäßige, den Bedürfnissen des Kindes entsprechende persönliche Kontakte. Die Regelung hat primär einvernehmlich zu erfolgen, im Streitfall hat das Gericht (unter Berücksichtigung des → Kindeswohls) auf Antrag des Kindes oder eines Elternteils zu entscheiden. Das Kontaktrecht kann auch gegen den Willen der Elternteile durchgesetzt werden. Wenn es notwendig ist (zB körperliche Gewalt), kann das Gericht den Kontakt auch untersagen (§ 187 Abs 2).

**Kontrahierungszwang (Vertragszwang, Abschlusszwang)**

Der Grundsatz der → Abschlussfreiheit ist ausnahmsweise durch den Kontrahierungszwang durchbrochen: Die Rechtsordnung nimmt bestimmten (Versorgungs-)Unternehmen, auf die „jeder angewiesen ist" (zB Eisenbahn, Post, Energieversorgungsunternehmen), die freie Wahl, ob sie einen Vertrag schließen wollen oder nicht. Sie sind verpflichtet, zu den üblichen Bedingungen mit jedem, der dies wünscht, zu kontrahieren. Der Kontrahierungszwang hat sich allerdings zu einem Abschlusszwang weiterentwickelt, der generell monopolartige Unternehmen betrifft, die auch außerhalb der Daseinsversorgung die Erbringung öffentlich angebotener Leistungen nur aus sachlichen Gründen verweigern dürfen. Nach verbreiteter Auffassung kann sich ein Kontrahierungszwang auch aus dem → Gleichbehandlungsgesetz ergeben.

**Konventionalstrafe**

→ Vertragsstrafe.

**Konversion**

Umdeutung eines Rechtsgeschäftes in ein anderes. Voraussetzung der Konversion ist, dass das angestrebte Rechtsgeschäft wegen Fehlens bestimmter Voraussetzungen nichtig ist, jedoch die Voraussetzungen für das Zustandekommen eines anderen Rechtsgeschäftes erfüllt sind und dass eine Umdeutung dem von den Parteien ins Auge gefassten Zweck eher entspricht als die Nichtigkeit der Vereinbarung. Bei manchen Rechtsgeschäften nimmt der Gesetzgeber selbst die Umdeutung vor (gesetzliche Konversion; → Nacherbfolge, konstruktive).

**Konzentration**

Aussonderung individueller Sachen aus der Gattung (→ Gattungsschuld) durch den Schuldner. Die Wirkungen der Konzentration treten erst mit Gefahrenübergang (grundsätzlich also im Zeitpunkt der vereinbarten Übergabe; → Gefahrtragung) ein. Die Gattungs- wird dann wie eine → Stückschuld behandelt. Geht die konzentrierte Sache unter, muss der Schuldner nicht mehr leisten, obwohl noch andere Stücke der Gattung vorhanden sind, kann aber die Gegenleistung verlangen. Der Gläubiger trägt also die Preisgefahr.

**körperliche Sache**

→ Sache, körperliche.

**Körperverletzung (§ 1325)**

Wer einen anderen am Körper verletzt, haftet für die Heilungskosten, den Verdienstentgang und ein angemessenes Schmerzengeld. Jede Beeinträchtigung der physischen oder psychischen Unversehrtheit ist Körperverletzung. Bloßes Unbehagen oder Unlustgefühle sind noch keine Verletzung, wohl aber psychische Beeinträchtigungen mit Krankheitswert (→ Schockschaden; vgl aber auch den → Trauerschaden). Ist eine medizinische Heilbehandlung nicht durch eine mängelfreie Einwilligung (Aufklärungsfehler) des Patienten oder einen Notfall gedeckt oder wird sie nicht lege artis durchgeführt (Kunstfehler), erfüllt sie ebenfalls den Tatbestand der Körperverletzung. Folgt aus der Körperverletzung eine dauerhafte Verunstaltung des Verletzten, durch die das weitere Fortkommen behindert wird, steht eine Verunstaltungsentschädigung zu (§ 1326). Der Schädiger hat die Heilungskosten zu ersetzen. Bei Kostenübernahme durch die (Sozial-)Versicherung kommt es zur Legalzession (§ 332 ASVG, § 67 VersVG; → Zession, gesetzliche). Ersatz des Verdienstentgangs gebührt für die Vergangenheit und die Zukunft, der Verletzte ist so zu stellen, dass ihm jener Betrag verbleibt, den er ohne das schädigende Ereignis hätte. Der Verdienstentgang ist in Form einer Rente auszugleichen, eine (sofortige) Kapitalabfindung steht nur ausnahmsweise zu. Ist die Erwerbsfähigkeit dauerhaft eingeschränkt, gewährt die herrschende Auffassung auch ohne konkreten Verdienstentgang eine Rente (abstrakte Rente), damit der Geschädigte einen Deckungsfonds für den künftigen Schaden schaffen kann (strittig). Außerdem gebührt dem Verletzten Schmerzengeld, das die erlittenen immateriellen Nachteile durch Gewährung von Daseinsfreuden ausgleichen soll. Die Bemessung erfolgt in der Praxis nach Schmerzengeldtabellen.

**Kostenvoranschlag (§ 1170a, § 5 KSchG)**

Werkverträgen wird oft eine Aufstellung der voraussichtlichen Herstellungskosten zugrunde gelegt (Kostenvoranschlag). Diese Aufstellung ist im Zweifel entgeltlich; anderes gilt im Verbrauchergeschäft (§ 5 Abs 1 KSchG). Hat der Werkunternehmer für die Richtigkeit des Kostenvoranschlages Gewähr geleistet (dies ist im Verbraucherrecht der Fall, wenn nicht ausdrücklich anderes erklärt ist, § 5 Abs 2 KSchG), kann der Unternehmer auch dann keine Erhöhung des Entgelts fordern, wenn die Arbeiten kostspieliger werden als erwartet (§ 1170a Abs 1). Hat der Werkunternehmer für den Kostenvoranschlag keine Gewähr übernommen, muss der Besteller geringfügige Überschreitungen hinnehmen. Eine beträchtliche Überschreitung muss der Unternehmer dem Werkbesteller anzeigen, widrigenfalls er keinen Anspruch auf Ersatz der Mehrkosten hat (§ 1170a Abs 2). Der Werkbesteller hat bei einer solchen Anzeige die Wahl, unter angemessener Vergütung der bereits geleisteten Arbeiten vom Vertrag zurückzutreten; tut er dies nicht, muss er den Mehraufwand bezahlen (§ 1170a Abs 2).

**Kreditkauf**

→ Eigentumsvorbehalt.

**Kreditschädigung**

Der wirtschaftliche Ruf ist ein absolut geschütztes Rechtsgut (→ Rechtsgut, absolut geschütztes). § 1330 Abs 2 gewährt Ersatz bei Kreditschädigung. Gefährdet können natürliche wie auch juristische Personen sein. Anders als bei der → Ehrenbeleidigung geht es nicht um Werturteile, sondern um die Verbreitung unwahrer Tatsachen. Der Wahrheitsbeweis des Schädigers ist also zulässig. Einen → Rechtfertigungsgrund bestimmt § 1330 Abs 2 Satz 3: Für eine nicht öffentlich vorgebrachte Mitteilung, deren Unwahrheit der Mitteilende nicht kennt, haftet er nicht, wenn er oder der Empfänger ein berechtigtes Interesse an ihr hat.

**Kreditvertrag**

Der Kreditvertrag ist ein entgeltlicher → Darlehensvertrag über Geld (§ 988). Es handelt sich also um einen speziellen Fall des Darlehens. Der Kreditvertrag ist ein → Konsensualvertrag, sein Zustandekommen ist von der tatsächlichen Auszahlung unabhängig. Kreditverträge zwischen → Verbrauchern und → Unternehmern (zB Banken) sind im → Verbraucherkreditgesetz (VKrG) näher geregelt, das den Kreditnehmer durch Informationspflichten des Unternehmers und Rücktrittsrechte schützt.

**Kulpakompensation**

Im österreichischen Recht kommt es im Fall des → Mitverschuldens des Geschädigten grundsätzlich zur verhältnismäßigen Schadensteilung (§ 1304). Anders bei der nur ausnahmsweise anzuwendenden Methode der Kulpakompensation: Das Mitverschulden führt dabei zum vollständigen Erlöschen des Schadenersatzanspruches und damit zur alleinigen Schadenstragung durch den Geschädigten. § 878 Satz 3 ist ein Anwendungsfall der Kulpakompensation: „Wer bei Abschließung des Vertrages die Unmöglichkeit kannte oder kennen musste, hat dem anderen Teile, falls von diesem nicht dasselbe gilt, den Schaden zu ersetzen, den er durch das Vertrauen auf die Gültigkeit des Vertrages erlitten hat."

**kumulative Kausalität** → Kausalität, kumulative.

**Kündigung** Einseitige → Willenserklärung, durch die ein → Dauerschuldverhältnis (zB Mietvertrag, Arbeitsvertrag) beendet wird. Man unterscheidet die ordentliche Kündigung von der außerordentlichen Kündigung aus wichtigem Grund. Die ordentliche Kündigung ist an Fristen und Termine gebunden, es handelt sich um den Normalfall der Beendigung von unbefristeten Dauerschuldverhältnissen. Beschränkungen des ordentlichen Kündigungsrechts ordnet allerdings das → Mietrechtsgesetz (MRG) an. Die außerordentliche Kündigung aus wichtigem Grund beendet sowohl unbefristete als auch befristete Dauerschuldverhältnisse hingegen mit sofortiger Wirkung.

**Kunstfehler** → Körperverletzung.

# L Ladenvollmacht – Lückenfüllung

**Ladenvollmacht (§ 56 UGB)**

Wer in einem Geschäft angestellt ist, der gilt als bevollmächtigt zu Verkäufen und Empfangnahmen, die in einem derartigen Geschäft gewöhnlich geschehen. Bei der Ladenvollmacht handelt es sich um einen Fall der → Anscheinsvollmacht.

**laesio enormis (§§ 934 f)**

„Hat bei zweiseitig verbindlichen Geschäften ein Teil nicht einmal die Hälfte dessen, was er dem anderen gegeben hat, von diesem [als Gegenleistung] erhalten" (§ 934), kann er den Vertrag anfechten (→ Gestaltungsrecht). Der Anfechtungsgegner hat eine → facultas alternativa, auf den vollen gemeinen Wert aufzuzahlen, damit der Vertrag aufrecht bleibt. Ein Vorausverzicht auf die laesio enormis ist ungültig (§ 935). Ein Unternehmer kann auf die Geltendmachung der laesio enormis jedoch im Vorhinein verzichten (§ 351 UGB). Die Berufung auf die laesio enormis ist ausgeschlossen, wenn die Sache aus besonderer Vorliebe gekauft wurde, wenn der wahre Wert bekannt war, wenn die Parteien eine gemischte Schenkung abschließen wollten oder wenn die Sache in einem gerichtlichen Versteigerungsverfahren erstanden wurde (§ 935).

**Leasingvertrag**

Leasinggeschäfte sind gesetzlich nicht geregelte Verträge, durch die dem Leasingnehmer das Leasingobjekt während der vertraglichen Nutzungsdauer gegen Entgelt zur Nutzung überlassen wird. Gegenstand eines Leasingvertrages sind meist Konsum- oder Investitionsgüter. Leasingverträge sind gemischte Verträge (→ Vertrag, gemischter), die Elemente der → Miete und des → Kaufs enthalten. Für ihre rechtliche Einordnung sind Operating- und → Finanzierungsleasing zu unterscheiden. Das Operatingleasing entspricht einem Mietvertrag im herkömmlichen Sinn, weil die entgeltliche Nutzung im Vordergrund steht. Dem Leasingnehmer wird nur vorübergehender, kurzfristiger Gebrauch eingeräumt. Das Finanzierungsleasing weist darüber hinaus auch Elemente eines Kaufvertrages auf, weil dem Leasingnehmer ab Übergabe das wirtschaftliche Risiko wie einem Käufer zugeordnet wird (anders bei der Miete; § 1096), er trägt zur Gänze Sach- und Preisgefahr.

**Lebensgemeinschaft**

Als Lebensgemeinschaft bezeichnet man die länger andauernde Wohn-, Wirtschafts- und Geschlechtsgemeinschaft zweier Personen, die aber keine → Ehe oder Eingetragene Partnerschaft (→ Eingetragene Partnerschaft-Gesetz) ist. Lebensgemeinschaften sind daher zB jederzeit auflösbar. Lebensgemeinschafter haben auch kein gesetzliches Erbrecht. Es gibt insgesamt kein umfassendes Regelwerk für Lebensgemeinschaften, die Rechtsordnung knüpft aber punktuell an den Begriff an (zB § 14 Abs 3 MRG).

**Legalitätsprinzip**

Das Grundbuchsgericht hat die Voraussetzungen für eine beantragte bücherliche Eintragung von Amts wegen und umfassend zu prüfen. Man spricht vom Legalitätsprinzip. Die Prüfung ist jedoch auf Umstände beschränkt, die aus dem Grundbuchsstand, aus den Urkunden oder sonst aus der Aktenlage hervorgehen. Das Grundbuchsgericht stellt also keine eigenen Nachforschungen zB über die Einsichtsfähigkeit der Beteiligten an.

**Legalzession** → Zession, gesetzliche.

**Legat** → Vermächtnis.

**Legat, Kürzung** Der Erbe hat in zwei verschiedenen Fällen das Recht, vom Erblasser angeordnete Legate (→ Vermächtnis) zu kürzen: (1) Der bedingt Erbantrittserklärte (→ Erbantrittserklärung) kann Legate gem § 692 kürzen, wenn nach Berichtigung der Nachlassverbindlichkeiten nicht genug übrig ist, um die Legate voll zu honorieren. (2) Jeder (auch der unbedingt Erbantrittserklärte) kann Legate nach § 783 kürzen, wenn einem Noterben der ihm gebührende Pflichtteil nicht entsprechend ausgemessen worden ist. Das Gesetz geht davon aus, dass für die Deckung der Pflichtteile alle Personen, die etwas aus dem Nachlass erhalten, beitragen müssen, daher nicht nur der Erbe, sondern auch die Legatare (materielle Beitragspflicht der Legatare). Die Kürzung geschieht verhältnismäßig nach dem Wert der Zuwendung.

**Leihe (§§ 971 ff)** Unentgeltliche Überlassung einer unverbrauchbaren Sache zum Gebrauch für bestimmte Zeit durch den Leihgeber an den Leihnehmer. Als → Realvertrag kommt der Leihvertrag erst mit der tatsächlichen Übergabe des Leihgegenstandes zustande. Der Leihnehmer hat → Rechtsbesitz und genießt Besitzschutz (§ 339). Er hat ein Recht zum vertragsgemäßen (subsidiär zum ordentlichen) Gebrauch. Ein vertragswidriger Gebrauch kann zur → casus mixtus-Haftung führen. Von der → Miete unterscheidet sich die Leihe durch ihre Unentgeltlichkeit, vom → Darlehensvertrag durch die Unvertretbarkeit der Leihsache. Eine Unterart der Leihe ist die → Bittleihe.

**Leistung** (1) Leistung wird im Vertragsrecht oft als Synonym für Erfüllung verwendet. (2) Im Bereicherungsrecht ist die Leistung Anknüpfungspunkt für die → Leistungskondiktion. Sie ist die bewusste Zuwendung eines Vorteils, durch die der Leistende dem Empfänger gegenüber einen bestimmten Zweck verfolgt. Sie kann in einem Tun oder einem Unterlassen bestehen. Leistungszwecke sind insbesondere die Erfüllung einer Verbindlichkeit, die Erlangung einer Gegenleistung oder die Hoffnung auf eine bestimmte Entwicklung.

**Leistung, vertragscharakteristische** Nach Art 4 Abs 2 Rom I ist mangels → Rechtswahl der Parteien das Recht des Staates maßgebend, in dem die Partei ihren gewöhnlichen Aufenthalt hat, die die vertragscharakteristische Leistung erbringt. Besteht eine Leistung in Geld, die andere nicht, so ist die nicht in Geld bestehende Leistung die charakteristische. Die vertragscharakteristische Leistung ist aber nur dann maßgebend, wenn der Vertrag nicht unter den Anknüpfungskatalog des Art 4 Abs 1 Rom I fällt.

L

**Leistung an Zahlungs statt (§ 1414)**
Einvernehmliche Erbringung einer anderen Leistung anstelle der geschuldeten. Die Änderung der vertraglichen Hauptleistung erfolgt zeitgleich mit der Leistung der anderen Sache. Unterscheide von der Leistung an Zahlungs statt die → Leistung zahlungshalber.

**Leistung zahlungshalber**
Wer eine Leistung schuldet, kann sich nicht durch Hingabe einer anderen Leistung anstelle der geschuldeten befreien. Eine solche Leistung zahlungshalber wirkt aber schuldbefreiend, sobald der Gläubiger wirklich Befriedigung erlangt. ZB: A schuldet dem B 100, er zediert ihm bei Fälligkeit eine Forderung iHv 100 gegen S. A wird nur dann vollständig frei, wenn S dem B 100 bezahlt.

**Leistungsgefahr**
→ Gefahrtragung.

**Leistungskondiktion**
Schuldrechtlicher Anspruch auf Rückführung einer ungerechtfertigten Vermögensverschiebung (→ Bereicherungsrecht), die durch eine Leistung eingetreten ist (sonst: → Verwendungsanspruch). Wurde die Leistung in Erfüllung eines gültigen Schuldverhältnisses erbracht oder hat sie sonst ihren Zweck erreicht, ist sie gerechtfertigt und kann daher nicht mit einer Kondiktion zurückgefordert werden. Bei Ungültigkeit des zugrunde liegenden Schuldverhältnisses, späterer Aufhebung (→ Anfechtung; → Wandlung; → Rücktritt) oder sonst bei Zweckverfehlung kann der Leistende seinen Bereicherungsanspruch hingegen grundsätzlich geltend machen. Leistungskondiktionen finden sich zB in den §§ 877, 921, 1174, 1431, 1435 sowie in § 4 KSchG und in den §§ 14 ff FAGG. Vgl auch → Rückabwicklung.

**Leistungsort**
Ort, an dem der Schuldner die Leistung anbieten und der Gläubiger abnehmen soll. Es kommen vor allem → Bringschuld, → Holschuld und → Schickschuld in Betracht.

**Leistungsstörung**
Fehler in der Erfüllung eines bestehenden Schuldverhältnisses. Man spricht von der Trias der Leistungsstörungen, weil nachträgliche → Unmöglichkeit (§§ 920, 1447), → Verzug (§§ 918, 1419) und → Gewährleistung (§§ 922 ff) unterschieden werden. Voraussetzung für das Vorliegen einer Leistungsstörung ist, dass ein gültig zustande gekommenes Schuldverhältnis nicht oder nicht ordnungsgemäß erfüllt wird. Von den Leistungsstörungen sind → Wurzelmängel (Fehler in der Begründung des Schuldverhältnisses) zu unterscheiden.

**Leistungszeit**
→ Fälligkeit.

**Letztwillige Verfügung**
Eine letztwillige Verfügung kann entweder Testament oder → Kodizill sein (vgl auch → Vermächtnis). Letztwillige Verfügungen sind formgebunden (→ Testamentsform). Sie sind einseitige Rechtsgeschäfte, bei denen ein Erklärungsempfänger daher fehlt. Dies erlaubt die großzügige Berücksichtigung von Willensmängeln. Auch → Motivirrtümer des Erblassers machen die Verfügung anfechtbar (§ 572). Das Motiv muss in der Verfügung nicht

einmal angeführt sein und kann auch ein Irrtum über Zukünftiges sein (Einsetzung der Ehefrau vor späterer Scheidung).

**Leutehaftung** → Wegehalterhaftung.

**lex causae** Recht des berufenen Rechts, also des Staates, auf den das → Internationale Privatrecht verweist.

**lex commissoria** → Verfallsklausel.

**lex fori** Recht des Gerichtsstaates, also des Staates, in dem die Gerichte den Fall mit Auslandsbezug entscheiden. Die lex fori kommt nur dann zur Anwendung, wenn das → Internationale Privatrecht auf sie verweist oder wenn die Anwendung des fremden Rechts trotz Verweisung nicht in Betracht kommt (→ Eingriffsnormen; → Vorbehaltsklausel).

**lex loci damni** Recht des Ortes, an dem der Erfolg der unerlaubten Handlung eingetreten ist. Die Anknüpfung von Schadenersatzansprüchen richtet sich nach Art 4 Abs 1 Rom II grundsätzlich nach der lex loci damni, nicht nach dem Recht des Ortes, an dem die unerlaubte Handlung gesetzt wurde (lex loci delicti commissi). → Deliktsstatut.

**lex loci delicti commissi** → lex loci damni.

**lex rei sitae** Das Recht am Lageort der Sache. Die sachenrechtliche → Anknüpfung (§ 31 IPRG) richtet sich grundsätzlich nach der lex rei sitae.

**liberatorische Schenkung** → Schenkung, liberatorische.

**Liegenschaft** Unbewegliche Sachen (→ Sache, bewegliche) werden auch als Liegenschaften bezeichnet.

**List (§ 870 Fall 1)** Bewusste Verursachung eines → Irrtums („zivilrechtlicher Betrug“). Der Erklärende wird absichtlich durch die Vorspiegelung falscher Tatsachen zur Willensäußerung bewogen. Unter List fällt sowohl die aktive Irreführung als auch die Verhinderung der Kenntnisnahme vom wahren Sachverhalt. Sogar Schweigen kann arglistig sein, wenn ein Teil in einem Irrtum befangen ist und der andere zur Aufklärung verpflichtet wäre, stattdessen aber den Irrtum bewusst ausnützt. Bei listiger Irreführung hat der Irrende im Vergleich zum sonstigen Irrtum mehr Rechte. List kann innerhalb von 30 Jahren ab Vertragsabschluss geltend gemacht werden, sogar der → Motivirrtum ist beachtlich. § 874 bestimmt, dass der arglistig Irreführende volle Genugtuung, also Schadenersatz, zu leisten hat. Auch der fahrlässig Irreführende haftet dem Irrenden freilich nach der → Verschuldenshaftung.

**loi uniforme**

Wird das materielle Privatrecht oder das → Internationale Privatrecht überstaatlich vereinheitlicht (Völkerrecht, EU-Rechtssetzung), spricht man von einer „loi uniforme", also übersetzt: Einheitsrecht. Das → UN-Kaufrecht ist ein Beispiel für eine loi uniforme aus dem materiellen Privatrecht, die EU-Verordnungen → Rom I, → Rom II, → Rom III und die → EU-Erbrechts-VO sind Beispiele aus dem Internationalen Privatrecht.

**Löschung**

Die Löschung ist eine grundbücherliche Eintragung. Die → Einverleibung der Löschung bewirkt unbedingten Rechtsverlust des Gelöschten und einen Rechtserwerb des Einverleibten (vgl → Verfügungsgeschäft). Die Löschung einer unzulässigen oder gegenstandslosen Eintragung wirkt hingegen nur deklarativ.

**Löschungsklage (§§ 61 ff GBG)**

Grundbuchsrechtliche Variante der → rei vindicatio. Wer durch eine Eintragung im Grundbuch in seinen bücherlichen Rechten verletzt ist, kann sich gegen den zu Unrecht Eingetragenen mit der Löschungsklage zur Wehr setzen. Sie ist gerichtet auf Unwirksamerklärung und Löschung der bekämpften Eintragung. Wird die Klage gegen einen Nachmann erhoben, richten sich die Fristen nach allgemeinem Zivilrecht. Wird die Klage gegen einen dritten Erwerber erhoben, sind die Vorschriften über den gutgläubigen Erwerb (→ Eigentumserwerb, gutgläubiger) zu beachten (→ Vertrauensgrundsatz).

**Lösungsklauseln**

→ Vertragsauflösungssperre.

**Lücke**

→ Rechtslücke.

**Lückenfüllung**

→ Analogie.

# M Machthaber – mündiger Minderjähriger

**Machthaber** → Repräsentantenhaftung.

**Machtwechsel** Veräußert der Hauptmieter einer Geschäftsräumlichkeit sein Unternehmen zur Fortführung, tritt der Erwerber ex lege in das Mietverhältnis ein (§ 12a MRG; → Eintrittsrecht). Der Vermieter darf den Mietzins aber auf den angemessenen Betrag erhöhen. Gem § 12a Abs 3 MRG kann der Vermieter dies außerdem dann, wenn der Hauptmieter eine juristische Person ist und sich die rechtlichen oder wirtschaftlichen Einflussmöglichkeiten (zB durch Veräußerung der Mehrheit der Anteile an der Gesellschaft) entscheidend ändern (Machtwechsel).

**Mahnung** → Bürge und Zahler; → Fälligkeit; → Willensmitteilung.

**Makler** → Vermittler.

**Mangel (§ 922 Abs 1)** Zentrales Tatbestandsmerkmal bei der → Gewährleistung. War die Leistung im Zeitpunkt ihrer Erbringung mangelhaft, so kann der Übernehmer → Gewährleistungsbehelfe (§ 932) geltend machen. Als Mangel bezeichnet man die Abweichung der erbrachten von der geschuldeten Leistung. Es fehlt an bedungenen oder gewöhnlich vorausgesetzten Eigenschaften (§ 922 Abs 1). Die Mangelhaftigkeit einer Leistung ist also am konkreten Vertrag zu messen (subjektiver Fehlerbegriff). Ein Mangel ist entweder Sach- oder Rechtsmangel. Sachmängel haften einer Sache körperlich an. Wird dem Übernehmer nicht die versprochene Rechtsposition verschafft, liegt ein Rechtsmangel vor.

**Mangel, geringfügiger** Der Begriff des geringfügigen Mangels ist relevant, wenn der Übernehmer auf die sekundären → Gewährleistungsbehelfe umsteigen kann. In diesem Fall kann der Übernehmer jedenfalls → Preisminderung verlangen. Alternativ kann er den Vertrag wandeln (→ Wandlung), dies jedoch nur, wenn es sich nicht um einen „geringfügigen Mangel" handelt (§ 932 Abs 4). Für die Beantwortung der Frage, ob ein Mangel geringfügig ist, werden meist objektive und subjektive Merkmale kombiniert: Je höher die objektive Wertminderung, desto eher ist der Mangel nicht mehr geringfügig. Fehlt eine ausdrücklich bedungene Eigenschaft, wird der Mangel stets nicht geringfügig sein. Eine häufig taugliche Faustregel ist der Vergleich zur Wesentlichkeit beim → Irrtum: Hätten die Parteien den Vertrag über die mangelhafte Sache überhaupt nicht abgeschlossen, ist der Mangel nicht geringfügig.

**Mangel, offenkundiger** „Fallen die Mängel einer Sache in die Augen oder sind die auf der Sache haftenden Lasten aus den öffentlichen Büchern zu ersehen" (§ 928), spricht man von einem offenkundigen Mangel. Der Fehler ist also auch ohne genaue Überprüfung der Sache erkennbar. Maßgebender Beurteilungszeitpunkt ist der Vertragsabschluss. Für Mängel, die bei Vertragsabschluss offenkundig sind, ist also keine Gewähr zu leisten. Der Gesetzgeber geht nämlich davon aus, dass der offenkundige „Mangel" von den Parteien in der Preisvereinbarung berücksichtigt wurde. Die Sache ist in genau diesem Zustand geschuldet. Mit dieser Überlegung lässt sich erklären, dass Gewährleistung sehr wohl zusteht, wenn der Übergeber die fehlende Eigenschaft ausdrücklich zugesichert oder arglistig verschwiegen hat (§ 928).

**Mangelfolgeschaden**

Schaden, der nicht in der Mangelhaftigkeit der Leistung an sich liegt (→ Mangelschaden), sondern der durch die mangelhafte Leistung an sonstigen Gütern des Übernehmers verursacht wurde. Da die Gewährleistung der Herstellung der subjektiven Äquivalenz dient, betrifft sie nur den Mangel. Der Mangelfolgeschaden kann aber schadenersatzrechtlich bei Vorliegen der Voraussetzungen der → Vertragshaftung ersetzt werden.

**Mängelrüge**

Ist der Kauf für beide Teile ein unternehmensbezogenes Geschäft, ordnet § 377 UGB eine → Obliegenheit zur Mängelrüge an. Der Käufer hat Mängel der Ware, die er bei ordnungsgemäßem Geschäftsgang nach Ablieferung durch Untersuchung festgestellt hat oder feststellen hätte müssen, dem Verkäufer binnen angemessener Frist anzuzeigen. Unterlässt er diese Anzeige, so kann er Ansprüche auf → Gewährleistung, Schadenersatz wegen des Mangels selbst (→ Mangelschaden) sowie aus einem → Irrtum über die Mangelfreiheit der Sache nicht mehr geltend machen. § 381 UGB dehnt die Rügeobliegenheit auch auf Werk- sowie Tauschverträge über bewegliche körperliche Sachen aus. Der Verkäufer kann sich auf diese Vorschrift nicht berufen, wenn der Käufer beweist, dass der Verkäufer den Mangel vorsätzlich oder grob fahrlässig verursacht oder verschwiegen hat, oder wenn es sich um einen Viehmangel handelt, für den eine Vermutungsfrist (§ 925) besteht.

**Mangelschaden**

Nachteil, der in der Mangelhaftigkeit der Leistung selbst liegt. Statt sich wegen der Mangelhaftigkeit auf die → Gewährleistung zu berufen, kann der Übernehmer bei Verschulden des Übergebers → Schadenersatz statt Gewährleistung fordern (§ 933a).

**Maschinen(eigentum)**

Maschinen, die mit einer unbeweglichen Sache in Verbindung gebracht werden, gelten nur dann nicht als → Zubehör, wenn im Grundbuch angemerkt wird, dass sie nicht dem Liegenschaftseigentümer gehören (§ 297a). Durch diese Anmerkung kann der Verkäufer, der die Maschine unter → Eigentumsvorbehalt veräußert hat, verhindern, dass die Maschine zum Zubehör wird und damit vom Liegenschaftseigentümer Dritten eingeräumte Pfandrechte an der Liegenschaft auch die Maschine umfassen. Unterbleibt die Anmerkung, gilt die Maschine als Zubehör, auch wenn sie noch im (vorbehaltenen) Eigentum des Verkäufers steht.

**materielle Beitragspflicht der Legatare**
→ Legat, Kürzung.

**materielle Repräsentation**
→ Repräsentation.

**Maxime zweiseitiger Rechtfertigung**
Eine objektiv schlechte privatrechtliche Regelung führt stets zur sachwidrigen Benachteiligung eines Beteiligten. Aus dieser Erkenntnis hat *Franz Bydlinski* die Maxime zweiseitiger Rechtfertigung abgeleitet, die über die Verteilung von Vorteilen und Lasten entscheiden soll. Es muss immer gefragt werden, warum die Belastung einer Person gerade zur Begünstigung einer anderen führen soll und umgekehrt, warum eine Person einen Vorteil gerade auf Kosten einer anderen erlangen soll.

**Mehrfachverkauf**
Schließt der Verkäufer mehrere Kaufverträge über einen Kaufgegenstand ab, spricht man von einem Mehrfachverkauf (Doppelverkauf). Die Kaufverträge sind gültig. Für den Eigentumserwerb gilt prior tempore, potior iure: Bei beweglichen Sachen wird der Käufer, dem die Kaufsache zuerst übergeben wird, Eigentümer. Bei unbeweglichen Sachen wird Eigentümer, wer zuerst im Grundbuch eingetragen wird. Die Reihenfolge der Titelgeschäfte ist irrelevant. Da der Verkäufer nur einem Käufer erfüllen kann, entstehen Ansprüche der Erwerber, denen der Verkäufer die Sache nicht liefern kann (→ Nichterfüllung).

**Mehrfachvertretung**
→ Insichgeschäft.

**Mentalreservation**
Liegt vor, wenn der Erklärende bewusst etwas anderes erklärt, als er eigentlich will. Aus der → Vertrauenstheorie ergibt sich die Gültigkeit der Erklärung, wenn der Erklärungsempfänger berechtigt auf die ihm zugegangene Erklärung vertraut hat.

**Miete (§§ 1091 ff)**
Entgeltliche Überlassung einer unverbrauchbaren Sache zum Gebrauch (bei Fruchtziehung: → Pacht). Der Vermieter ist verpflichtet, die Bestandsache zu übergeben und zu erhalten (§ 1096; → Erhaltungspflicht). Der Mieter ist verpflichtet, den Zins zu zahlen und die Bestandsache sorgfältig und sachgemäß zu behandeln. Er ist → Rechtsbesitzer und genießt Besitzschutz. Bei Wohn- und Geschäftsraummiete sind die Bestimmungen des ABGB weitgehend durch zwingende Bestimmungen zum Schutz des Mieters verdrängt (→ Mietrechtsgesetz).

**Mietrechtsgesetz (MRG)**
Das MRG bezweckt den Schutz des Mieters einer Wohnung oder eines Geschäftsraums. Seine zwingenden Normen verdrängen die bestandrechtlichen Bestimmungen des ABGB (§§ 1090 ff). Der Mieterschutz wird verwirklicht durch Kündigungsbeschränkungen (§§ 30 ff), Mietzinsobergrenzen (§§ 16 ff, 26), → Vertragsübernahme bei Eigentümerwechsel (§ 2

Abs 1), gesetzliche → Eintrittsrechte auf Mieterseite (§§ 11–14) sowie durch Befristungsbeschränkungen (§ 29). Nicht immer wird das MRG zur Gänze angewendet. Nur § 14 und die §§ 29–36 (Bestandschutz), nicht aber die Zinsregelungen gelten (Teilanwendungsbereich), wenn sich der Mietgegenstand in einem Gebäude befindet, das ohne Zuhilfenahme öffentlicher Mittel mit nach 30. 6. 1953 erteilter Baubewilligung erbaut wurde (§ 1 Abs 4 MRG). Gleiches gilt für die Vermietung von Eigentumswohnungen (wenn die Baubewilligung nach 1945 erteilt wurde) und bestimmten Dachbodenausbauten. Das MRG kommt gar nicht zur Anwendung (§ 1 Abs 2 MRG) bei: Vermietung von Zweitwohnungen zu Erholungszwecken, höchstens auf ein halbes Jahr befristeten Vermietungen, Vermietung im Rahmen des Betriebs bestimmter Unternehmen (Beherbergungs-, Garagierungs-, Speditions- oder Flughafenbetriebsunternehmen), Dienstwohnungen, Vermietung im Rahmen von Studenten- oder Altersheimen und bei Vermietung in einem Gebäude mit nicht mehr als 2 selbständigen Wohnungen.

**Minderjähriger, mündiger**
Personen ab dem 14. Geburtstag bis zur Volljährigkeit. Sie genießen eine gegenüber den unmündigen Minderjährigen erweiterte → Geschäftsfähigkeit. Sie können sich auch zu Dienstleistungen verpflichten, über Einkommen aus eigenem Erwerb und über Sachen, die ihnen zur freien Verfügung überlassen worden sind, soweit verfügen, als dadurch die Befriedigung ihrer Lebensbedürfnisse nicht gefährdet wird (§§ 171, 170 Abs 2).

**Minderjähriger, unmündiger**
Personen ab dem 7. Geburtstag bis zur Vollendung des 14. Lebensjahres. Sie sind beschränkt geschäftsfähig und können ein bloß zu ihrem Vorteil gemachtes Versprechen annehmen (§ 865). Geschäfte des unmündigen Minderjährigen, die ihn verpflichten würden, sind schwebend unwirksam. Sie werden durch nachträgliche Genehmigung (→ Genehmigung, nachträgliche) des gesetzlichen Vertreters wirksam.

**Missbrauch der Vollmacht**
Von Missbrauch der Vollmacht spricht man, wenn ein Vertreter zwar im Rahmen seiner → Vollmacht bleibt, sich durch den Abschluss aber im Hinblick auf das Innenverhältnis zum Vertretenen pflichtwidrig verhält. Bei bloßer Pflichtwidrigkeit im Innenverhältnis gilt grundsätzlich, dass die Vertretungshandlung gültig ist, der Vertreter aber seinem Machtgeber ersatzpflichtig wird. Das pflichtwidrige Geschäft ist jedoch ausnahmsweise ungültig, wenn Vertreter und Dritter absichtlich zusammengewirkt haben, um den Vertretenen zu schädigen (Kollusion). Nach herrschender Auffassung ist die Vertretungshandlung bei rechtsgeschäftlicher Vollmacht aber unabhängig von der Schädigungsabsicht des Vertreters auch schon dann unwirksam, wenn der Dritte nicht schutzwürdig ist, zB weil er erkannt hat, dass der Vertreter seine internen Grenzen gegenüber dem Geschäftsherrn überschreitet.

**Miteigentum (§§ 825 ff)**
Steht das Eigentum an einer Sache kraft Gesetzes, durch letztwillige Verfügung oder durch Vertrag mehreren Personen zu, steht die Sache im Mitei-

gentum. Jeder Miteigentümer ist an der Sache quotenmäßig berechtigt, er hat Miteigentum nach „ideellen Anteilen". Nur über den eigenen Anteil kann der Miteigentümer allein verfügen (§ 829), über die gesamte Sache können die Miteigentümer nur gemeinsam verfügen (§ 828 Abs 1). Besondere Regeln enthält das Gesetz für → Verwaltung und → Gebrauch der gemeinschaftlichen Sache sowie für die Teilung des Miteigentums (→ Teilungsklage). Eine besondere Form des Miteigentums ist das → Wohnungseigentum nach dem WEG.

**Mittäterschaft**

Verursachen mehrere Täter vorsätzlich und gemeinschaftlich einen Schaden, kommt es zur Solidarhaftung aller Schädiger für den gesamten Schaden (→ Gesamtschuld). Ob bestimmte Schadensanteile bestimmten Tätern zurechenbar sind, spielt nur für den gegenseitigen Regress der Mittäter eine Rolle. Handeln mehrere Täter als Nebentäter zwar schuldhaft (fahrlässig oder vorsätzlich), aber nicht gemeinschaftlich, haftet jeder nur für den von ihm verursachten Anteil (→ Kausalität). Lassen sich die Schadensanteile nicht feststellen, ordnet das Gesetz Solidarhaftung an.

**mittelbarer Schaden**

→ Drittschaden.

**Mitverschulden (§ 1304)**

Hat der Geschädigte den Schaden „mitverschuldet", wird ihm der Schaden nicht voll, sondern nur anteilig nach der Schwere des Verschuldens des Schädigers und des Geschädigten ersetzt. Lassen sich die Anteile nicht bestimmen, kommt es zur Teilung 50:50. Das Mitverschulden ist kein Verschulden im technischen Sinn, weil der sorglose Umgang mit eigenen Gütern nicht verboten, sondern eine bloße → Obliegenheitsverletzung ist. Aus den Regeln über das Mitverschulden wird auch die → Schadensminderungspflicht abgeleitet. Nur ausnahmsweise ist das Konzept der → Kulpakompensation verwirklicht, nach der bei beidseitigem Verschulden der Schadenersatzanspruch ganz entfällt (§ 878). Auf der Ebene des Mitverschuldens wird dem Geschädigten auch das Verhalten seiner Gehilfen zugerechnet (vgl auch → Bewahrungsgehilfe).

**Mitverschuldensantrag**

Bei einer → Verschuldensscheidung muss das Scheidungsurteil einen Verschuldensausspruch enthalten. Der Beklagte kann einen Mitverschuldensantrag stellen. Damit macht er zur Verteidigung für den Fall, dass das Gericht die Vorwürfe des Klägers stichhaltig findet, eigene Vorwürfe geltend (§ 60 Abs 3 EheG). Liegt kein Verschulden des Beklagten vor, hat der Richter die Klage abzuweisen (vgl aber → Widerklage). Sieht das Gericht ein Verschulden des Beklagten, wird durch den Mitverschuldensantrag vermieden, dass es zum Ausspruch des Alleinverschuldens des Beklagten kommt, wenn auch der Kläger Eheverfehlungen gesetzt hat. Das Gericht kann dann die wechselseitigen Vorwürfe abwägen.

**Mitwirkung im Erwerb (§ 90 Abs 2)**

Der Ehegatte muss soweit zumutbar im Erwerb des anderen mitwirken. Die Mitwirkung ist Teil der ehelichen Beistandspflicht. Der Mitwirkende hat einen Abgeltungsanspruch (§§ 98 ff), der eher eine Erfolgsbeteiligung als eine „Entlohnung" ist. Die Verjährungsfrist für Ansprüche nach § 98 beträgt 6 Jahre ab dem jeweiligen Leistungsmonat (§ 1486a).

**Modus**

→ Übergabe; → Verfügungsgeschäft.

**Montageanleitung**

Montiert der Übernehmer bei Selbstbauprodukten die in Einzelteilen gelieferte Ware selbst und beschädigt sie dabei auf Grund einer fehlerhaften Montageanleitung, liegt ein → Mangel vor. Der Gesetzgeber hat diesen Gedanken für das Verbrauchergeschäft eigens in § 9a KSchG positiviert.

**Motivirrtum (§ 901)**

Betrifft Umstände, die außerhalb des Geschäftsinhaltes liegen. Auch ein → Irrtum über Zukünftiges ist meist als Motivirrtum zu qualifizieren. Bei entgeltlichen Geschäften berechtigt der Motivirrtum nicht zur Anfechtung des Vertrages. Der Motivirrtum ist hingegen beachtlich bei Schenkungen, bei letztwilligen Verfügungen, wenn das Motiv zur → Bedingung gemacht wurde und bei arglistiger Verursachung eines Motivirrtums.

**mündelsichere Anlagen**

Gewisse besonders sichere Anlageformen bezeichnet das Gesetz als mündelsicher (§§ 215 ff). Mündelsicherheit der Anlage ist für die Investition von Geld eines Minderjährigen (= Mündelgeld) durch seine gesetzlichen Vertreter verpflichtend vorgeschrieben.

**mündiger Minderjähriger**

→ Minderjähriger, mündiger.

# N Nachbarrecht – nützliche GoA



**Nachbarrecht** Das Nachbarrecht (§§ 364–364b) regelt die Beziehungen der Eigentümer verschiedener Liegenschaften zueinander. Darunter werden auch Eigentümer von Liegenschaftsteilen (Miteigentümer, Wohnungseigentümer) oder sonstige Nutzungsberechtigte (zB Mieter, Servitutsberechtigter) verstanden. Zentrales Regelungsproblem sind → Immissionen, also Einwirkungen auf ein Grundstück, die von einem anderen Grundstück ausgehen.

**Nachbürge** Der Nachbürge bürgt dem Gläubiger für einen Bürgen. Der Gläubiger kann also nicht sofort auf den Nachbürgen greifen. Dieser muss erst leisten, wenn der Bürge nicht zahlt. Vgl auch → Bürgschaft.

**Nacherbe** → Nacherbschaft.

**Nacherbfolge, konstruktive** Ordnet der Erblasser zwar keine → Nacherbschaft an, setzt er aber Erben bedingt oder betagt ein, verbietet der Erblasser dem Erben, über den Nachlass zu testieren (→ Testierverbot), oder gebietet er ihm, in bestimmter Weise zu testieren (→ Testiergebot), werden diese Verfügungen in eine Nacherbschaft umgedeutet (§§ 707, 708, 610).

**Nacherbschaft (§§ 608 ff)** Der Erblasser bestimmt einen Vorerben und einen Nacherben. Der Vorerbe soll den Nachlass zuerst bekommen und ihn bei Eintritt des Nacherbfalles (Substitutionsfall) dem Nacherben herausgeben. Bis dahin hat er die Stellung eines Fruchtnießers (→ Fruchtgenussrecht). Der Erblasser kann beliebig viele Zeitgenossen als Nacherben bestimmen (zuerst A, dann B, dann C, dann D usw). Zur Vermeidung überlanger Vermögensbindungen ist die Zahl der Nacherben bei beweglichen Sachen aber auf zwei, bei unbeweglichen auf einen beschränkt, wenn der Nacherbe kein Zeitgenosse ist (§ 612).

**Nachfrist** → Schuldnerverzug.

**nachgeschalteter Eigentumsvorbehalt** → Eigentumsvorbehalt, nachgeschalteter.

**Nachlass** Der Inbegriff der Rechte und Verbindlichkeiten eines Verstorbenen (§ 531), sofern sie einen Wert haben und vererblich sind. Nicht vererblich sind höchstpersönliche Rechte und Pflichten. Dazu gehören die meisten öffentlich-rechtlichen Rechte und Pflichten (zB Wahlrecht, Gewerbeberechtigung, Führerschein). Nicht vererblich sind aber auch privatrechtliche Persönlichkeits- und Familienrechte (Unterhalt; vererblich ist aber die Unterhaltspflicht gegenüber den Kindern und dem Ehegatten, §§ 233, 796) sowie Berechtigungen aus Veräußerungs- und Belastungsverboten (§ 364c),

Wiederkaufs- und Vorkaufsrechten (§§ 1070 f, 1074) und aus persönlichen Dienstbarkeiten (§ 529). Vererblich sind privatrechtliche Forderungen (auf Lieferung; Zahlung; Schadenersatz; Schmerzengeldansprüche) und Verbindlichkeiten, dingliche Rechte, Ansprüche aus Versicherungsverträgen, zahlreiche Gesellschafterrechte; aus dem öffentlichen Recht vor allem Steuerschulden (§ 19 BAO).

**Nachlass, reiner**

Der reine → Nachlass ist für die Berechnung der Pflichtteile maßgebend. Zu seiner Ermittlung werden die Nachlassaktiva um die Passiva vermindert. Es sind also Erblasserschulden (zB Schadenersatzschulden; offene Steuerschulden) und Erbgangsschulden (Kosten des Verlassenschaftsverfahrens) abzuziehen (§ 784), nicht jedoch Vermächtnisse und andere aus dem letzten Willen entspringende Lasten.

**Nachlassseparation (§ 812)**

Trennung des Nachlassvermögens vom sonstigen Vermögen des Erben zum Schutz der Gläubiger. Der Erbe soll nicht durch schlechte wirtschaftliche Gebarung den Haftungsfonds verringern. Die Nachlassseparation erfolgt auf Antrag eines Gläubigers, Voraussetzung der Zulässigkeit ist das Vorbringen konkreter Umstände, die eine Besorgnis rechtfertigen, dass der Nachlass geschmälert wird. Separation findet durch Errichtung eines → Inventars und gerichtliche oder sonstige Verwahrung des Vermögens statt. Das Separationsgut steht nur den Separationsgläubigern zur Befriedigung offen. Ihnen gegenüber haftet der Erbe unabhängig von seiner → Erbantrittserklärung nur mit dem Separationsgut (Haftung cum viribus hereditatis).

**Nachlassspaltung**

Das österreichische → Internationale Zivilverfahrensrecht akzeptiert eine „Nachlassspaltung". § 106 Jurisdiktionsnorm macht es nämlich möglich, dass österreichische Gerichte nur im Hinblick auf einen Teil der Verlassenschaft zuständig sind. Der verbleibende Teil wird vor ausländischen Gerichten abgehandelt. Eines der Anliegen der ab August 2015 anwendbaren → EU-Erbrechts-VO ist die Vermeidung von Nachlassspaltungen. Der gesamte Nachlass ist dann stets nur von einem Gericht abzuwickeln.

**nächste Angehörige**

Leidet man unter einer psychischen Krankheit oder geistigen Behinderung und ist daher nicht in der Lage, alle oder einige seiner Angelegenheiten ohne Gefahr eines Nachteils für sich zu besorgen (§ 268 Abs 1), bedarf es eines Vertreters. Das Gesetz normiert in §§ 284b–e eine Vertretungsbefugnis der nächsten Angehörigen (primär Eltern, Kinder, Ehegatte/Lebensgefährte; § 284c). Sie können Rechtsgeschäfte des täglichen Lebens und solche, die den Pflegebedarf decken, abschließen. Die vertretene Person kann aber ungeachtet ihrer Geschäftsunfähigkeit die Vertretungsbefugnis ex nunc zum Erlöschen bringen (§ 284d Abs 2). Wird mit der Vertretung durch nahe Angehörige das Auslangen gefunden, besteht kein Grund zur Bestellung eines Sachwalters (§ 268 Abs 2). Durch (deklarative) Eintragung in das Österreichische Zentrale Vertretungsverzeichnis (§ 284e) kann der Vertreter sich eine Bestätigung seiner Vertretungsmacht ausstellen lassen, die er Dritten vorweisen kann. Die Vertretungsbefugnis nächster Angehöriger besteht nicht, wenn es eine gültige → Vorsorgevollmacht gibt.

**nachträgliche Genehmigung** → Genehmigung, nachträgliche.

**nachträgliche Lücke** → Rechtslücke.

**nachträgliche Unmöglichkeit** → Unmöglichkeit, nachträgliche.

**Nachtragserbteilung** Im bäuerlichen Anerbenrecht (§ 18 AnerbenG) besteht Schutz vor Missbrauch der erbrechtlichen Begünstigung des → Anerben. Überträgt der Anerbe binnen 10-jähriger Frist nach dem Tod des Erblassers den Erbhof, hat er jenen Betrag herauszugeben, um den der bei Verkauf des Hofes erzielbare Erlös den Wert des seinerzeitigen Übernahmspreises übersteigt. Dieser Mehrbetrag ist an die Erben zu verteilen.

**nachvertragliche Pflichten** So wie es Pflichten vor Vertragsabschluss gibt (→ culpa in contrahendo), kann es auch nach Beendigung des Vertrages Schutz- und Sorgfaltspflichten geben, deren Verletzung zu einer → Vertragshaftung führt.

**Namensrecht (§ 43)** Das Namensrecht ist ein → Persönlichkeitsrecht. Dem Namensträger wird vor allem Schutz gegen den Missbrauch seines Namens oder seiner Firma gewährt.

**nasciturus** Ein bereits gezeugtes, aber noch nicht geborenes Kind. Der nasciturus verfügt über eine bedingte und beschränkte → Rechtsfähigkeit: Das Kind kann – unter der Voraussetzung, dass es lebend geboren wird – bereits Rechtsträger werden, soweit dies zu seinem Vorteil ist (vgl § 22).

**Naturalbesitz** → Sach- und → Rechtsbesitz werden zusammen als Naturalbesitz bezeichnet.

**Naturalfrüchte** → Früchte.

**Naturalobligation** „Schuld ohne Haftung". Der Schuldner einer Naturalobligation schuldet zwar, es besteht aber nicht die Möglichkeit zwangsweiser Durchsetzung. Erbringt der Schuldner die Leistung freiwillig, ist die Zahlung allerdings wirksam. Das Geleistete kann nicht mit der Begründung zurückverlangt werden, der Gläubiger habe keinen Anspruch (§ 1432). Naturalobligationen sind insbesondere verjährte und aufgrund der Verletzung von → Formvorschriften ungültige Schulden.

**Naturalrestitution (§ 1323)** Im Schadenersatzrecht gilt der Grundsatz der Wiederherstellung des Zustands, wie er ohne das schädigende Verhalten bestünde, weil so der Ersatz am vollkommensten geleistet wird. Der Geschädigte soll genauso gestellt werden, wie er vor der Schädigung stand. Geldersatz gebührt nur, wenn die Naturalrestitution nicht möglich oder nicht tunlich ist (zB beim „Totalschaden"). Im praktisch häufigsten Fall, dass Wiederherstellung an sich möglich, aber nicht vom Schädiger persönlich durchführbar ist, sind die Kosten der Naturalrestitution zu ersetzen („Aufwendungen zur Schadensbeseitigung").

**natürliche Person** Menschen von der Geburt (→ nasciturus) bis zu ihrem → Tod. → Rechtsfähigkeit; → Handlungsfähigkeit.

**natürlicher Konsens** → Willenserklärung.

**Nebenleistungspflicht** Vertragliche Pflicht, die nicht → Hauptleistungspflicht ist. Sie kann besonders vereinbart sein, sich aus der ergänzenden Vertragsauslegung oder direkt aus dem Gesetz ergeben. Bsp: Verpflichtung zur Montage der gelieferten Ware. Man unterscheidet selbständige (äquivalente) und unselbständige Nebenleistungspflichten. Für die Abgrenzung kommt es darauf an, ob die Nebenleistungspflicht Inhalt des Austauschverhältnisses ist, sodass auf sie ein Teil des Entgelts entfällt. Ein Verzug mit äquivalenten Pflichten berechtigt den Gläubiger zum Teilrücktritt. Kann die Hauptleistung ohne die Nebenleistung nicht verwendet werden, ist ein Gesamtrücktritt möglich. Bei unselbständigen Nebenleistungspflichten, also solchen ohne eigenen Verkehrswert, kommt ein Teilrücktritt nicht in Betracht, da ohne ermittelbaren Entgeltanteil eine Rückabwicklung sinnlos wäre. Es können Schadenersatzansprüche zustehen (zB Verspätungsschaden). Ist die Nebenpflicht so wichtig, dass deren Nichterfüllung den Vertragszweck vereitelt, steht ein Gesamtrücktritt zu. Vgl auch → Teilverzug.

**Nebenpflichten** → Nebenleistungspflicht.

**Nebentäter** Mehrere Schädiger, die nicht gemeinschaftlich zusammengewirkt haben (sonst: → Mittäterschaft). Jeder Nebentäter haftet nur für den von ihm verursachten Schaden. Lassen sich allerdings die Schadensanteile nicht feststellen, kommt es zur Solidarhaftung (→ Gesamtschuld).

**negative Immission** → Immission.

**neutrale Sphäre** → Sphärentheorie.

**Nichtehe** Eine Nichtehe liegt vor, wenn bei der Eheschließung kein Standesbeamter mitgewirkt hat, bei Geschlechtsgleichheit der Partner sowie wenn der Konsens fehlt. In allen anderen Fällen sind mangelhafte Ehen keine Nichtakte, sondern nur rückwirkend vernichtbar (Blutsverwandtschaft oder völlige Geschäftsunfähigkeit) oder aufhebbar (Irrtum, Täuschung, Drohung).

**Nichteintritt maßgeblicher Umstände (§ 3a KSchG)** Hat der Unternehmer bei den Vertragsverhandlungen mit dem Verbraucher gewisse maßgebliche Umstände als wahrscheinlich dargestellt und treten diese „nicht oder nur in erheblich geringerem Ausmaß" (§ 3a Abs 1 KSchG) ein, kann der Verbraucher vom Vertrag oder dem Angebot zurücktreten. Nach § 3a Abs 2 KSchG sind maßgebliche Umstände im Sinne des Abs 1 die Erwartung der Mitwirkung oder Zustimmung eines Dritten, die erforderlich ist, damit die Leistung des Unternehmers erbracht oder vom Verbraucher verwendet werden kann (Z 1), die Aussicht auf steuerliche Vorteile (Z 2), eine öffentliche Förderung (Z 3) oder einen Kredit (Z 4). Das Rücktrittsrecht entfällt, wenn der Verbraucher den Entfall der Umstände selbst veranlasst hat.

**Nichterfüllung** Wird die geschuldete Leistung überhaupt nicht erbracht, spricht man von Nichterfüllung. Sie ist eine → Leistungsstörung. Ist die Erfüllung endgültig nicht mehr möglich, liegt nachträgliche → Unmöglichkeit vor, sonst → Schuldnerverzug. Wurde die Leistung hingegen erbracht, kommen nur mehr Behelfe wegen → Gewährleistung in Betracht.

**Nichtigkeit** Nichtigkeit bedeutet Unwirksamkeit eines Rechtsgeschäftes. Man unterscheidet absolute und relative Nichtigkeit (→ Nichtigkeit, absolute; → Nichtigkeit, relative).

**Nichtigkeit, absolute** Bei absoluter Nichtigkeit eines Rechtsgeschäftes werden die rechtsgeschäftlichen Erklärungen der Geschäftspartner vertragsrechtlich so behandelt, als hätte es sie nie gegeben. Auf eine derartige, von Amts wegen wahrzunehmende Unwirksamkeit kann sich jeder berufen. Absolut nichtig sind Rechtsgeschäfte besonders dann, wenn öffentliche Interessen gegen die Gültigkeit sprechen. ZB Verträge mit absolut Geschäftsunfähigen oder Verträge, deren Durchführung strafgesetzwidrig wäre.

**Nichtigkeit, relative** Ein Vertrag ist relativ nichtig, wenn die Unwirksamkeit nur dem Schutz einer der beiden Vertragsparteien dienen soll. Die schutzwürdige Partei kann sich dann auf die Unwirksamkeit der Vereinbarung berufen (sie geltend machen, daher „geltend zu machende" Nichtigkeit). Erst wenn sich der Geschützte auf die Nichtigkeit beruft, ist das Geschäft ungültig. Die Geltendmachung der relativen Nichtigkeit steht daher einer → Anfechtung nahe. ZB Wucher; die gröbliche Benachteiligung gemäß § 879 Abs 3; Gesetzwidrigkeit gemäß § 6 KSchG. Die Ungültigkeit kann 30 Jahre geltend gemacht werden (§ 1478).

**Niederlassungsfreiheit** → Gründungstheorie.

**normativer Konsens** → Willenserklärung.

**Normativsystem** → Person, juristische.

**Notariatsakt** → Formvorschriften.

**Noterben (Pflichtteilsberechtigte)** Pflichtteilsberechtigt sind die Nachkommen, „in deren Ermangelung" die Vorfahren des Erblassers sowie (sowohl neben Nachkommen als auch neben Vorfahren) sein Ehegatte (§ 762; bzw eingetragener Partner: § 537a). Abstrakt pflichtteilsberechtigt sind also Kinder und Kindeskinder des Erblassers, Eltern, Großeltern und Urgroßeltern des Erblassers sowie sein Ehegatte (eingetragener Partner). Seitenverwandte (Geschwister, Onkel, Tanten, Cousins) haben kein Pflichtteilsrecht. Im Erbfall werden nur diejenigen aus dem Kreis der abstrakt Berechtigten Noterben, die gesetzliche Erben geworden wären, hätte der Erblasser nicht testiert (konkrete Pflichtteilsberechtigung). Sie sind im → Verlassenschaftsverfahren Beteiligte. Sie können der Schätzung des → Nachlasses beiwohnen (§ 784), die Errichtung eines → Inventars verlangen (§ 804) sowie → Nachlassseparation begehren (§ 812).

**Notstand (§ 1306a, § 10 StGB)** Eingriff in fremde Rechtsgüter zur Abwehr einer Gefahr. Der Unterschied zur → Notwehr liegt darin, dass Notwehr einen rechtswidrigen Angriff voraussetzt, Notstand nicht. Die Notstandshandlung kann sich auch gegen andere Personen als jene richten, aus deren Sphäre die Gefahr droht. Die Notstandshandlung ist dann nicht rechtswidrig, wenn die Interessen des im Notstand Befindlichen jene des Geschädigten überwiegen. Ist das nicht der Fall, kann der Notstand nur das Verschulden ausschließen. Der Geschädigte erhält Ersatz nach Billigkeit (→ Eingriffshaftung).

**Nottestament (§ 597)** Das Gesetz sorgt mit der Möglichkeit eines Nottestaments für Fälle vor, in denen der Erblasser keine reguläre → letztwillige Verfügung errichten kann, weil unmittelbar die Gefahr droht, dass er stirbt oder seine Testierfähigkeit verliert (§ 597). Dazu reicht der nachvollziehbare, objektive begründete Eindruck einer Notsituation. Der Erblasser kann dann mündlich oder fremdhändig schriftlich unter Beiziehung zweier fähiger Zeugen testieren. Das Nottestament verliert allerdings drei Monate nach Wegfall der Gefahr seine Gültigkeit. Die praktische Bedeutung des Nottestaments hält sich in Grenzen, weil ja zumindest ein eigenhändiges Testament (→ Testament, eigenhändiges) oft auch in Notsituationen möglich sein wird.

**Notwehr (§ 19, § 3 StGB)** Die notwendige Verteidigung, um einen gegenwärtigen oder unmittelbar drohenden rechtswidrigen Angriff auf Leben, Gesundheit, körperliche Unversehrtheit, Freiheit oder Vermögen von sich oder einem anderen abzuwehren. Notwehr ist ein → Rechtfertigungsgrund.

**notwendige Zession** → Zession, notwendige.

**Novation (§§ 1376 ff)** Die Vereinbarung, den Gegenstand der Forderung oder ihren Rechtsgrund zu ändern, wird Novation genannt (§ 1376). Durch eine solche Vereinbarung erlischt die ursprüngliche Verbindlichkeit, eine neue entsteht. Zum

Unterschied von der → Leistung an Zahlungs statt wird die neue Verbindlichkeit aber noch nicht sofort erfüllt. Da die alte Verbindlichkeit erlischt, erlöschen auch Bürgschaften und Pfandrechte (§ 1378). Wird die Vereinbarung aufgelöst (zB Anfechtung der Novation), lebt die frühere Verbindlichkeit wieder auf.



**nuncupatio (§ 579)** Erklärung des Erblassers beim fremdhändigen Testament (→ Testament, fremdhändiges), dass der schriftliche Aufsatz seinen letzten Willen enthält.

**nützliche GoA** → Geschäftsführung ohne Auftrag, nützliche.

# O objektiver Erklärungswert – originärer Erwerb

**objektiver Erklärungswert**

→ Vertrauenstheorie.

**Obliegenheit(sverletzung)**

Rechtspflicht minderer Art. Anders als „wirkliche" Pflichten sind Obliegenheiten nicht einklagbar, ihre Missachtung führt „nur" zum Verlust eines Rechts. Da die Obliegenheitsverletzung nicht rechtswidrig ist, entstehen bei ihrer Verletzung auch keine Schadenersatzansprüche. In der juristischen Praxis wird oft von Pflichten gesprochen, obwohl Obliegenheiten gemeint sind. ZB → Schadensminderungspflicht (§ 1304); Rügepflicht (§ 377 UGB; → Mängelrüge).

**Obsorge (§§ 158 ff)**

Zur Obsorge über ein Kind gehören seine → Pflege und → Erziehung, die → Vermögensverwaltung und die Vertretung (§ 158 Abs 1). Anders als die Unterhaltspflicht endet die Obsorge mit der Volljährigkeit des Kindes. Nach dem gesetzlichen Konzept sind miteinander verheiratete Eltern gemeinsam obsorgeberechtigt (§ 177 Abs 1), während bei Unverheirateten der Mutter die alleinige Obsorge zusteht (§ 177 Abs 2). Von diesen Grundsätzen können die Eltern einvernehmlich durch → Obsorgevereinbarung abgehen. Lassen sich die Eltern scheiden oder lösen sie ihre häusliche Gemeinschaft auf, bleibt eine gemeinsame Obsorge prinzipiell zwar aufrecht, davon kann aber wiederum einvernehmlich abgewichen werden (§ 179 Abs 1). In jedem Fall muss bei gemeinsamer Obsorge und getrennter Wohnung der Eltern eine Vereinbarung über den hauptsächlichen Aufenthalt des Kindes getroffen werden (§§ 177 Abs 4, 179 Abs 2). Besteht Uneinigkeit zwischen den Eltern über die Obsorge, entscheidet auf Antrag das Gericht, wem die Obsorge zustehen soll. Gefährden die Eltern das Wohl des Kindes, so hat ebenfalls das Gericht (sogar amtswegig) einzugreifen (§ 181). Hat ein Elternteil nicht die Obsorge, steht ihm nicht nur das → Kontaktrecht zu, sondern er ist auch berechtigt, von wichtigen das Kind betreffenden Angelegenheiten rechtzeitig verständigt zu werden und sich dazu zu äußern (§ 189).

**Obsorge, gemeinsame (§§ 177, 179)**

Gemeinsame Obsorge liegt vor, wenn beide Eltern zusammen mit der → Obsorge über ihr gemeinsames Kind betraut sind. Bei miteinander verheirateten Eltern ist das der gesetzliche Regelfall (§ 177 Abs 1). Allerdings kann auch bei unverheirateten Eltern entgegen der gesetzlichen Regel, die die Alleinobsorge der Mutter vorsieht, gemeinsame Obsorge vereinbart werden (§ 177 Abs 2; vgl → Obsorgevereinbarung). Auch nach Scheidung oder Auflösung der häuslichen Gemeinschaft bleibt eine gemeinsame Obsorge der Eltern grundsätzlich aufrecht (§ 179 Abs 1). Bei gemeinsamer Obsorge und getrennter Wohnung der Eltern haben diese eine Vereinbarung über den hauptsächlichen Aufenthaltsort des Kindes zu treffen

(§§ 177 Abs 4, 179 Abs 2). Mangels Einigung entscheidet das Gericht über die (gemeinsame oder alleinige) Obsorge.

**Obsorgevereinbarung** Von der gesetzlichen Zuweisung der → Obsorge können die Eltern einvernehmlich abgehen. Solche Obsorgevereinbarungen müssen grundsätzlich vor Gericht getroffen werden (§§ 177 Abs 3, 179 Abs 1). Anderes gilt nur für den praktisch häufigen Fall der Vereinbarung gemeinsamer Obsorge unverheirateter Eltern, die am Standesamt erfolgen kann (§ 177 Abs 2). Bei gemeinsamer Obsorge und getrennter Wohnung der Eltern haben diese außerdem eine Vereinbarung über den hauptsächlichen Aufenthaltsort des Kindes zu treffen (§§ 177 Abs 4, 179 Abs 2). Scheitert eine Obsorgevereinbarung, entscheidet auf Antrag das Gericht. Eine einvernehmliche Regelung der Kindesobsorge ist, sofern es gemeinsame Kinder gibt, auch zwingender Bestandteil eines → Scheidungsvergleichs (vgl auch → einvernehmliche Scheidung).

**offenkundiger Mangel** → Mangel, offenkundiger.

**Offenkundigkeit** → Publizität.

**Offenlegung** → Handeln im eigenen/fremden Namen.

**Offenlegungsgrundsatz** → Handeln im eigenen/fremden Namen.

**öffentliche Sache** → Sache, öffentliche.

**Öffentliches Recht** → Recht, öffentliches.

**öffentliches Testament** → Testamentsform.

**Öffentlichkeitsgrundsatz (§ 7 GBG)** Jeder hat das Recht, das → Grundbuch einzusehen und so Auskunft über die Rechtsverhältnisse an Liegenschaften zu erhalten. Einsicht kann bei jedem Grundbuchsgericht genommen werden, außerdem (kostenpflichtig) bei Notaren und Rechtsanwälten.

**Okkupation** → Sache, herrenlose; → Zueignung.

**Operatingleasing** → Leasingvertrag.

**Opting-in (§ 82 Abs 2 EheG)** Die Ehegatten können durch notariatsaktspflichtige Vorausvereinbarung (§ 97 Abs 1 EheG) von den Regeln über die Einbeziehung der → Ehewohnung in die Aufteilungsmasse bei Scheidung abweichen: Sie können die Einbeziehung einer an sich nicht in die Aufteilungsmasse fallenden Ehewohnung vereinbaren. Die Opting-in-Vereinbarung unterliegt aber einer besonderen richterlichen Kontrolle.

**Opting-out (§ 87 Abs 1 EheG)**

Die Ehegatten können durch notariatsaktspflichtige Vorausvereinbarung (§ 97 Abs 1 EheG) von den Regeln über die Einbeziehung der → Ehewohnung in die Aufteilungsmasse bei Scheidung abweichen: Sie können vereinbaren, dass bei einer an sich in die Aufteilungsmasse fallenden Ehewohnung die Befugnisse des Richters auf die Einräumung von Nutzungsrechten beschränkt wird (opt-out; vgl § 97 Abs 3 EheG).

**ordre public**

→ Vorbehaltsklausel.

**Organ**

→ Person, juristische; → Repräsentantenhaftung.

**Organhaftpflichtgesetz (OrgHG)**

Das Organhaftpflichtgesetz regelt die Ersatzpflicht für Schäden, die Organe in Vollziehung der Gesetze (also bei hoheitlicher Tätigkeit) ihrem Rechtsträger zufügen (zu nicht hoheitlichen Tätigkeiten: → Dienstnehmerhaftpflichtgesetz). Das Organ haftet nicht bei → entschuldbarer Fehlleistung, bei leichter oder grober Fahrlässigkeit kann das Gericht den Ersatzanspruch mindern, bei leichter Fahrlässigkeit auch ganz erlassen.

**organschaftliche Vertretung**

→ Vertretung, organschaftliche.

**originärer Erwerb**

→ Eigentumserwerb, originärer.

# P Pacht – Putativzession

**Pacht**

Entgeltliche Überlassung einer unverbrauchbaren Sache zu Gebrauch und Fruchtziehung (vgl → Bestandvertrag), wobei es sich dabei gleichermaßen um natürliche und zivile Früchte handeln kann. Auf den Pachtvertrag sind die §§ 1090 ff anwendbar, der Pächter genießt aber nicht den Schutz des → Mietrechtsgesetzes. Aus diesem Grund ist die Abgrenzung zwischen Geschäftsraummiete (Inbestandgabe zum Gebrauch) und Unternehmenspacht (Inbestandgabe auch zur Fruchtziehung) praktisch besonders relevant.

**pacta sunt servanda**

„Verträge sind einzuhalten." Das Prinzip der Vertragstreue liegt dem Rechtsgeschäftsrecht des ABGB zugrunde. Ein gültig zustande gekommener und nicht aufgelöster Vertrag muss auch dann erfüllt werden, wenn der Vertrag später nicht mehr dem Willen des Verpflichteten entspricht. Der Vertragspartner kann sich nur bei → Wurzelmängeln und → Leistungsstörungen vom Vertrag lösen. In jüngerer Zeit durchbricht der Gesetzgeber das Prinzip der Vertragstreue durch Gewährung von → Rücktrittsrechten des Verbrauchers, die dem Konsumenten das Recht geben, sich ohne Angabe von Gründen von einer bindenden Erklärung zu lösen.

**Pandektensystem**

Die heute übliche Fünfteilung des Zivilrechts (Allgemeiner Teil, Schuldrecht, Sachenrecht, Erbrecht, Familienrecht) bezeichnet man als Pandektensystem. Dieses System der Gliederung des Bürgerlichen Rechts wurde im 19. Jahrhundert insbesondere von *Heise,* einem Rechtsgelehrten, entwickelt. Benannt wurde es nach den „Pandekten", dem griechischen Ausdruck für die „Digesten", dem wichtigsten Teil des Corpus Iuris Civilis. Dem → ABGB liegt noch das ältere → Institutionensystem zugrunde.

**Parentelensystem**

Kategorisierung der nach dem gesetzlichen Erbrecht (→ Familienerbfolge) erbberechtigten Verwandten des Erblassers. Die Verwandten werden in vier Parentelen (Linien) eingeteilt. Eine Parentel besteht aus allen Personen, die dieselben Stammeltern oder denselben Stammelternteil haben. Zur ersten Parentel gehören die → Deszendenten (Nachkommen des Erblassers, also seine Kinder und Kindeskinder wie Enkel, Urenkel usw). Zur zweiten Parentel gehören die Eltern des Erblassers und deren Nachkommen (Geschwister des Erblassers und deren Nachkommen). Zur dritten Parentel gehören die Großeltern des Erblassers und deren Nachkommen. Zur vierten Parentel gehören die Urgroßeltern des Erblassers, nicht aber deren Nachkommen (vgl → Erbrechtsgrenze). Die Parentelen kommen nacheinander zum Zug, sodass die zweite Parentel nur erben kann, wenn aus der ersten niemand zur Erbschaft gelangt usw.

**Passivvertretung**

Direkte → Stellvertretung beim Empfang einer Willenserklärung.

**Patchwork-Familie**

Lebt ein Kind in einem Haushalt mit dem neuen Partner eines Elternteils (Stiefvater, Stiefmutter), bezeichnet man das als „Patchwork-Familie". Prinzipiell steht ein Stiefelternteil (→ Stiefelternschaft) in keiner Sonderbeziehung zum Kind seines Partners. Von diesem Grundkonzept weicht der Gesetzgeber allerdings mit zwei Regelungen ab. Die erste gilt nur, wenn der Stiefelternteil mit dem leiblichen Elternteil verheiratet ist (eheliches Patchworking), die zweite gilt unabhängig von einer → Ehe (auch „außereheliches Patchworking"). Nach § 90 Abs 3 sind Ehegatten einerseits zum Beistand bei der Obsorge über die Kinder des anderen Ehegatten verpflichtet (→ Beistandspflicht) und andererseits vertreten sie ihren Ehegatten in alltäglichen Obsorgeangelegenheiten. Das (auch) außereheliche Patchworking ist in § 139 Abs 2 geregelt. Darin ist einerseits die Pflicht einer mit einem Elternteil und dessen minderjährigem Kind im gemeinsamen Haushalt lebenden volljährigen Person, die in einem familiären Verhältnis zum Elternteil steht (zB Stiefelternteil, aber auch Großeltern, Geschwister etc), verankert, das → Kindeswohl zu schützen. Darüber hinaus ist gleich dem ehelichen Patchworking eine Vertretungsmacht für alltägliche Obsorgeangelegenheiten vorgesehen.

**Patientenverfügung**

In einer Patientenverfügung trifft eine Person eine Entscheidung über die medizinische (Nicht-)Behandlung für den Fall, dass sie solche Entscheidungen im Krisenfall nicht mehr selbst treffen kann. Da es um existenzielle Fragen geht (Untersagung künstlicher Beatmung oder Ernährung, Verbot von Wiederbelebungsmaßnahmen), sind die Anforderungen an das Zustandekommen einer Patientenverfügung besonders hoch (§§ 4–7 PatVG: qualifizierte Schriftform, ärztliche Aufklärung, fünfjähriges Ablaufdatum). Liegen die Voraussetzungen nicht vor, ist die Patientenverfügung nicht verbindlich, sondern nur „beachtlich". Sie muss dann nicht respektiert werden, soll aber bei der Entscheidung mitberücksichtigt werden (§ 8 PatVG).

**Pausch und Bogen**

→ Kauf in Pausch und Bogen.

**Pauschale**

Der Werklohn ist beim „Pauschale" unabhängig vom konkreten (Material-) Aufwand zu ermitteln (dadurch unterscheidet sich das Pauschale vom → Kostenvoranschlag). Der Werkunternehmer trägt die Gefahr, wenn der Aufwand höher ist als von ihm kalkuliert, er hat aber auch den Vorteil, wenn der Aufwand hinter seiner Kalkulation zurückbleibt.

**Pauschalreise**

→ Reiseveranstaltungsvertrag.

**Perklusionsrecht**

→ Bestandgeberpfandrecht.

**Person, juristische**

Jedes vom Menschen verschiedene Gebilde, dem die Rechtsordnung → Rechtsfähigkeit zuerkennt. Man unterscheidet Personenvereinigungen (zB GmbH, AG, Verein) von Vermögensmassen (zB Stiftung) und juristische Personen des öffentlichen Rechts (Gebietskörperschaften, Sozialversicherungsträger, gesetzliche Interessenvertretungen) von juristischen Personen des Privatrechts. (1) Rechte und Pflichten: Juristische Personen haben die gleichen Rechte und Pflichten wie Menschen (Gleichstellungsprinzip, § 26). Sie sind nur von den Rechten ausgeschlossen, die notwendig einen Menschen als Rechtsträger voraussetzen (Familienrechte, manche Persönlichkeitsrechte). Der Gesetzgeber kann aber juristische Personen mit bloß beschränkter Rechtsfähigkeit schaffen (zB → Eigentümergemeinschaft). Juristische Personen stehen nur mit ihrem eigenen Vermögen für ihre Verbindlichkeiten ein. Das Vermögen der juristischen Person ist daher von dem ihrer Mitglieder getrennt, Mitglieder haften in der Regel nicht für Verbindlichkeiten der juristischen Person (→ Trennungsprinzip). Juristische Personen sind zwar rechts-, jedoch nicht handlungsfähig; sie bedürfen natürlicher Personen, die Rechtswirkungen für sie erzeugen (Organe). (2) Entstehung: Die Entstehung juristischer Personen des Privatrechts ist vom Willen der Gründer abhängig, neben der Einhaltung der inhaltlichen Grenzen gibt es formelle Voraussetzungen: Beim Normativsystem (zB AG, GmbH) legt der Gesetzgeber Entstehungsvoraussetzungen fest. Die Behörde prüft, ob diese Anforderungen eingehalten wurden, bejahendenfalls die Registrierung nicht mehr verweigert werden kann. Beim Anmeldesystem (zB Verein) bedarf es nur der Einhaltung der gesetzlichen Voraussetzungen und der Anmeldung, wodurch die Rechtspersönlichkeit bereits entsteht. (3) Beendigung: Mit Beendigung meint man, dass die juristische Person ihre Rechtsfähigkeit verliert. Ist eine Abwicklung erforderlich (Vermögensverwertung und Gläubigerbefriedigung), verliert die juristische Person ihre Rechtsfähigkeit nicht schon mit Auflösung, sondern erst nach der Liquidation.

**Person, natürliche**

Menschen von der Geburt (→ nasciturus) bis zu ihrem → Tod. → Rechtsfähigkeit; → Handlungsfähigkeit.

**Personaldienstbarkeit**

Steht die → Dienstbarkeit nicht dem jeweiligen Eigentümer einer Liegenschaft zu, sondern einer bestimmten Person, ist sie eine Personaldienstbarkeit. Personaldienstbarkeiten gehen daher grundsätzlich nicht auf Rechtsnachfolger über, sondern sie enden mit dem Tod der berechtigten Person; anderes gilt, wenn die Berechtigung ausdrücklich auf die Erben ausgedehnt wurde (§ 529). ZB → Fruchtgenussrecht, Gebrauchsrecht, Wohn- oder Wohnungsrecht.

**Personalhaftung**

Der Schuldner muss für seine Verpflichtung einstehen, er „haftet". Diese Haftung ist nicht mit einer schadenersatzrechtlichen Haftung zu verwechseln, sondern besagt nur, dass ein schuldrechtlicher Anspruch auch zwangsweise durchgesetzt werden kann. Grundsätzlich kann der Gläubiger durch Zwangsvollstreckung auf das gesamte Vermögen des Schuldners greifen, um seinen Anspruch zu befriedigen. Ausnahmen bestehen zur Sicherung des Existenzminimums des Schuldners (§ 291a Exekutionsordnung). Manchmal ist die Haftung des Schuldners betraglich beschränkt; → pro viribus-Haftung. Bei der Haftung cum viribus kann der Gläubiger nur auf bestimmte Vermögensgegenstände des Schuldners greifen (vgl

→ Nachlassseparation). Von der Haftung des Personalschuldners ist die des → Realschuldners zu unterscheiden.

**Personalstatut**

Das IPRG stellt für die → Anknüpfung oft auf das Personalstatut ab. Bei einer natürlichen Person ist das Personalstatut das Recht jenes Staates, dem die natürliche Person angehört (§ 9 IPRG). Es kommt also auf die Staatsbürgerschaft an. Bei Mehrfachstaatsbürgern ist zu differenzieren: Hat die Person neben einer fremden auch die österreichische Staatsbürgerschaft, ist diese für das Personalstatut maßgebend. In allen anderen Fällen kommt es auf die Staatsbürgerschaft an, zu der die stärkste Beziehung besteht. Das Personalstatut einer juristischen Person ist gem § 10 IPRG das Recht des Staates, in dem der Rechtsträger den tatsächlichen Sitz seiner Hauptverwaltung hat. Beachte aber → Gründungstheorie.

**Personenvereinigung**

→ Person, juristische.

**Persönlichkeitsrecht**

Inhalt der Persönlichkeitsrechte (vgl § 16) ist der unmittelbare Schutz der Bereiche, die die Individualität der Person ausmachen (Höchstpersönlichkeit): Persönlichkeitsschutz. Sie können nicht auf andere Personen übertragen werden. Schon bei Gefahr der Verletzung steht ein → Unterlassungsanspruch zu. Gegen den schuldhaft Handelnden besteht das Recht auf Schadenersatz und ohne Rücksicht auf Verschulden auch ein → Beseitigungsanspruch. Persönlichkeitsrechte sind das → Recht auf Leben, → Recht auf körperliche Unversehrtheit, das → Recht auf Freiheit, das → Namensrecht, das → Recht am eigenen Bild, das Recht auf Ehre (→ Ehrenbeleidigung), Rechte des Urhebers, Geheimnisschutz, Schutz vertraulicher Aufzeichnungen oder das Recht auf Achtung der → Privatsphäre. Die Persönlichkeit genießt in gewissem Umfang auch über ihren Tod hinaus Schutz, zB gegen ehrenrührige Behauptungen (postmortales Persönlichkeitsrecht). Umstritten ist, ob es neben den einzelnen (gesetzlich geschützten) Persönlichkeitsrechten ein allgemeines Persönlichkeitsrecht gibt, das die Person nicht nur in bestimmter Richtung, sondern in ihrer Gesamtheit umfasst (nicht geschlossener Kreis der Persönlichkeitsrechte). Persönlichkeitsrechte können auch – soweit ein schutzwürdiges Interesse vorhanden ist – juristischen Personen zukommen (zB das Namensrecht).

**Pfand**

→ Pfandrecht.

**Pfandbesteller**

→ Pfandbestellungsvertrag.

**Pfandbestellungsvertrag (§§ 1368 ff)**

Rechtsgeschäftliche Pfandrechte sind Sachenrechte, sie werden daher durch Titel und Modus erworben. Der Titel für die Begründung des → Pfandrechts ist der Pfandvertrag (Pfandbestellungsvertrag, § 1368). Das ist die Vereinbarung zwischen Pfandbesteller (Schuldner oder → Drittpfandbesteller) und Pfandgläubiger, dass dieser am Pfandgegenstand ein Pfandrecht erwirbt. Zum sachenrechtlichen Erwerb bedarf es bei beweglichen

Sachen der Übergabe (→ Faustpfandprinzip), bei Liegenschaften der → Einverleibung der Hypothek.

**Pfandbriefe**

Pfandbriefe werden von Hypothekenbanken ausgegeben. Die Bank gewährt Kredite an Personen, deren Liegenschaften mit Hypotheken belastet werden. Die Refinanzierung der Bank erfolgt durch Ausgabe von Pfandbriefen. Die Pfandgläubiger haben in der Insolvenz der Bank eine bevorzugte Stellung (Absonderungsgläubiger). Die der Deckung von Pfandbriefen dienenden Hypotheken sind nicht nur im Grundbuch einverleibt, sondern auch in einem eigenen Register, dem Hypothekenregister, erfasst.

**Pfandhaftung, ungeteilte**

Der Gläubiger kann solange auf das gesamte Pfand greifen, als die Schuld nicht vollständig bezahlt wurde. Er ist also nicht verpflichtet, Teile des Pfandes bei Teilzahlung zurückzustellen. Dies bezeichnet man als Prinzip der ungeteilten Pfandhaftung.

**Pfandklage (§§ 461, 466)**

Aus der dinglichen Natur des → Pfandrechts folgt das Recht des Faustpfandgläubigers (→ Faustpfandprinzip), von jedermann Herausgabe der beweglichen körperlichen Pfandsache zu verlangen. Von der Pfandklage ist die auf Verwertung gerichtete → Pfandrechtsklage zu unterscheiden.

**Pfandrang**

An einer Sache können mehrere Pfandrechte begründet werden. Die Verteilung des Erlöses bei der → Pfandverwertung richtet sich dann nach dem Pfandrang. Der im ersten Rang befindliche Pfandgläubiger kann sich zuerst aus dem Erlös befriedigen, der zweite kommt danach usw. Die Pfandränge richten sich nach dem sachenrechtlichen → Prioritätsprinzip: Der zeitlich erste Pfandrechtserwerber steht im ersten Rang, der nächste im zweiten usw.

**Pfandrecht (§§ 447 ff)**

Dingliches Sicherungsrecht an einer fremden Sache (Pfand), gerichtet auf bevorzugte Befriedigung des Pfandgläubigers durch → Pfandverwertung. Durch das Pfandrecht sichert sich ein Gläubiger gegen die Insolvenz seines Schuldners ab. Er kann es gegen jedermann durchsetzen (Absonderungsrecht, § 48 IO). Zum Erwerb des Pfandrechts (dingliches Recht) bedarf es eines Titels (→ Pfandbestellungsvertrag) sowie eines Modus: → Faustpfandprinzip bei beweglichen Sachen, → Einverleibung bei Pfandrechten an Liegenschaften.

**Pfandrechtserwerb, gutgläubiger (§ 456)**

Wie beim Eigentumserwerb gilt auch beim Pfandrecht „nemo plus iuris transferre potest quam ipse habet" (§ 442). Wer eine Sache verpfändet, die nicht ihm gehört und die er auch nicht verpfänden darf (keine → Verfügungsermächtigung), kann derivativ kein Pfandrecht einräumen. Der Gläubiger könnte das Pfandrecht nur originär erwerben. Bei beweglichen Sachen kommt § 367 zur Anwendung (→ Eigentumserwerb, gutgläubiger). Von den drei Varianten des § 367 ist der Erwerb von einem Vertrauensmann einschlägig. Ob ein Erwerb vom Unternehmer möglich ist, ist umstritten. Bei Liegenschaften gilt der → Vertrauensgrundsatz.

**Pfandrechtsklage (§§ 461, 466)**

Kommt eine außergerichtliche → Pfandverwertung nicht in Betracht, muss der Pfandgläubiger ein Urteil erwirken. Anschließend ist die Exekution in die Pfandsache zu beantragen, das Pfand ist nach den Regeln der Exekutionsordnung zu verwerten. In Frage kommt neben einer Zwangsversteigerung unter anderem die Zwangsverwaltung von Liegenschaften, bei der die Schuld durch Erträge (etwa eines Mietshauses) getilgt wird.

**Pfandrechtswandlung**

Von einer Pfandrechtswandlung spricht man, wenn sich das Pfandobjekt zwar ändert, das Pfandrecht aber aufrecht bleibt. Dies setzt eine ausdrückliche gesetzliche Regelung voraus. Brennt zB das auf der verpfändeten Liegenschaft befindliche Haus ab, so bezieht sich das Pfandrecht auf die Forderung gegen den Versicherer (§§ 99–103 VersicherungsvertragsG).

**Pfändungspfandrecht**

Neben vertraglichen (→ Pfandbestellungsvertrag) und → gesetzlichen Pfandrechten gibt es auch richterliche Pfandrechte. Sie werden Pfändungspfandrechte genannt, weil sie durch die Pfändung entstehen (§ 253 Exekutionsordnung, EO). Voraussetzung für eine richterliche Pfändung ist jedoch grundsätzlich, dass der Gläubiger bereits ein vollstreckbares Urteil hat, in dem seine Forderung bestätigt wird. Bei richterlichen Pfandrechten handelt es sich idR um eine Vorstufe zur Verwertung; hier steht die Befriedigungsfunktion im Vordergrund, während die Sicherungsfunktion zurücktritt. Die Pfändung beweglicher Sachen erfolgt durch den Gerichtsvollzieher durch Aufnahme in das Pfändungsprotokoll (§ 253 EO); das Anbringen der Pfändungsmarke („Kuckuck") ist nur deklarativ. Bei Liegenschaften erfolgt die Begründung des Pfändungspfandrechts durch Eintragung im Grundbuch (§§ 87 ff EO).

**Pfandvertrag**

→ Pfandbestellungsvertrag.

**Pfandverwertung**

Die Pfandverwertung kann gerichtlich oder außergerichtlich erfolgen. Zur gerichtlichen Pfandverwertung muss der Pfandgläubiger ein Urteil erwirken (§ 461; → Pfandrechtsklage) und Exekution führen. Alternativ kann der Gläubiger bewegliche körperliche Sachen, die ihm verpfändet wurden, auch ohne gerichtliche Mithilfe durch einen dazu befugten Unternehmer versteigern lassen (§§ 466a ff).

**Pflege (§ 160)**

Teil der → Obsorge über ein Kind. Zur Pflege gehören insbesondere die Wahrung des körperlichen Wohlergehens und der Gesundheit sowie die unmittelbare Aufsicht.

**Pflegefamilie**

Manchmal leben Kinder (ohne adoptiert zu werden) bei Personen, die Pflege und Erziehung besorgen und zu denen eine Eltern-Kind-ähnliche Beziehung besteht. Solche Personen werden vom Gesetz als Pflegeeltern bezeichnet (§ 184). Auch gleichgeschlechtliche Paare werden ex lege zu Pflegeeltern, wenn sie die Tatbestandsmerkmale des § 184 erfüllen. Pflegeeltern sind keine gesetzlichen Vertreter (→ Vertretung, gesetzliche) des Kindes. Dennoch gewährt der Gesetzgeber den Pflegeeltern gewisse Rechte:

§ 184 ermöglicht ihnen, „in den die Person des Kindes betreffenden Verfahren Anträge zu stellen". Den Pflegeeltern muss nach § 185 auf ihren Antrag außerdem die → Obsorge übertragen werden, wenn das Pflegeverhältnis nicht nur für kurze Zeit beabsichtigt ist und die Übertragung dem → Kindeswohl entspricht.

**Pflichten des Käufers (UNK)** → UN-Kaufrecht.

**Pflichten des Verkäufers (UNK)** → UN-Kaufrecht.

**Pflichtenübertragung** → Wegehalterhaftung.

**Pflichtteil** → Noterbe; → Pflichtteilsrecht.

**Pflichtteilsanspruch** Hat der Erblasser einem → Noterben den Pflichtteil nicht oder nicht ausreichend hinterlassen – ist dieser also in seinem → Pflichtteilsrecht verletzt –, entsteht der Pflichtteilsanspruch (bzw -ergänzungsanspruch) in Geld (§§ 775 f). Er entsteht im Zeitpunkt des Todes des Erblassers, ist sofort vererblich, abtretbar und pfändbar.

**Pflichtteilsberechtigung** → Pflichtteilsrecht.

**Pflichtteilsergänzungsanspruch** → Pflichtteilsanspruch.

**Pflichtteilsminderung** Standen der Erblasser und der Pflichtteilsberechtigte zu keiner Zeit in einem Naheverhältnis, wie es in der Familie zwischen solchen Verwandten gewöhnlich besteht, kann der Erblasser den Pflichtteil auf die Hälfte mindern (§ 773a). Dies gilt nicht, wenn der Erblasser die Ausübung des Rechts auf persönlichen Verkehr mit dem Pflichtteilsberechtigten grundlos abgelehnt hat.

**Pflichtteilsquoten** Die Höhe des Pflichtteils richtet sich nach der Stellung des Pflichtteilsberechtigten zum Erblasser. Die Nachkommen und der Ehegatte (bzw der eingetragene Partner) erhalten als Pflichtteil die Hälfte des gesetzlichen Erbteils (§ 765), die Vorfahren ein Drittel (§ 766).

**Pflichtteilsrecht** Ausgleich zwischen → Testierfreiheit und → Familienerbfolge. Der Erblasser wird in seiner Testierfreiheit beschränkt, er soll seinen → Noterben eine Mindestbeteiligung am Nachlass hinterlassen. Hat er das nicht getan, entsteht der auf Geld lautende Pflichtteilsanspruch. Abstrakt pflichtteilsberechtigt sind nach § 762 die Nachkommen und Vorfahren des Erblassers in gerader Linie sowie der Ehegatte (bzw der eingetragene Partner). Von der abstrakten ist die konkrete Pflichtteilsberechtigung zu unterscheiden: Konkret pflichtteilsberechtigt – also tatsächlich Pflichtteilsberechtigter – ist nur, wer gesetzlicher Erbe nach dem Erblasser geworden wäre, hätte dieser nicht testiert. Zur Höhe des Pflichtteils → Pflichtteilsquoten.

**pignus (ir)regulare** Auch Geld kann als Pfand gegeben werden. Dabei sind zwei Formen zu unterscheiden: Beim regelmäßigen Geldpfand (pignus regulare) hat der Gläubiger kein Recht, das Pfand zu gebrauchen. Beim unregelmäßigen Pfand (pignus irregulare) geht das Geld in das Eigentum des Gläubigers über, der es auch verwenden darf und nur nach Erlöschen des Rechts zurückzahlen muss.

**Playboygrenze** Die → Prozentsatzmethode würde bei sehr hohem Einkommen des Unterhaltspflichtigen zu einem unangemessen hohen → Kindesunterhalt führen. Damit könnte dem Kind der Anreiz genommen werden, auf eigenen Beinen zu stehen. Aus diesem Grund ziehen die Gerichte eine „Playboygrenze" ein, die zu einem „Unterhaltsstopp" führt: Mehr als das Zweieinhalbfache des Durchschnittsbedarfs (entspricht ca € 1.350) wird nicht zugesprochen.

**Polizeibefugnis-Entschädigungsgesetz (PolBEG)** Der Bund haftet verschuldensunabhängig für Schäden, die in seinem Vollzugsbereich durch die Ausübung von polizeilichen Zwangsbefugnissen verursacht wurden, wenn der Geschädigte die Anwendung von Zwang nicht durch ein eigenes rechtswidriges Verhalten ausgelöst hat.

**positive Vertragsverletzung** Als Schäden aus einer „positiven Vertragsverletzung" werden → Begleitschaden und → Mangelfolgeschaden bezeichnet.

**positiver Schaden** → Schaden, positiver.

**possessorium** → Besitzstörungsverfahren.

**postmortales Persönlichkeitsrecht** → Persönlichkeitsrecht.

**Potestativbedingung** → Bedingung.

**Prälegat** → Vorausvermächtnis.

**Präterition** → testamentum ruptum.

**Präventionsfunktion** In der → Verschuldenshaftung droht dem Schädiger bei rechtswidriger und schuldhafter Schadenszufügung die Pflicht, den Schaden wieder gut zu machen. Die Möglichkeit einer Belastung mit Schadenersatzpflichten fördert sorgfältiges Verhalten. Das Schadenersatzrecht wirkt daher auch präventiv. Hauptsächlich verfolgt es aber eine → Ausgleichsfunktion.

**Preisgefahr**

→ Gefahrtragung.

**Preisminderung (§ 932 Abs 4)**

Die Preisminderung ist ein sekundärer → Gewährleistungsbehelf, der auf die Störung der subjektiven Äquivalenz durch Herabsetzung der Gegenleistungspflicht reagiert. Sie ist nach der „relativen Berechnungsmethode" vorzunehmen. Der vereinbarte Preis muss sich demnach zum geminderten Preis verhalten wie der objektive Wert der mangelfreien Sache zum objektiven Wert der mangelhaften Sache (P:p = W:w).

**Prekarium**

→ Bittleihe.

**Prinzip der kausalen Tradition**

→ Tradition, kausale.



**prior tempore potior iure**

→ Prioritätsgrundsatz.

**Prioritätsgrundsatz**

Im Sachenrecht gilt der Grundsatz prior tempore, potior iure. Wer zeitlich früher dran ist, hat die stärkere Rechtsposition. Wer die bewegliche Sache also aufgrund eines gültigen Titels (→ Verpflichtungsgeschäft) vom berechtigten Vormann zuerst übergeben erhält (Modus; → Verfügungsgeschäft), wird ihr Eigentümer. Dieser Grundsatz gilt auch im Grundbuchsrecht. Früher eingelangte Grundbuchsgesuche gehen später eingelangten Gesuchen vor. Maßgebend ist bei → Mehrfachverkäufen also nicht der Zeitpunkt, in dem der Vertrag zustande kommt, sondern der Modus. Das Prioritätsprinzip gilt nicht nur für den Eigentumserwerb, sondern ganz allgemein für die Begründung von Sachenrechten (also zB auch für den Pfandrang bei mehrfacher Verpfändung).

**Privatautonomie (Selbstbestimmung)**

Möglichkeit, seine rechtlichen Beziehungen zur Umwelt nach eigenem Willen frei zu gestalten. Die Privatautonomie ist ein Teil des allgemeinen Prinzips der Selbstbestimmung und in der Privatrechtsordnung weitgehend verwirklicht. Besondere Bedeutung hat die Privatautonomie im Vertragsrecht (→ Vertragsfreiheit). Die Privatautonomie äußert sich darin, dass jeder darüber entscheiden kann, ob und in welcher Weise er rechtsgeschäftlich tätig wird, soweit die Rechtsordnung das Geschäft anerkennt (vgl → Inhaltsfreiheit). Die Selbstbestimmung ist allerdings oft durch ein Informationsgefälle zwischen den Parteien und Zwangslagen rein faktisch eingeschränkt. In solchen Fällen besteht ein erhöhtes Schutzbedürfnis einer der Parteien, dem die Privatrechtsordnung gerecht zu werden versucht: durch einseitig zwingende Normen (zB → Verbraucherschutz, Arbeitsrecht), den → Kontrahierungszwang, die Vorschriften über den → Wucher, die → laesio enormis, gesetzliche → Formvorschriften oder die Inhalts- bzw Geltungskontrolle → Allgemeiner Geschäftsbedingungen. Die Selbstbestimmung wird auch dann nur mangelhaft verwirklicht, wenn dem Erklärenden ein Fehler unterläuft. Einen Ausgleich dafür soll das Irrtumsrecht (→ Irrtum) schaffen. Der Privatautonomie sind überdies allgemeine Schranken gesetzt: Rechtsgeschäfte, die der Rechtsordnung selbst oder den in ihr verankerten Grundwerten widersprechen, sind nichtig (vgl § 879 Abs 1, → Gesetz- und → Sittenwidrigkeit). Auch das → Gleichbehandlungsgesetz schränkt die Privatautonomie ein.

**Privatrecht**
Teil des Rechts, der Rechtsbeziehungen unter den Bürgern (privatrechtliche Rechtsbeziehungen) zum Gegenstand hat. Man unterscheidet das allgemeine Privatrecht (auch Zivilrecht, Bürgerliches Recht) von den → Sonderprivatrechten. Das allgemeine Privatrecht hat Privatrechtsverhältnisse zum Gegenstand, die für jedermann bedeutsam sind. Die Sonderprivatrechte enthalten modifizierte Vorschriften für einen bestimmten Personenkreis oder für bestimmte Sachgebiete (zB Unternehmensrecht, Wertpapierrecht, Privatversicherungsrecht, große Teile des Arbeitsrechts). Soweit die Sonderprivatrechte keine besonderen Vorschriften enthalten, gelten die allgemein-zivilrechtlichen Bestimmungen.

**Privatrechtsharmonisierung**
→ Gemeinsames Europäisches Kaufrecht.

**Privatsphäre (§ 1328a, § 1 DSG, Art 8 EMRK)**
Die Privatsphäre eines Menschen genießt absoluten Schutz (→ Rechtsgut, absolut geschütztes). Er ist verwirklicht zB durch das Brief- und Fernmeldegeheimnis, berufsrechtliche Verschwiegenheitspflichten (Rechtsanwälte, Ärzte, Priester usw), Bestimmungen über den Schutz der Privatsphäre am Arbeitsplatz (zB Überwachung von E-Mails durch den Arbeitgeber), das Datenschutzrecht, Bestimmungen gegen Stalking, aber auch durch Vorschriften des Medienrechts (§ 7 MedienG), die bei Verletzung des höchstpersönlichen Lebensbereiches Schadenersatzansprüche gewähren.

**pro viribus-Haftung**
Betragliche Beschränkung der Haftung eines Schuldners mit dem Wert bestimmter Gegenstände. Der wichtigste praktische Fall ist die pro viribus-Haftung des Erben aufgrund einer bedingten → Erbantrittserklärung (§ 802). Der Erbe haftet dann zwar persönlich mit seinem ganzen Vermögen, allerdings nur bis zum Wert der von ihm übernommenen Gegenstände. Ein anderer Fall der pro viribus-Haftung ist die → Vermögens- und Unternehmensübernahme nach § 1409.

**Produkt**
Jede bewegliche körperliche Sache, auch wenn sie ein Teil einer anderen beweglichen Sache oder mit einer unbeweglichen Sache verbunden worden ist, einschließlich Energie (§ 4 PHG). → Produkthaftung.

**Produktfehler (§ 5 PHG)**
Ein Produkt ist fehlerhaft iSd → Produkthaftungsgesetzes, wenn es die berechtigten Sicherheitserwartungen nicht erfüllt, die sich insbesondere aus der Darbietung des Produkts (Werbung, Sicherheitshinweise, Gebrauchsanweisungen), dem billigerweise zu erwartenden Gebrauch und dem Zeitpunkt des Inverkehrbringens ergeben. Es kommt darauf an, was der durchschnittliche Produktbenutzer an Sicherheit von dem Produkt erwartet. Es gibt → Konstruktionsfehler, → Produktionsfehler und → Instruktionsfehler.

**Produkthaftung(sgesetz)**
Gesetzlich angeordnete, zwingende, verschuldensunabhängige Haftung des Herstellers gegenüber jedermann für die Gefährlichkeit einer erzeugten Sache (→ Gefährdungshaftung). Es geht bei der Produkthaftung um Schäden an absolut geschützten Gütern wie Leben, Gesundheit und Eigentum.

**Produktionsfehler**
→ Produktfehler, bei dem nicht die Planung, sondern die Ausführung im konkreten Fall fehlerhaft ist (Fehler im Herstellungsvorgang; „Ausreißer").

**Prokura**
Die Prokura ist eine von einem in das Firmenbuch eingetragenen Unternehmer erteilte → Formalvollmacht (§§ 48–53 UGB). Sie befähigt zu allen Arten von gerichtlichen und außergerichtlichen Geschäften und Rechtshandlungen, die der Betrieb eines Unternehmens mit sich bringt (§ 49 Abs 1 UGB). Einige Geschäfte sind allerdings wegen ihrer besonderen Bedeutung ausgenommen, insbesondere die Veräußerung und Belastung von Grundstücken (§ 49 Abs 2 UGB: „Immobiliarklausel").

P

**Providerhaftung (§§ 13 ff ECG)**
Innerhalb der Provider (auch Internet Service Provider, ISP, Internetdiensteanbieter genannt) unterscheidet man Access-, Host- und Content-Provider. Access-Provider stellen einen Internetzugang zur Verfügung. Der Access-Provider haftet nach dem E-Commerce-Gesetz (ECG) nicht bei reiner Durchleitung. Host-Provider ist vor allem jene Person, die Speicherplatz für Webseiten ihrer Kunden anbietet. Host-Provider haften nach dem ECG nicht für eine Rechtsverletzung, wenn ihnen keine Umstände bewusst sind, aus denen eine rechtswidrige Tätigkeit oder Information offensichtlich wird. Content-Provider stellen eigene Beiträge und Inhalte zur Verfügung, ihre Haftung richtet sich nach den allgemeinen Regeln (zB § 1330), sie ist im ECG nicht geregelt.

**Prozentsatzmethode**
Von den Gerichten verwendete Berechnungsmethode, die die Höhe des Unterhaltes von der Leistungsfähigkeit des Unterhaltspflichtigen abhängig macht. Dazu wird ein bestimmter Prozentsatz vom Nettoeinkommen des Unterhaltspflichtigen ermittelt: → Kindesunterhalt; → Unterhalt, ehelicher.

**psychische Kausalität**
→ Kausalität, psychische.

**Publizität (Offenkundigkeit)**
Sachenrechte sind anders als Forderungsrechte für Dritte offenkundig, also leicht erkennbar. Die Publizität wird bei beweglichen Sachen durch den → Besitz hergestellt. Bei Sicherungsgeschäften bestehen darüber hinausgehende Erfordernisse, da Dritte nicht über den Haftungsfonds ihres Schuldners getäuscht werden sollen. Bewegliche Sachen müssen daher zu ihrer Verpfändung zB dem Gläubiger übergeben werden (→ Faustpfandprinzip). Bei unbeweglichen Sachen wird die Publizität durch das → Grundbuch sichergestellt. Die Publizität ist die Voraussetzung für den absoluten Schutz der Sachenrechte. Mit der Publizität steht auch der Typenzwang in Zusammenhang. Es reicht nämlich nicht, dass „irgendetwas" publik ist. Wenn man von jemandem verlangt, bestimmte Rechtspositionen zu re-

spektieren, muss auch klar umrissen sein, welche Rechtspositionen das sind. Aus Gründen der Rechtssicherheit gibt es daher einen Katalog absolut geschützter Sachenrechte.

**Publizitätsprinzip, formelles** → Öffentlichkeitsgrundsatz.

**Publizitätsprinzip, materielles** → Vertrauensgrundsatz.

**punitive damages** Der angloamerikanische Rechtskreis kennt „punitive damages", also Geldstrafen, die abgekoppelt vom wirklichen Schaden („compensatory damages") an den Geschädigten zu bezahlen sind. Das österreichische Schadenersatzrecht erfüllt keine solche Straffunktion. Der Schädiger muss dem Geschädigten also grundsätzlich keinen über den tatsächlichen Schaden hinausgehenden Ersatz leisten.

**Punktation (§ 885)** Vorläufige schriftliche Vereinbarung, der nach dem Willen der Parteien noch eine formelle Vertragsurkunde folgen soll. Die Punktation ist ein gültiger Vertrag, wenn sie von beiden Parteien unterfertigt ist und die → essentialia negotii enthält. Im Gegensatz zum → Vorvertrag kann aus der Punktation unmittelbar auf die vereinbarte Leistung geklagt werden.

**Putativzession** Wird der Schuldner von einer → Zession verständigt, die tatsächlich nicht (gültig) stattgefunden hat (Putativzession), ist er in seinem Vertrauen auf die Abtretungsanzeige geschützt (§ 1396 analog) und kann an den vermeintlichen Neugläubiger mit schuldbefreiender Wirkung zahlen.

# Q Qualifikation – quota litis

**Qualifikation**

Die Qualifikation klärt, welche Bestimmung des → Internationalen Privatrechts für einen konkreten Sachverhalt maßgebend ist. Es geht also um die Ermittlung der passenden Verweisungsnorm (→ Verweisung). Nach herrschender Ansicht ist eine „funktionale" Qualifikation vorzunehmen, die sich weder allein nach dem Recht der → lex fori, noch allein nach der → lex causae richtet. Im Anwendungsbereich von Staatsverträgen und im Fall von EU-Rechtssetzung (→ Rom I; → Rom II; → Rom III; → EU-Erbrechts-VO) spricht man von „autonomer Qualifikation": Die Wertungen des eigenen materiellen Rechts haben für die Auslegung der Verweisungsnorm außer Betracht zu bleiben.

**Quantitätseigentum**

Quantitätseigentum ist → Miteigentum an einem Gemenge vertretbarer Sachen. Die Besonderheit besteht in der einfacheren Auflösung der Miteigentumsgemeinschaft (keine → Teilungsklage, sondern auf den eigenen Anteil gerichtete Eigentumsklage: Quantitätsvindikation).

**Quantitätsmangel**

Wird weniger geliefert als geschuldet, spricht man von einem Quantitätsmangel. Es ist umstritten, ob er ein Fall der → Gewährleistung oder des → Schuldnerverzugs ist. Die Unterscheidung hat Bedeutung für die Verjährungsfristen und im beidseitigen Unternehmergeschäft für die Rügeobliegenheit (→ Mängelrüge). Meist wird danach abgegrenzt, ob der Gläubiger die empfangene Leistung als vermeintliche Gesamterfüllung entgegengenommen hat. Ist das der Fall, ist Gewährleistungsrecht anzuwenden und → Verbesserung durch Nachtrag des Fehlenden zu verlangen. Sonst liegt Verzug vor. Jedenfalls dem Gewährleistungsrecht unterstehen „unechte" Quantitätsmängel, die bei näherer Betrachtung ein Qualitätsmangel sind (Bsp: Das verkaufte Nutztier wiegt weniger als geschuldet).

**Quantitätsvindikation**

→ Quantitätseigentum.

**quota litis (§ 879 Abs 2 Z 2)**

Verträge, durch die ein Rechtsfreund (Rechtsanwalt, Notar, Steuerberater, Wirtschaftstreuhänder) eine ihm anvertraute streitverfangene Sache (Streitsache) ganz oder teilweise an sich löst (zB Zession des streitigen Anspruches) oder sich einen prozentuell bestimmten Teil des Betrages (quota litis) versprechen lässt, der der Partei zuerkannt wird, sind nichtig. Die Bestimmung will eine Ausbeutung des Klienten vermeiden, der die Prozesschancen nicht ausreichend beurteilen kann. Die Vereinbarung eines Erfolgshonorars (Pauschalhonorar) wird hingegen als zulässig beurteilt.

# R Rangtausch – ruhender Nachlass

**Rangtausch**
Durch einen Rangtausch (Vorrangeinräumung) können im → Grundbuch Eingetragene ihren Platz tauschen, zB ein Hypothekar im ersten mit einem im zweiten Rang. Es bedarf jedenfalls der Zustimmung der beiden Beteiligten (§ 30 GBG).

**Rangvorbehalt**
Wird eine durch → Hypothek besicherte Forderung bezahlt, erlischt sie. Der Gläubiger kann selbstverständlich nicht noch einmal Bezahlung verlangen. Die Hypothek bleibt aber gemäß § 469 auch nach Zahlung bis zu ihrer Löschung aus dem Grundbuch noch formell bestehen (forderungsentkleidete → Eigentümerhypothek). Der Eigentümer kann statt der sofortigen Einverleibung einer neuen Hypothek einen Rangvorbehalt anmerken lassen, der ihm gestattet, an dieser Stelle binnen 3 Jahren eine Hypothek eintragen zu lassen (§ 58 GBG). Ein Verfügungsrecht hat der Eigentümer aber nur, wenn er es sich gegenüber nachrangigen Berechtigten (späteren Hypothekargläubigern) vorbehalten hat und dieser Vorbehalt im Grundbuch eingetragen wurde (§ 469a Satz 2). Dies ist praktisch selten der Fall, sodass es meist zur Löschung der Hypothek und dem Aufrücken nachrangiger Pfandgläubiger kommt.

**Rat**
→ Sachverständigenhaftung.

**Räumungsklage**
→ rei vindicatio.

**Reaktionsverfehlung**
Die → Verschuldensscheidung kann durch die mangelnde „sittliche Rechtfertigung" des Scheidungsbegehrens ausgeschlossen sein (§ 49 Satz 3 EheG). Das trifft insbesondere dann zu, wenn der Kläger selbst Eheverfehlungen begangen hat, die entweder viel schwerer wiegen als jene des Beklagten oder die die Eheverfehlungen des Beklagten erst ausgelöst haben („Reaktionsverfehlung" des Beklagten).

**Realakt**
Erlaubtes, aber bloß tatsächliches Verhalten, das Rechtsfolgen auslöst. Es hat weder einen (rechtsgeschäftlichen) Kundgabezweck noch ist es auf einen rechtsgeschäftlichen Erfolg gerichtet. ZB urheberrechtlich relevante Schaffung eines Werkes (Malen eines Bildes), Ansichnehmen der gefundenen Sache. Auf die → Geschäftsfähigkeit des Handelnden kommt es nicht an.

**Realangebot**
Angebot, das durch das tatsächliche Anbieten (zB Aufstellen eines Automaten, Zusenden einer Ware) ohne Veranlassung durch den Erklärungsempfänger gestellt wird. Um das Aufdrängen von Sachen hintanzuhalten, ordnet § 864 Abs 2 an, dass das Behalten, Verwenden oder Verbrauchen solcher Sachen nicht als Annahme der Offerte gilt. Der Anwendungsbereich der stillen Annahme (→ Annahme, stille) wird dadurch stark einge-

schränkt. Der Empfänger ist auch nicht verpflichtet, die Sache zu verwahren oder zurückzuleiten, er darf sich ihrer entledigen. Muss ihm aber nach den Umständen auffallen, dass die Sache irrtümlich an ihn gelangt ist, so hat er dies in angemessener Frist dem Absender mitzuteilen oder die Sache an ihn zurückzuleiten.

**Reallast** Bei der Reallast handelt es sich um das dingliche Recht an einem Grundstück, vom Grundstückseigentümer bestimmte, meist wiederkehrende Leistungen (positives Tun) zu verlangen (§ 12 GBG). Während bei der → Dienstbarkeit ein aktives Handeln nicht verlangt werden kann, ist das bei der Reallast also schon möglich. Darin besteht auch der wesentliche Unterschied. Sonst können die Regeln über die Dienstbarkeiten grundsätzlich auch für die Reallast herangezogen werden.

**Realschuldner** Den Realschuldner trifft anders als den → Personalschuldner von Vornherein nur eine dingliche Haftung mit bestimmten Vermögensstücken. Beispiel ist die Haftung des → Drittpfandbestellers. Von der Realhaftung ist die Haftung cum viribus (zB bei → Nachlassseparation) zu unterscheiden. In diesem Fall wird zwar wie bei der Sachhaftung nur mit bestimmten Vermögensstücken gehaftet; der Haftende ist aber Personalschuldner.

**Realservitut** → Grunddienstbarkeit.

**Realteilung** → Teilungsklage.

**Realvertrag** Während → Konsensualverträge bereits mit übereinstimmenden Willenserklärungen der Parteien zustande kommen, ist bei den Realverträgen zum Zustandekommen des Vertrages noch die tatsächliche Leistung einer Partei erforderlich. Realverträge sind die Ausnahme, zB → Verwahrung, → Leihe, Trödelvertrag (→ Verkaufsauftrag). Die bloße Abrede ohne Übergabe kann einen → Vorvertrag darstellen.

**Recht, absolutes** Absolute Rechte sind Rechtspositionen, die Schutz gegenüber jedermann genießen (→ Recht, dingliches; Immaterialgüterrechte; → Persönlichkeitsrechte; → Erbrecht). Sie sind von jedermann zu respektieren. Absolut geschützte Rechte haben im Schadenersatzrecht Bedeutung für die Feststellung der → Rechtswidrigkeit. Wegen ihrer Offenkundigkeit ist ein weitgehendes Eingriffsverbot für Dritte inhaltlich zu rechtfertigen. Auch im → Insolvenzrecht sind „starke" absolute Vermögensrechte „schwachen" relativen Forderungsrechten überlegen.

**Recht, dingliches** Sachenrechte (dingliche Rechte) wirken absolut, sie sind also von jedermann zu respektieren. Im Gegensatz dazu sind → Schuldrechte nur relative Rechte, sie bilden ein Rechtsband zwischen zwei Personen, das Dritte nicht kümmern muss. Zum Unterschied von anderen absoluten Rechten (zB → Persönlichkeitsrechten) beziehen sich dingliche Rechte immer auf körperliche Sachen. Der Durchsetzung der dinglichen Rechte dienen Herausgabe-, Unterlassungs- und Beseitigungsansprüche. Absolut geschützt sind nach § 308: → Eigentum, → Pfandrecht, → Dienstbarkeit, → Reallast. Das in § 308 angeführte → Erbrecht ist zwar ein absolutes Recht, aber mangels Herrschaft über eine Sache kein Sachenrecht. Weitere Sachenrechte ergeben sich aus sondergesetzlichen Bestimmungen: zB → Baurecht (BauRG), → Wohnungseigentum (WEG). Der → Besitz führt nicht zu einer rechtlichen Zuordnung der Sache an eine bestimmte Person (auch der Dieb kann Besitzer sein). Der Besitz ist daher kein Sachenrecht.

**Recht, dispositives**

Dispositives (nachgiebiges, abdingbares) Recht weicht – anders als zwingendes Recht (→ Recht, zwingendes) – der Parteienvereinbarung. Dispositives Recht findet sich wegen der → Privatautonomie besonders häufig im → Schuldrecht des ABGB. Es ergänzt unvollständige Vereinbarungen durch Anordnungen, wie sie vernünftige Parteien vermutlich selbst getroffen hätten und bestimmt bei zweifelhaften Formulierungen, welches Verständnis zu wählen ist; überdies zeigt es, wie sich der Gesetzgeber eine interessengerechte Vereinbarung vorstellt: Grobe Abweichungen können sittenwidrig sein (→ Sittenwidrigkeit).

**Recht, öffentliches**

Das öffentliche Recht wird dem → Privatrecht gegenübergestellt. Die Unterscheidung ist in dreifacher Hinsicht von Bedeutung. Erstens gehören Privatrechtssachen stets vor Gerichte, während das öffentliche Recht in erster Instanz von Verwaltungsbehörden und erst in zweiter Instanz von speziellen Verwaltungsgerichten vollzogen wird. Zweitens hat in Privatrechtssachen nur der Bund die Kompetenz zur Gesetzgebung (Art 10 Abs 1 Z 6 B-VG). Drittens ist das → Amtshaftungsgesetz (AHG) nur anwendbar, wenn ein Organ in Ausübung öffentlich-rechtlicher Funktionen tätig wurde. Die Abgrenzung von öffentlichem Recht und Privatrecht erfolgt danach, ob ein mit Hoheitsgewalt („imperium") ausgestattetes Rechtssubjekt in Ausübung hoheitlicher Befugnisse auftritt (dann öffentliches Recht).

**Recht, zwingendes**

Man unterscheidet absolut und relativ zwingendes Recht. Während absolut zwingendes Recht überhaupt nicht abgeändert werden kann (zB die Normen über die → Geschäftsfähigkeit oder über Eingehung und Auflösung der → Ehe), kann relativ (einseitig) zwingendes Recht nur in eine Richtung abgeändert werden. Es soll einen „Mindeststandard" zugunsten eines Beteiligten dort garantieren, wo einander typischerweise zwei ungleich starke Parteien gegenüberstehen (→ Verbraucherschutz, → Mietrechtsgesetz, Arbeitsrecht).

**Recht am eigenen Bild**

Gem § 78 UrhG dürfen Bildnisse von Personen nicht öffentlich ausgestellt oder sonst verbreitet werden, wenn dadurch berechtigte Interessen des Abgebildeten oder seiner nahen Angehörigen verletzt werden (Bildnisschutz; → Persönlichkeitsrecht). Der Abgebildete soll davor geschützt werden, dass er durch die Verbreitung seines Bildnisses bloßgestellt wird, sein Privatleben der Öffentlichkeit preisgegeben oder sein Bildnis auf eine Art benützt wird, die zu Missdeutungen Anlass geben kann, entwürdigend oder herabsetzend wirkt; zB Veröffentlichung von Nacktfotos ohne Zustimmung des Abgebildeten, Verwendung eines Bildes zu Werbezwecken ohne Zustimmung des Berechtigten. Vor allem bei in der Öffentlichkeit stehenden Personen ist zwischen dem Interesse des Abgebildeten und jenem der Öffentlichkeit auf Berichterstattung eine Abwägung vorzunehmen. Zu berücksichtigen ist auch der mit dem Bild veröffentlichte Begleittext.

**Recht auf Familie (Art 8 EMRK)**

Jedermann hat Anspruch auf Achtung seines Privat- und Familienlebens (→ Persönlichkeitsrecht). Dabei inkludiert das Familienleben nicht nur das traditionelle Familienverständnis, sondern auch → Patchwork-Familien und homosexuelle Partnerschaften.

**Recht auf Freiheit (§ 1329, Art 5 EMRK)**

Dieses → Persönlichkeitsrecht inkludiert nicht nur die Bewegungsfreiheit, sondern auch das Recht auf freie Willensbildung. Die Rechtsordnung trägt dem zB durch Vorschriften über → Willensmängel im Vertragsrecht, die → Arzthaftung wegen mangelnder Einwilligung infolge Aufklärungspflichtverletzung sowie durch strafrechtliche Normen über Nötigung, gefährliche Drohung oder Betrug Rechnung.

**Recht auf körperliche Unversehrtheit**

→ Körperverletzung.

**Recht auf Leben**

→ Körperverletzung; → Tötung.

**Recht zum Besitz**

Ein Recht zum → Besitz hat, wer eine schuldrechtliche oder dingliche Rechtsposition hat, die ihm einen Anspruch auf Innehabung einräumt. Der Berechtigte (zB Mieter, Pfandgläubiger, Vorbehaltskäufer) kann sein gegenüber dem Eigentümer wirksames (weil von ihm direkt abgeleitetes oder durch eine Besitzrechtskette vermitteltes) Recht zum Besitz der → rei vindicatio entgegenhalten. Wer ein Recht zum Besitz hat, ist rechtmäßiger Besitzer (→ Besitz, rechtmäßiger).

**Rechtfertigungsgrund**

Ausnahmsweise kann ein an sich rechtswidriges Verhalten rechtmäßig sein, wenn ein Rechtfertigungsgrund vorliegt. Dazu sind zu zählen: → Notwehr, rechtfertigender → Notstand, → Selbsthilfe, → Einwilligung des Verletzten, → Geschäftsführung ohne Auftrag (im Notfall), gesetzliche Ermächtigung und behördliche Genehmigung (zB Waffengebrauchsgesetz, Festnahmebefugnisse nach AVG und StPO usw).

**rechtlicher Besitz**

→ Besitz, rechtlicher.

**rechtmäßiger Besitz**

→ Besitz, rechtmäßiger.

**rechtmäßiges Alternativverhalten**

→ Alternativverhalten, rechtmäßiges.

**Rechtsanalogie** Form der → Analogie. Eine Rechtslücke wird durch Rechtsanalogie gefüllt, indem vorhandene Regeln auf einen allgemeinen Grundsatz zurückgeführt werden, der dann wiederum auf den nicht geregelten Fall bezogen wird. Die Rechtsanalogie ist also nicht wie die → Gesetzesanalogie an einem einzigen, sondern an einer Vielzahl von Rechtssätzen orientiert. Bsp: Aus den §§ 874, 875, 878 letzter Satz, § 1019 wird der – auf Grund des Analogieschlusses eben allgemein geltende – Grundsatz der → culpa in contrahendo abgeleitet.

**Rechtsbesitz** Der Rechtsbesitzer ist → Inhaber einer körperlichen Sache. Zum Unterschied vom Sachbesitzer (→ Sachbesitz) will er sie aber nicht für sich selbst haben, sondern verhält sich in einer Art und Weise, die der Ausübung eines bestimmten Rechtes entspricht (zB Miete). Tatsächliches Bestehen des Rechtes ist keine Voraussetzung des Rechtsbesitzes, weil der Rechtsbesitz wie der Sachbesitz ein Faktum ist, das nichts über die materielle Berechtigung aussagt. Große Teile der Lehre und Rechtsprechung gewähren dem rechtmäßigen Rechtsbesitzer (aus einer Analogie zu § 372; → actio Publiciana) Schadenersatzansprüche und damit eine absolut geschützte Rechtsposition (→ Rechtsgut, absolut geschütztes).

**Rechtsfähigkeit (Rechtspersönlichkeit)** Fähigkeit, Träger von Rechten und Pflichten zu sein. Die Rechtsfähigkeit ist von der → Handlungsfähigkeit zu unterscheiden. Wer rechtsfähig ist, ist möglicher Träger von Rechten und Pflichten, der Handlungsfähige kann Rechte und Pflichten überdies durch eigenes Verhalten begründen. Rechtsfähig sind alle Menschen von der Geburt (vgl → nasciturus) bis zu ihrem → Tod sowie juristische Personen (→ Person, juristische).

**Rechtsfolgewille** Voraussetzung einer → Willenserklärung und somit des Zustandekommens eines → Rechtsgeschäftes: Die Parteien müssen den Willen haben, rechtliche Wirkungen auszulösen. Es genügt nicht, dass sie eine bloß wirtschaftliche oder soziale Wirkung anstreben („Grundfolgentheorie"), weil das Rechtsgeschäft dann nicht mehr von den unverbindlichen Vorgängen des täglichen Lebens abgegrenzt werden könnte (Verabredung zum gemeinsamen Joggen). Die Parteien müssen sich allerdings auch nicht jeder Rechtsfolge bewusst sein („strenge Rechtsfolgentheorie"). Beim Erklärenden darf vielmehr (bloß) das Bewusstsein nicht erkennbar fehlen, dass Rechte oder Rechtsverhältnisse begründet, geändert oder aufgehoben werden sollen (so die herrschende „gemäßigte Rechtsfolgentheorie"). Ein solcher Geschäftswille fehlt meist im gesellschaftlichen und freundschaftlichen Verkehr, bei Gefälligkeitszusagen, aber auch im Geschäftsverkehr bei gentlemen's agreements. Zum Zustandekommen von Rechtsgeschäften ohne das Vorliegen von Erklärungen mit Rechtsfolgewillen → Erklärungsbewusstsein.

**Rechtsfortbildung** → Analogie; → Reduktion, teleologische.

**Rechtsgeschäft**

Jeder Tatbestand, der eine oder mehrere → Willenserklärungen enthält und von der Rechtsordnung als Grund für den Eintritt der als gewollt bezeichneten Rechtswirkungen anerkannt wird. Bsp: Das → Vermächtnis ist ein Rechtsgeschäft: Die maßgebenden Bestimmungen anerkennen die Rechtsfolge „Legatar hat einen Anspruch gegen die Verlassenschaft bzw die Erben", wenn der Erblasser diese Rechtsfolgen herbeiführen will und eine entsprechende – formbedürftige – Willenserklärung abgibt. Es gibt nicht „das" Rechtsgeschäft an sich, sondern nur die konkreten, von der Rechtsordnung anerkannten und durch sie bestehenden Typen wie Kaufvertrag, Forderungsabtretung, Eigentumsübertragung, Eheschluss usw, die unter dem Begriff „Rechtsgeschäft" zusammengefasst werden. Man unterscheidet einseitige von mehrseitigen Rechtsgeschäften, vermögensrechtliche von personenrechtlichen Rechtsgeschäften, einseitig verbindliche von zweiseitig verbindlichen Rechtsgeschäften, Rechtsgeschäfte mit Zuwendungscharakter von Rechtsgeschäften ohne Zuwendungscharakter, entgeltliche von unentgeltlichen Rechtsgeschäften, Verpflichtungsgeschäfte von Verfügungsgeschäften, abstrakte von kausalen Rechtsgeschäften sowie Rechtsgeschäfte unter Lebenden von Rechtsgeschäften von Todes wegen.

**Rechtsgeschäft, einseitig verpflichtendes (verbindliches)**

Beim einseitig verbindlichen Rechtsgeschäft wird eine Partei nur Gläubiger, die andere nur Schuldner. Ein einseitig verpflichtendes Rechtsgeschäft kann also zugleich ein zweiseitiges Rechtsgeschäft (Vertrag) sein. Bsp: → Bürgschaft, → Schenkung.

**Rechtsgeschäft, einseitiges**

Kommt durch die → Willenserklärung einer Partei zustande und ist nur insoweit gültig, als es ausschließlich den eigenen Bereich berührt (zB → Auslobung, → letztwillige Verfügung) oder kraft gesetzlicher oder vertraglicher Ermächtigung eine Befugnis zum Eingriff in die fremde Sphäre besteht (zB → Kündigung eines Dauerschuldverhältnisses).

**Rechtsgeschäft, vertretungsfeindliches**

Grundsätzlich können → Rechtsgeschäfte entweder persönlich oder durch einen Vertreter abgeschlossen werden. Einige Erklärungen sind jedoch höchstpersönlich und können daher ausnahmsweise nicht von einem Vertreter abgegeben werden. Eine → Bevollmächtigung zur Abgabe einer derartigen Erklärung ist unwirksam. Beispiele für vertretungsfeindliche Rechtsgeschäfte sind die Eheschließung (§ 17 EheG), die Errichtung → letztwilliger Verfügungen (§ 564) und die Erklärung der Anerkennung der Vaterschaft (§ 145 Abs 1, → Vaterschaftsanerkenntnis).

**Rechtsgeschäft, zweiseitig verpflichtendes (verbindliches)**

Bei den vollkommen zweiseitig verpflichtenden Rechtsgeschäften ist jede Partei zugleich Gläubiger und Schuldner. Die Hauptleistung der einen Partei ist Gegenleistung für die Hauptleistung der anderen. Pflicht und Gegenpflicht stehen in einem Austauschverhältnis (→ Synallagma). Bsp: → Kauf. Bei den beschränkt zweiseitig verpflichtenden Verträgen entsteht gewöhnlich auf einer Seite die Pflicht und auf der anderen das Recht; ausnahmsweise kommt es aber zu Rechten und Pflichten auf beiden Seiten; zB unentgeltlicher → Auftrag: IdR ist der Beauftragte nur verpflichtet und der Auftraggeber nur berechtigt. Ausnahmsweise erwachsen aber dem Auftraggeber auch Pflichten, zB zum Ersatz von Barauslagen.

**Rechtsgeschäft von Todes wegen**

Dient der Regelung von Rechtsverhältnissen nach dem Ableben. Solche Geschäfte werden erst mit dem Tod wirksam (→ Letztwillige Verfügungen). Für Rechtsgeschäfte von Todes wegen ist es charakteristisch, dass der Bedachte den Zuwendenden (Erblasser) überleben muss, damit das Recht entsteht. Rechtsgeschäfte von Todes wegen sind ferner höchstpersönlicher Natur (→ Rechtsgeschäft, vertretungsfeindliches). Eine gesetzliche oder gewillkürte Stellvertretung ist daher nicht zulässig. Rechtsgeschäfte, die nicht Geschäfte von Todes wegen sind, nennt man Rechtsgeschäfte unter Lebenden.

**Rechtsgut, absolut geschütztes**

Absolute Rechte sind Rechtspositionen, die Schutz gegenüber jedermann genießen (→ Recht, dingliches; Immaterialgüterrechte; → Persönlichkeitsrechte; → Erbrecht). Sie sind von jedermann zu respektieren. Der Begriff hat Bedeutung für das Schadenersatzrecht. Der Eingriff in absolut geschützte Rechtsgüter indiziert nämlich die → Rechtswidrigkeit des schädigenden Verhaltens. Wegen ihrer Offenkundigkeit ist ein weitgehendes Eingriffsverbot für Dritte inhaltlich zu rechtfertigen. Strittig ist, ob der → Rechtsbesitzer (Mieter, Leasingnehmer, Eigentumsvorbehaltskäufer) im deliktischen Bereich geschützt ist. Große Teile der Lehre und Rechtsprechung gewähren ihm (aus einer Analogie zu § 372; → actio Publiciana) Schadenersatzansprüche und damit eine absolut geschützte Rechtsposition.

**Rechtsirrtum**

→ Irrtum über die an ein Geschäft geknüpften Rechtsfolgen. Nach herrschender Ansicht liegt ein unbeachtlicher → Motivirrtum (§ 901) vor. Die herrschende Meinung wird jedoch in den Fällen in Zweifel gezogen, in denen eine bestimmte Rechtsfolge nach dem Willen der Parteien zum Vertragsinhalt gehört. Dann irrt man nämlich über den Geschäftsinhalt.

**Rechtslücke**

Planwidrige Unvollständigkeit innerhalb des positiven Rechts, gemessen am Maßstab der gesamten Rechtsordnung. Eine Lücke ist planwidrig, wenn der Gesetzgeber den ungeregelten Fall geregelt hätte, wenn er ihn bedacht hätte. Es kommt nicht auf die bloß subjektive Meinung des Betrachters an, dass die Regelung unvollständig sei. Eine Rechtslücke kann von Anfang an bestehen oder erst nach Erlassung eines Gesetzes auftreten, zB wenn sich auf Grund technischer Entwicklungen Sachverhalte zutragen, an die der Gesetzgeber nicht gedacht haben kann („nachträgliche Lücke"). Eine Rechtslücke kann durch → Analogie geschlossen werden.

**Rechtsmangel**

→ Mangel.

**Rechtsmissbrauch**

Eine von der Rechtsordnung missbilligte Ausübung eines an sich zustehenden Rechts. Nach § 1295 Abs 2 liegt ein (schadenersatzrechtlich relevanter)

Rechtsmissbrauch vor, wenn die Ausübung eines Rechts offenbar den Zweck hatte, den anderen zu schädigen. Es ist entgegen älterer Rechtsprechung nicht notwendig, dass die Rechtsausübung nur aus Schädigungsabsicht erfolgt (Schikane). Auch der (sonstige) Rechtsmissbrauch, bei dem die Schädigungsabsicht zwar nicht das einzige, aber doch das überwiegende Motiv darstellt, ist Rechtsmissbrauch.

**Rechtsschein** → Anscheinsvollmacht.

**Rechtswahl** Entscheidung der Parteien, welche Rechtsordnung auf einen Fall mit Auslandsbeziehung (→ Internationales Privatrecht) zur Anwendung kommt. Wo das Privatrecht eines Nationalstaates Parteiautonomie (→ Privatautonomie) zulässt, ist es konsequent, es den Beteiligten zu überlassen, das anwendbare Recht selbst zu bestimmen. In der Terminologie des Internationalen Privatrechts spricht man von der freien Rechtswahl (zB Art 3 Rom I; Art 14 Rom II; Art 5 Rom III; §§ 11, 19, 35 Abs 1 IPRG).

**Rechtswidrigkeit** Zurechnungskriterium in der → Verschuldenshaftung. Der Schädiger handelt rechtswidrig (pflichtwidrig), wenn er sich anders verhält, als er sich verhalten hätte sollen. Die Rechtswidrigkeit ist ein Urteil über das Verhalten. Sie kann sich aus der Verletzung von vertraglichen Pflichten ergeben. Im deliktischen Bereich ist der Verstoß gegen → Schutzgesetze, die Verletzung absolut geschützter Rechtsgüter (→ Rechtsgut, absolut geschütztes), von → Verkehrssicherungspflichten und die absichtlich sittenwidrige Schädigung (→ Schädigung, sittenwidrige) grundsätzlich rechtswidrig. Beachte aber → Rechtfertigungsgrund.

**Rechtswidrigkeitszusammenhang** Der bloße Verstoß gegen ein Gebot oder Verbot der Rechtsordnung (vgl → Rechtswidrigkeit) löst noch nicht unbedingt Schadenersatzansprüche aus. Der verursachte Schaden muss auch innerhalb des Rechtswidrigkeitszusammenhangs liegen: Die missachtete Verhaltensanordnung muss gerade Schäden wie den eingetretenen verhindern sollen (Schutzzweck der Norm). Nicht gehaftet wird, wenn ein davon losgelöster ganz beliebiger Schaden eintritt. Vgl → Aufwendungen, frustrierte; → Drittschaden; → Kausalität, psychische.

**Rechtszuständigkeit** Schuldrechtliche Forderungsrechte sind relative Rechte. Sie richten sich nur gegen den Schuldner, dritte Personen sind nicht gebunden. Die → Beeinträchtigung fremder Forderungsrechte ist daher nicht rechtswidrig. Wer sich jedoch eine fremde Gläubigerstellung anmaßt, handelt rechtswidrig, weil die Rechtszuständigkeit insofern absolut geschützt ist. Vgl zu einem häufigen Fall: → Doppelzession.

**rechtzeitige Aufklärung** → Aufklärung, rechtzeitige.

**Redintegration** → Aufklärung, rechtzeitige.

**redlicher Besitz** → Besitz, redlicher.

**redlicher Erklärungsempfänger** → Vertrauenstheorie.

**Redlichkeit** (1) Definition: Ein Sachbesitzer ist redlich, wenn er die Sache aus wahrscheinlichen Gründen für die seinige halten kann. Ein Rechtsbesitzer ist redlich, wenn er glauben darf, dass ihm die Ausübung des Rechtes zusteht. Nach überwiegender Auffassung schadet bereits leichte Fahrlässigkeit. Redlichkeit ist gemäß § 328 im Zweifel zu vermuten. (2) → Aufwandersatz: Die Redlichkeit des Besitzers ist von Bedeutung für seinen Ersatzanspruch, wenn er einen Aufwand auf die Sache gemacht hat. (3) Bereicherungsrecht: Die Redlichkeit hat außerdem Bedeutung für die Berechnung des → Wertersatzes im Bereicherungsrecht und des → Benützungsentgelts bei ungerechtfertigter Nutzung fremder Rechtsgüter. (4) Rechtsscheintatbestände: Die Redlichkeit ist weiters Tatbestandsmerkmal beim gutgläubigen Eigentumserwerb (→ Eigentumserwerb, gutgläubiger) und bei der → Anscheinsvollmacht.

**Reduktion, teleologische** Im Verhältnis zum Wortlaut eines Gesetzes einschränkende Anwendung, die mit Sinn und Zweck des Gesetzes begründet wird. Die zu weit gefasste („überschießende") Regel wird auf den ihr nach dem Zweck oder dem Sinnzusammenhang des Gesetzes zukommenden Anwendungsbereich reduziert. Da bei der teleologischen Reduktion – wie auch bei der → Analogie – der Wortlaut des Gesetzes korrigiert wird, handelt es sich um eine Form der Rechtsfortbildung.

**Regelbedarf** Der Regelbedarf dient als Hilfsmittel zur Bemessung des → Kindesunterhaltes. Es handelt sich um den durchschnittlichen Bedarf eines Kindes, der notwendig ist, um seine Bedürfnisse an Nahrung, Kleidung, Wohnung usw zu decken. Die Rechtsprechung geht von einem nach dem Alter des Kindes gestaffelten, sonst aber einheitlichen, Durchschnittsbedarf aus. Der Regelbedarf des Kindes ist aber nicht mit seinem konkreten Unterhaltsanspruch gleichzusetzen. Erstens ist nicht nur der Bedarf des Berechtigten maßgebend, sondern auch das Einkommen des Verpflichteten (→ Prozentsatzmethode), zweitens ist der Regelbedarf nur eine Richtschnur. Je nach individuellen Gegebenheiten kann es zB Sonderbedarf geben (etwa Musikinstrumente für ein besonders begabtes Kind).

**Regenbogenfamilie** Von einer Regenbogenfamilie spricht man, wenn homosexuelle Partner mit Kindern in einer Familie zusammenleben. Teilweise benachteiligt das Gesetz Regenbogenfamilien. ZB bezeichnet das → Eingetragene Partnerschaft-Gesetz eingetragene Partnerschaften nicht als Familie und verbietet die gemeinsame → Adoption eines Kindes. Erlaubt ist allerdings die Adoption der Kinder des Partners (→ Stiefkindadoption) und medizinisch unterstützte Fortpflanzung.

**Regress (Rückgriff)**

Wer eine Leistung ganz oder zum Teil „für einen anderen" erbringt, hat einen Rückgriffsanspruch (Regress). Die Anspruchsgrundlage ist vom Rechtsverhältnis zwischen Zahler und Begünstigtem abhängig. Leistet ein Gesamtschuldner mehr, als seinem internen Anteil entspricht, kann er nach § 896 Regress nehmen (→ Gesamtschuld). Wer für eine fremde Verbindlichkeit (als Bürge, Garant, Drittpfandbesteller) haftet, hat einen Rückgriffsanspruch nach § 1358 (→ Bürgenregress; → Zession, gesetzliche). Wer zwar nicht für die Verbindlichkeit haftet, bei der Zahlung aber die Abtretung fordert, kann nach § 1422 Rückgriff nehmen (→ Zession, notwendige). Sonst kann der Zahler → Aufwandersatz nach § 1042 verlangen. Stets ist das Innenverhältnis vorrangig: Der Rückgriff ist daher zB auf § 1014 zu stützen, wenn im Innenverhältnis ein Auftrag vorliegt (→ Aufwandersatz), er ist ausgeschlossen, wenn der Zahler mit Schenkungswillen gegenüber dem Befreiten gehandelt hat.

**rei vindicatio**

Die rei vindicatio (Eigentumsklage, § 366) ist die Klage des nicht besitzenden Eigentümers gegen den Inhaber auf Herausgabe der Sache, bei Liegenschaften auf Räumung. Richtet sich die Klage des sachenrechtlich Berechtigten auf Löschung aus dem Grundbuch, macht er eine → Löschungsklage geltend. Der Beklagte kann gegen die rei vindicatio ein Recht zur Innehabung einwenden (zB der Mieter, der Vorbehaltskäufer). Die Eigentumsklage kann konkurrieren mit der Besitzstörungsklage (→ Besitzstörungsverfahren), der → actio Publiciana, einem deliktischen Schadenersatzanspruch (→ Schadenersatzrecht) und einem Bereicherungsanspruch (→ Leistungskondiktion, → Verwendungsanspruch).

**reiner Nachlass**

→ Nachlass, reiner.

**reines Viertel**

→ Erbvertrag.

**Reiseveranstaltungsvertrag**

In einem Reiseveranstaltungsvertrag (Pauschalreise) wird eine Gesamtheit von Reiseleistungen um ein einheitliches Entgelt versprochen. Geschuldet werden zB Beförderung, das Gebrauchsrecht an einem Zimmer, die Vermittlung von Leistungen anderer Unternehmer. Es handelt sich daher um einen gemischten Vertrag (→ Vertrag, gemischter), der Elemente des Werk-, Miet- und Auftragsvertrages enthält. Die werkvertraglichen Elemente stehen aber im Vordergrund. Der Reiseveranstalter ist selbst zur Erbringung der Reiseleistungen verpflichtet, bedient er sich anderer Unternehmer, haftet er für das Verschulden dieser → Erfüllungsgehilfen nach § 1313a. Dadurch unterscheidet er sich von einem Reisevermittler (vgl → Vermittler), der zur (sorgfältigen) Auswahl von Personen verpflichtet ist, die dem Reisenden Leistungen dann im eigenen Namen erbringen. Der Reiseveranstaltungsvertrag ist in den §§ 31b–31f KSchG besonders geregelt. Die Bestimmungen sind nicht nur auf Verbrauchergeschäfte, sondern zB auch auf Geschäftsreisen anwendbar. § 31e Abs 2 KSchG enthält eine besondere Bestimmung für die Gewährleistung, § 31e Abs 3 KSchG ordnet Ersatz für → entgangene Urlaubsfreude an.

R

**Reisevermittler** → Reiseveranstaltungsvertrag.

**relative Berechnungsmethode** → Preisminderung.

**relative Nichtigkeit** → Nichtigkeit, relative.

**Rente** → Körperverletzung.

**Renvoi** → Gesamtnormverweisung.

**Reparaturkosten, fiktive** Will der durch eine Sachbeschädigung Geschädigte die Sache reparieren lassen, sind ihm die Aufwendungen zu ersetzen (vgl → Naturalrestitution). Will der Geschädigte keine Reparatur, stehen ihm keine Reparaturkosten zu, vielmehr ist nur die Minderung des gemeinen Werts der beschädigten Sache zu ersetzen (keine „fiktiven Reparaturkosten"). Der OGH spricht zwar fiktive Reparaturkosten zu, begrenzt sie aber mit der objektiven Wertminderung.

**Repartierung** → beschränkte Gattungsschuld.

**Repräsentantenhaftung** Juristische Personen (→ Person, juristische) haften nach allgemeinen Regeln bei Bestehen einer vertraglichen oder vertragsähnlichen Beziehung für das Verschulden ihrer → Erfüllungsgehilfen wie für eigenes (§ 1313a). Unabhängig davon besteht eine Haftung für Handlungen ihrer Organe. Darüber hinaus besteht auch eine Haftung für das Verhalten von Personen, die in verantwortlicher, leitender oder überwachender Funktion für eine juristische Person tätig sind („Machthaber" oder „Repräsentanten"; vgl § 337). Dies wird aus dem Gleichstellungsprinzip des § 26 abgeleitet. Für sonstige Personen (→ Besorgungsgehilfen) haftet die juristische Person nur nach § 1315.

**Repräsentation (Eintrittsrecht, §§ 733, 736, 739)** Das Recht eines Nachkommens, in der gesetzlichen Erbfolge an Stelle seines nicht erbenden Vorfahren dessen Anteil zu erben. Ist zB ein Kind des Erblassers vor ihm verstorben, erben die von diesem abstammenden Kinder (Enkel des Erblassers). Ist von diesen Enkeln einer gestorben und hat Urenkel hinterlassen, so erben diese. In allen Fällen tritt ein Nachfahre an die Stelle seines Vorfahren. Das Repräsentationsrecht gibt es nicht in der vierten Parentel (→ Erbrechtsgrenze). Grundfall der Repräsentation ist der Vortod eines gesetzlich Erbberechtigten, doch können auch → Erbunwürdigkeit, → Erbverzicht, → Enterbung sowie die → Entschlagung (strittig) dazu führen. Repräsentation gibt es nur innerhalb derselben Parentel. Es werden nur Aszendenten durch Deszendenten ersetzt, nicht aber umgekehrt (kein Schoßfall). Mehrere Repräsentanten erben zusammen das, was dem Vorfahren zugefallen wäre (Erbrecht nach Stämmen). Das österreichische Recht verwirklicht weder materielle noch formelle Repräsentation durchgängig. Bei der materiellen Repräsentation leitet sich das Eintrittsrecht vom Vormann ab. Hat der Vormann kein Erbrecht, findet daher auch keine Repräsentation statt. Materielle Repräsentation ist zB beim Erbverzicht verwirklicht (§ 551), der auch auf die Nachkommen des Verzichtenden wirkt. Bei der formellen Repräsentation entsteht das Erbrecht originär beim Repräsentanten. Anders als bei der materiellen Repräsentation hat die Erbberechtigung des Vormannes (außer für die Quote) keine Bedeutung für das Eintrittsrecht. Verwirklicht zB bei Erbunwürdigkeit des Vorfahren (§ 541) und Enterbung.

**res integra** → Aufklärung, rechtzeitige.

**Reserveursache** → Kausalität, überholende.

**Resolutivbedingung** → Bedingung.

**Rettungspflicht** Im → Amtshaftungsgesetz (§ 2 Abs 2 AHG) bedeutsame Voraussetzung für Schadenersatzansprüche. Der Geschädigte kann nur Ersatz bekommen, wenn er zuerst Abhilfe im Rechtsmittelweg gesucht hat.

**Reugeld (§§ 909, 911)** „Entgelt" für die Ausübung eines Rücktrittsrechts durch eine Vertragspartei. Eine Vertragspartei erhält durch eine solche Vereinbarung das Recht zum Rücktritt, das aber nur gegen Zahlung des Reugelds ausgeübt werden darf. Das Rücktrittsrecht gegen Reugeld ist ein vertraglich vereinbartes Recht, es tritt zu den gesetzlichen Rücktrittsrechten (→ Rücktritt) hinzu.

**Richtlinie** → EU-Richtlinie.

**richtlinienkonforme Interpretation** → Interpretation, richtlinienkonforme.

**Risikohaftung des Auftraggebers** Der Auftraggeber muss dem Auftragnehmer jeden schuldhaft verursachten Schaden ersetzen. Aus § 1014 wird überdies eine verschuldensunabhängige Risikohaftung des Auftraggebers für Schäden abgeleitet, die aus der Verwirklichung von für den → Auftrag typischen Gefahren entstehen.

**Rom I** → EU-Verordnung über das auf vertragliche Schuldverhältnisse anzuwendende Recht (→ Internationales Privatrecht). Rom I gilt für vertragliche Schuldverhältnisse in Zivil- und Handelssachen, die eine Verbindung zum Recht verschiedener Staaten aufweisen. Das nach der VO bezeichnete Recht (→ Vertragsstatut) ist auch dann anzuwenden, wenn es nicht das Recht eines Mitgliedstaates ist (Prinzip der universellen Anwendung).

**Rom II** → EU-Verordnung über das auf außervertragliche Schuldverhältnisse anzuwendende Recht (→ Internationales Privatrecht). Rom II gilt für außervertragliche Schuldverhältnisse in Zivil- und Handelssachen (deliktischer Schadenersatz, Bereicherung, Geschäftsführung ohne Auftrag, culpa in contrahendo), die eine Verbindung zum Recht verschiedener Staaten aufweisen. Das nach der VO bezeichnete Recht (→ Deliktsstatut) ist auch dann anzuwenden, wenn es nicht das Recht eines Mitgliedstaates ist (Prinzip der universellen Anwendung).

**Rom III**

→ EU-Verordnung für die Scheidung (und die Trennung ohne Auflösung des Ehebandes) in Fällen, die eine Verbindung zum Recht verschiedener Staaten aufweisen (→ Internationales Privatrecht). Nach herrschender Auffassung ist Rom III nicht auf die Auflösung → Eingetragener Partnerschaften anzuwenden, umstritten ist ihre Anwendung auf die Auflösung von gleichgeschlechtlichen Ehen (die es in Österreich nicht gibt). Rom III ist der erste Rechtsakt, der im Weg der verstärkten Zusammenarbeit (Art 326 ff AEUV) von 14 Mitgliedstaaten – darunter auch Österreich – entstanden ist. In den Mitgliedstaaten, die an Rom III teilnehmen, gilt die VO allerdings (wie → Rom I und → Rom II) universell. Die VO enthält Anknüpfungsregeln für die Ehescheidung (→ Ehescheidungsstatut).

**Rückabwicklung**

Verfehlt eine Leistung ihren Zweck, so kann sie mit Hilfe einer → Leistungskondiktion (zB §§ 877, 1431, 1435) zurückgefordert werden. Ist ein (meist synallagmatischer) Vertrag ungültig oder wird er später aufgelöst, sind alle im Hinblick auf den Vertrag erbrachten Leistungen grundsätzlich Zug um Zug (→ Zurückbehaltungsrecht) zurückzustellen. Für Inhalt und Umfang des Bereicherungsanspruchs gelten die allgemeinen Regeln. Die Rechtsprechung nimmt in manchen Fällen an, dass sich bei der Rückabwicklung gegenseitiger Verträge im Falle der Redlichkeit (oder Unredlichkeit) beider Parteien die wechselseitigen Nutzungen aus der Sache aufheben, keine der beiden Seiten also ein → Benützungsentgelt zahlen muss. Für die Lösung der Frage, wer die Gefahr des zufälligen Unterganges der Kaufsache nach Austausch von Ware und Preis zu tragen hat, werden Ausnahmen von den allgemeinen Lehren zum → Wertersatz im Bereicherungsrecht gemacht: → Zwei-Kondiktionen-Theorie/Saldotheorie.

**Rückgriff**

→ Regress.

**Rücktritt**

→ Gestaltungsrecht, mit dem ein Rechtsverhältnis aufgelöst wird. Ein Rücktrittsrecht kann vertraglich vereinbart werden oder sich aus dem Gesetz ergeben (zB § 918 beim → Schuldnerverzug, → Rücktrittsrechte des Verbrauchers). Die Vertragsauflösung durch Rücktritt wirkt sachenrechtlich nur ex nunc (→ ex nunc-Wirkung/ex tunc-Wirkung), die Rückabwicklung erfolgt mit einer → Leistungskondiktion. Resultiert der Rücktritt aus einer vom Schuldner verschuldeten Pflichtverletzung, hat der Gläubiger Anspruch auf das → Erfüllungsinteresse (§ 921).

**Rücktrittsrechte des Verbrauchers**

Das Gesetz räumt → Verbrauchern vielfach die Möglichkeit ein, sich von bindenden Angeboten oder bereits geschlossenen Verträgen zu lösen (vgl auch → Typenrücktrittsrechte). Solche Rücktrittsrechte bestehen besonders beim → Haustürgeschäft (§ 3 KSchG), bei → Nichteintritt maßgeblicher Umstände (§ 3a KSchG), bei → Auswärtsgeschäften und im → Fernabsatz geschlossenen Verträgen (§§ 11 ff FAGG), in § 12 → Verbraucherkreditgesetz sowie im Versicherungsrecht (§ 5c VersVG). Diese Rücktrittsrechte enthalten Sonderregeln zu den allgemein-zivilrechtlichen Bestimmungen über die Bindung an rechtsgeschäftliche Erklärungen (→ pacta sunt servanda).

**Rückverkaufsrecht (§ 1071)** → Gestaltungsrecht eines Käufers, die Sache dem Verkäufer wieder zurückzuverkaufen. Bekanntester Fall ist die Vereinbarung eines Flaschenpfandes.

**Rückverweisung** → Gesamtnormverweisung.

**Rufschädigung** → Kreditschädigung.

**Rügeobliegenheit** → Mängelrüge.

**ruhender Nachlass** Zwischen Erbfall (Tod des Erblassers) und → Einantwortung spricht man vom „ruhenden Nachlass". Er ist selbst Rechtssubjekt, Träger der nicht auf Grund Höchstpersönlichkeit untergegangenen Rechte und Pflichten des Erblassers und Besitzer der Sachen des Erblassers (→ Person, juristische). Gem § 810 ist einem Erben, der die Erbschaft angenommen und sein Erbrecht hinreichend ausgewiesen hat, vom Verlassenschaftsgericht die Vertretung und Verwaltung des Nachlasses zu übertragen. Trifft dies auf mehrere Erben zu, üben sie das Recht gemeinschaftlich aus. Das Verlassenschaftsgericht muss außerordentliche Maßnahmen der Verwaltung (zB Veräußerung von Liegenschaften) genehmigen.

# S Sachbesitz – systematische Interpretation

**Sachbesitz**

Der Sachbesitzer ist → Inhaber einer körperlichen Sache und will sie als die eigene behalten, er hat also Besitzwillen. Das tatsächliche Bestehen einer Berechtigung ist nicht Voraussetzung, der → Besitz ist ein Faktum.

**Sache**

„Alles, was von der Person unterschieden ist, wird im rechtlichen Sinne eine Sache genannt" (§ 285). Dieser Sachbegriff ist vor dem Hintergrund des → Institutionensystems zu sehen. Anders als nach dem heute gängigen → Pandektensystem fallen darunter nicht nur körperliche Sachen, sondern auch unkörperliche Sachen wie zB Forderungsrechte. → Sachenrechte nach dem heutigen Verständnis werden nur an körperlichen Sachen begründet.

**Sache, bewegliche (§ 293)**

„Sachen, welche ohne Verletzung ihrer Substanz von einer Stelle zur andern versetzt werden können, sind beweglich; im entgegengesetzten Fall sind sie unbeweglich" (§ 293). Unbewegliche Sachen werden als Liegenschaften bezeichnet. Dazu gehören auch → Bestandteile und → Zubehör einer Liegenschaft. Gebäude sind sonderrechtsunfähige unselbständige Bestandteile des Grundstücks (vgl aber → Superädifikat, → Baurecht).

**Sache, herrenlose**

Herrenlose Sachen gehören niemandem. Wenn sie noch nie jemandem gehört haben, sind sie ursprünglich herrenlos. Häufiger sind sie vom bisherigen Eigentümer aufgegebene (derelinquierte) Sachen (zB weggeworfene Zeitung). Hingegen sind für einen bestimmten Zweck gespendete gebrauchte Gegenstände (zB Altkleidersammlung) nicht herrenlos. Herrenlose Sachen darf sich grundsätzlich jeder aneignen (Okkupation).

**Sache, körperliche**

Körperliche Sachen sind solche, die „in die Sinne fallen" (§ 292), also durch die Sinne wahrgenommen werden können (Auto, Liegenschaft, Telefon, aber auch Energie). Anderes gilt für unkörperliche Sachen. Darunter fallen Rechte (Forderungsrechte, Immaterialgüterrechte) und Dienstleistungen (vgl § 303).

**Sache, öffentliche**

Öffentliche Sachen stehen im Eigentum des Staates, private Sachen im Eigentum von Privatpersonen. Die öffentlichen Sachen sind entweder öffentliches Gut (daran besteht Gemeingebrauch, jeder darf die Sache daher im Rahmen der Widmung nutzen) oder öffentliches Vermögen (dieses dient in anderer Weise dem Gemeinwohl). Öffentliches Gut sind vor allem die öffentlichen Straßen, zu öffentlichem Vermögen gehören etwa Verwaltungsgebäude oder Dienstwagen.

**Sache, teilbare**

Eine Sache ist teilbar, wenn sie ohne wesentliche Minderung ihres Werts zerlegt werden kann. Teilbare Sachen können real geteilt werden, bei unteilbaren Sachen ist nur die sogenannte Zivilteilung (Veräußerung und Teilung des Erlöses) möglich (§ 843).

**Sache, unbewegliche** → Sache, bewegliche.

**Sache, unkörperliche** → Sache, körperliche.

**Sachenrecht** (1) Summe aller Normen, die sich mit dinglichen Rechten an einer Sache beschäftigen. Das ABGB regelt das Sachenrecht in den §§ 285–530. Da das ABGB noch dem → Institutionen-, nicht dem heute gängigen → Pandektensystem folgt, bezeichnet es auch → Schuldrechte als (persönliche) Sachenrechte. (2) Wer Träger eines Sachenrechts ist, hat ein dingliches Recht (→ Recht, dingliches).

**Sachhaftung** → Realschuldner.

**Sachmangel** → Mangel.

**Sachnormverweisung** Die Sachnormverweisung führt anders als eine → Gesamtnormverweisung direkt zur Anwendung der materiell-rechtlichen Bestimmungen des verwiesenen Rechts (→ Internationales Privatrecht). Die EU-Verordnungen Rom I–III, die EU-Erbrechts-VO und Staatsverträge, die das Kollisionsrecht vereinheitlichen, enthalten Sachnormverweisungen.

S

**Sachverständigenhaftung (§§ 1299 f)** Wer sich zu einem Amt, einer Kunst, einem Gewerbe oder einem Handwerk öffentlich bekennt, gibt zu erkennen, dass er sich den nötigen Fleiß und besondere Fähigkeiten zutraut. Schuldhaft handelt, wer die Standards der Gruppe nicht erfüllt (der Automechaniker muss das Auto so reparieren, wie das der maßgerechte Automechaniker tut). Es kommt nicht auf die individuellen Fähigkeiten an. Die Haftung als Sachverständiger ist nicht auf gerichtlich beeidete Sachverständige beschränkt, auch Rechtsanwälte, Ärzte, Architekten, Schilehrer, sogar Auto- und Schifahrer sind Sachverständige. § 1299 ist keine haftungsbegründende Norm, sondern nur eine spezielle Vorschrift für den Verschuldensmaßstab. Die Haftungsbegründung erfolgt nach allgemeinen Regeln (zB deliktischer Ersatz bei leicht fahrlässiger Schädigung eines absolut geschützten Rechtsguts) oder bei bloßen Vermögensschäden nach § 1300 (Rat, Auskunft und Gutachten). Die Haftung für Erteilung eines Rates oder einer Auskunft (§ 1300 Satz 1) setzt demnach voraus, dass der Sachverständige gegen Belohnung agiert, was bedeutet, dass die Raterteilung keine bloße Gefälligkeit ist, sondern im Rahmen eines Schuldverhältnisses erfolgt. Besteht keine solche Beziehung, haftet der Sachverständige für bloße Vermögensschäden nur, wenn er wissentlich einen falschen Rat erteilt. Beachte auch → Vertrag mit Schutzwirkung zugunsten Dritter.

**Sachwalter** Vertreter von Personen, die an einer psychischen Krankheit leiden oder geistig behindert sind und deshalb alle oder einzelne ihrer Angelegenheiten nicht ohne Gefahr eines Nachteils für sich selbst besorgen können (§ 268 Abs 1; → Vertretung, gesetzliche). Eine Sachwalterbestellung kommt nicht in Betracht, wenn → nächste Angehörige vertretungsbefugt sind oder wenn es eine wirksame → Vorsorgevollmacht gibt. Der Sachwalter wird vom Gericht bestellt, übernimmt die Personen- und Vermögenssorge und setzt die notwendigen Vertretungsakte. Er kann mit der Besorgung einzelner Angelegenheiten, mit der Besorgung eines Kreises von Angelegenheiten oder mit der Besorgung aller Angelegenheiten der behinderten Person betraut sein. Die Sachwalterbestellung hat Auswirkungen auf die → Geschäftsfähigkeit des Betroffenen. Innerhalb des Wirkungskreises des Sachwalters kann die Schutzperson ohne seine Einwilligung rechtsgeschäftlich weder verfügen noch sich verpflichten. Die → Deliktsfähigkeit richtet sich hingegen weiter nach dem tatsächlichen psychischen Zustand.

**Saldotheorie** → Zwei-Kondiktionen-Theorie/Saldotheorie.

**Sanktionsfunktion** In der → Verschuldenshaftung verwirklichter Gedanke, dass auf rechtswidrige und schuldhafte Schadenszufügung mit dem Übel einer Ersatzpflicht reagiert wird. Die Sanktionsfunktion zeigt sich besonders in dem nach Verschulden abgestuften Ersatzumfang (§ 1324). Primär hat das Schadenersatzrecht aber → Ausgleichsfunktion.

**Schaden** Anspruchsvoraussetzung des → Schadenersatzrechts. Zu den verschiedenen Schadenskategorien vgl insbesondere (1) → Vermögensschaden und → Schaden, immaterieller; (2) → Schaden, positiver und → Gewinn, entgangener. Zur Schadenshöhe: → Schadensberechnung.

**Schaden, immaterieller** Nicht jeder Schaden ist eine in Geld messbare Vermögensverminderung (dann → Vermögensschaden). Die herrschende Auffassung verstand das ABGB ursprünglich so, dass Ersatz für immaterielle Schäden nur bei ausdrücklicher gesetzlicher Anordnung zu leisten ist. Ersatz gab es nur für Schmerzen (§ 1325, → Körperverletzung), den Wert der besonderen Vorliebe (§ 1331, Affektionsinteresse), später dann auch bei Freiheitsentziehung (§ 1329). Mittlerweile gibt es Ersatz ideeller Schäden auch bei Verletzung an der geschlechtlichen Selbstbestimmung (§ 1328), Eingriffen in die Privatsphäre (§ 1328a), → entgangener Urlaubsfreude (§ 31e Abs 3 KSchG) und dem reinen Gefühlsschaden beim Tod naher Angehöriger oder dem unmittelbaren Miterleben des Todes (→ Trauerschaden).

**Schaden, positiver (§ 1293)** Von positivem Schaden spricht man, wenn durch die Schädigung ein schon vorhandenes Vermögensgut beschädigt wird (sonst → Gewinn, entgangener). Anders als der entgangene Gewinn ist der positive Schaden bei jedem Verschuldensgrad zu ersetzen. Bei Vernichtung relativ sicherer Erwerbschancen (wenn ein Entgang im Verkehr schon als Wert angesehen wird)

wird allerdings von der herrschenden Auffassung der positive Schaden bejaht.

**Schaden, realer**

Die tatsächliche negative Beeinträchtigung nennt man realer Schaden. Der reale Schaden ist der Ausgangspunkt für die im Schadenersatzrecht grundsätzlich geschuldete → Naturalrestitution, denn dadurch soll die tatsächliche negative Beeinträchtigung ja beseitigt werden. Dabei spielt es keine Rolle, ob der Schaden in Geld bemessen werden kann oder nicht. Wird nicht Naturalrestitution geleistet, ist der rechnerische Schaden maßgebend.

**Schadenersatz (UNK)**

→ UN-Kaufrecht.

**Schadenersatz statt Gewährleistung (§ 933a)**

„Hat der Übergeber den Mangel verschuldet, so kann der Übernehmer auch Schadenersatz fordern" (§ 933a Abs 1). Das Gesetz gibt dem Übernehmer das Recht, statt der → Gewährleistung Schadenersatz zu fordern. Dieses Recht steht ihm auch dann zu, wenn der Übergeber die Beseitigung eines Mangels vor der Übergabe schuldhaft unterlassen hat. Auch beim Schadenersatz statt Gewährleistung haben die Nacherfüllungsansprüche Vorrang, damit das zweistufige System der → Gewährleistungsbehelfe nicht umgangen wird. Geldersatz steht also nur unter den Voraussetzungen zu, unter denen der Übernehmer Preisminderung oder Wandlung verlangen könnte. Es gilt die allgemeine Verjährungsfrist für Schadenersatzansprüche (→ Schadenersatzanspruch, Verjährung).

S

**Schadenersatzanspruch, Verjährung (§ 1489)**

Schadenersatzansprüche verjähren in 3 Jahren ab Kenntnis des Geschädigten von Schaden und Schädiger (§ 1489). Werden dem Geschädigten Schaden und Schädiger nicht bekannt, beginnt die kurze Frist daher nicht zu laufen. Dennoch kann der Anspruch verjähren. § 1489 Satz 2 ordnet nämlich eine absolute Verjährungsfrist von 30 Jahren ab der schädigenden Handlung an. Selbst wenn der Geschädigte Kenntnis von Schaden und Schädiger hat, verjährt der Schadenersatzanspruch aber nur innerhalb der langen Frist von 30 Jahren, wenn der Schaden aus einer gerichtlich strafbaren Handlung entstanden ist, die nur vorsätzlich begangen werden kann und mit mehr als einjähriger Freiheitsstrafe bedroht ist (§ 1489 Satz 2).

**Schadenersatzrecht**

Summe der Normen, die regeln, wann ein Geschädigter Ausgleich für einen bei ihm eingetretenen Schaden verlangen kann. Grundsätzlich trägt jeder seinen Schaden selbst (casum sentit dominus, § 1311). Ein Dritter muss ihn nur unter bestimmten Voraussetzungen ersetzen. Der wichtigste Haftungsgrund liegt im Verschulden (§§ 1293 ff). Neben der → Verschuldenshaftung gibt es die in Sondergesetzen (vor allem EKHG, PHG) geregelte → Gefährdungshaftung sowie die → Eingriffshaftung.

**Schadensberechnung**

Die Höhe eines Schadens kann entweder objektiv-abstrakt oder subjektiv-konkret berechnet werden. Bei leichtem Verschulden gebührt nur Ersatz des positiven Schadens (→ Schaden, positiver). Es wird nach objektiven Kriterien (gemeiner Wert) auf das beschädigte Rechtsgut abgestellt, subjektive Elemente bleiben außer Betracht. Im Gegensatz dazu geht es bei der subjektiv-konkreten Schadensberechnung um die Veränderung im Gesamtvermögen des Geschädigten. Nach der Differenzmethode wird ein Vermögensvergleich durchgeführt und ermittelt, um wie viel der Geschädigte ohne das schädigende Ereignis mehr hätte. Dadurch wird zB der entgangene Gewinn (→ Gewinn, entgangener) berücksichtigt. Eine subjektive Schadensberechnung ist nur bei grobem Verschulden zulässig (§ 1324). Der Geschädigte hat in diesem Fall das Wahlrecht, ob er objektiv-abstrakt oder subjektiv-konkret berechnen möchte.

**Schadensminderungspflicht (§ 1304)**
Die → Obliegenheit des Geschädigten, einem unmittelbar drohenden Schaden oder einer weiteren Vergrößerung eines bereits eingetretenen Schadens entgegenzuwirken. Die Verletzung dieser Obliegenheit führt zur Kürzung des Schadenersatzanspruches um den Teil, den der Geschädigte verhindern hätte können. Diesbezüglich kommt es also anders als beim → Mitverschulden (Schadensteilung) zu einem gänzlichen Entfall des Anspruchs.

**Schadensverlagerung**
Liegt vor, wenn zwar ein absolut geschütztes Rechtsgut (→ Rechtsgut, absolut geschütztes) beeinträchtigt wird, der Schaden aber bei einem Dritten, und nicht beim Rechtszuständigen, eintritt. Beispiele sind die Beschädigung einer Sache durch einen Dritten im → Gläubigerverzug des Käufers und die Beeinträchtigung der verschenkten, aber noch nicht übergebenen Sache. Es handelt sich zwar um einen bloßen Vermögensschaden (→ Vermögensschaden, bloßer), weil derjenige, auf den der Schaden verlagert wurde, gerade nicht an einem absolut geschützten Rechtsgut geschädigt wurde. Dennoch gibt es einen deliktischen Ersatzanspruch, weil der Schädiger durch die Verlagerung nicht begünstigt werden soll.

**Schädigung, sittenwidrige (§ 1295 Abs 2)**
Unabhängig vom Verstoß gegen andere Normen macht schon nach § 1295 Abs 2 ein sittenwidriges Verhalten, das auf eine absichtliche Schadenszufügung gerichtet ist, ersatzpflichtig. Zum zweiten Fall des § 1295 Abs 2 → Rechtsmissbrauch.

**Schadlosbürge**
→ Ausfallsbürge.

**Schatz**
Kostbarkeiten, „die so lange im Verborgenen gelegen haben, dass man ihren vorigen Eigentümer nicht mehr erfahren kann" (§ 398), heißen Schatz. Der Schatz gebührt dem Finder und dem Eigentümer des Grundes, in dem er sich befand, je zur Hälfte (§ 399).

**Scheidung**
→ Ehescheidung.

**Scheidungsvergleich**
Voraussetzung für eine → einvernehmliche Scheidung ist ein Scheidungsvergleich der Ehegatten. Die Einigung über die Scheidungsfolgen muss dem Gericht schriftlich vorgelegt oder vor Gericht abgeschlossen werden.

Der Scheidungsvergleich muss eine Einigung umfassen über die Obsorge über die Kinder und bei gemeinsamer Obsorge den hauptsächlichen Aufenthalt der Kinder, die Ausübung des Rechts auf persönlichen Kontakt, die Unterhaltsansprüche der Kinder (§ 231), die Unterhaltsansprüche der Ehegatten (§ 69a EheG), die Aufteilung des ehelichen Gebrauchsvermögens, der ehelichen Ersparnisse und der Schulden (vgl §§ 81 ff, 98 EheG).

**Scheinbote**

Scheinbote ist eine Person, die nicht beauftragt war, eine Erklärung zu überbringen. Die Erklärung gilt dann nicht gegen den (vermeintlich) Erklärenden. Gleiches gilt nach herrschender Meinung, wenn ein eingesetzter → Bote die Erklärung absichtlich entstellt.

**Scheinerbe**

Der zu Unrecht eingeantwortete Erbe muss nach gegen ihn gerichteter erfolgreicher Erbschaftsklage dem wahren Erben die Verlassenschaft abtreten. Bis dahin hat er aber wegen der Legitimationswirkung der → Einantwortung die Vermutung für sich, wahrer Erbe zu sein, sodass Dritte nach § 824 vom Scheinerben gutgläubig Rechte erwerben können. Das gilt für entgeltlichen und unentgeltlichen Erwerb gleichermaßen, ebenso wenig kommt es auf die Beweglichkeit oder Unbeweglichkeit der Sache an. § 824 ersetzt nur das mangelnde Erbrecht, die sonstigen Voraussetzungen des Eigentumserwerbs (→ Verpflichtungsgeschäft und → Verfügungsgeschäft) müssen erfüllt sein.

**Scheingeschäft (§ 916)**

Von den Parteien nur zum Schein geschlossenes, also nicht wirklich gewolltes Geschäft. In seltenen Fällen wollen die Parteien überhaupt nicht kontrahieren (absolutes Scheingeschäft). Meist wollen sie ein anderes, wirklich gewolltes Geschäft verbergen (verdecktes Geschäft). Das zum Schein geschlossene Geschäft wirkt zwischen den Parteien nicht, weil es nicht gewollt ist. Ausgelöst werden nur die Rechtsfolgen des verdeckten Geschäftes. Besonders ist dabei darauf zu achten, ob dieses nicht wegen → Gesetzwidrigkeit nichtig ist. Einem Dritten, der im Vertrauen auf das Scheingeschäft Rechte erworben hat, kann dessen Unwirksamkeit nicht entgegengehalten werden (§ 916 Abs 2).

**Scheinhersteller**

→ Hersteller.

**Scheinvertreter**

→ falsa procuratio.

**Scheinzubehör**

Gehört → Zubehör oder ein selbständiger → Bestandteil nicht dem Eigentümer der Hauptsache (Scheinzubehör), ist § 293 nicht anzuwenden, wonach Zubehör und selbständige Bestandteile wie unbewegliche Sachen behandelt werden. Damit gelten für den Eigentumserwerb die Regeln über bewegliche Sachen. Das hätte die unbefriedigende Konsequenz, dass der Pfandgläubiger, der auf die Eigentümeridentität und damit auf einen größeren Haftungsfonds vertraut, nicht nach § 456 iVm § 367 erwerben kann: Es bedürfte der Übergabe, die Eintragung der Hypothek im Grundbuch würde (für das Pfandrecht am Scheinzubehör) nicht ausreichen. Deshalb

S

wird überlegt, als Modus für den Gutglaubenserwerb die Eintragung im Grundbuch zuzulassen. Vgl auch → Maschineneigentum.

**Schenkung (§§ 938 ff)**

In einem Schenkungsvertrag verpflichtet sich der Geschenkgeber gegenüber dem Beschenkten, ihm eine Sache unentgeltlich zu überlassen (§ 938). Es handelt sich also um einen → Veräußerungsvertrag. Der Grund der Schenkung liegt in der Freigiebigkeit des Schenkenden. Schenkungen, die sofort erfüllt werden, sind nicht formbedürftig. Schenkungen ohne wirkliche Übergabe bedürfen des Notariatsaktes. Schenkungen haben eine geringere Bestandskraft als entgeltliche Verträge. Der → Motivirrtum ist beachtlich (§ 901), in gewissen Fällen kann es zum → Schenkungswiderruf kommen. Sonderregeln bestehen auch bei → Leistungsstörungen. Nach § 945 haftet der Geschenkgeber nämlich nur, wenn er wissentlich eine fremde Sache verschenkt und dem Beschenkten diesen Umstand verschweigt.

**Schenkung, gemischte**

Setzt sich ein Vertrag aus entgeltlichen und unentgeltlichen Elementen zusammen (→ Vertrag, gemischter), stellt sich die Frage, ob die Regeln für entgeltliche oder für unentgeltliche Verträge anwendbar sind. Nach herrschender Auffassung gilt weder das eine noch das andere in dieser Allgemeinheit. Vielmehr ist für jedes Problem die sachlich angemessene Lösung zu finden. ZB ist die Gewährleistung grundsätzlich zu bejahen, die Preisminderung bezieht sich allerdings nur auf den entgeltlichen Teil. Die → laesio enormis ist bei gemischten Schenkungen kraft expliziter Anordnung ausgeschlossen (§ 935).

**Schenkung, liberatorische**

Verzichtet der Gläubiger gegenüber dem Schuldner unentgeltlich auf die Forderung, spricht man von einer befreienden (liberatorischen) Schenkung. Der Schenkungsvertrag ist dann schon durch die Vereinbarung erfüllt. Die besondere Formpflicht für Schenkungen (Notariatsakt) gilt in diesem Fall nach überwiegender Ansicht nicht.

**Schenkung auf den Todesfall**

Notariatsaktspflichtiger Vertrag zwischen Erblasser und Beschenktem über die mit dem Tod des Erblassers als Anfangstermin befristete Zuwendung einer Sache (§ 956). Gültigkeitsvoraussetzung ist außerdem, dass der Erblasser einen Widerrufsverzicht abgibt. Die Schenkung auf den Todesfall ist bei Lebzeiten des Erblassers im Wesentlichen als Vertrag, nach seinem Tod aber als → Vermächtnis zu behandeln. Sie ist daher als Teil des reinen → Nachlasses in das Inventar aufzunehmen. Vgl auch → Auftrag auf den Todesfall.

**Schenkungsanfechtung**

Können nach einer → Schenkungsanrechnung die erhöhten Pflichtteile nicht aus dem Nachlass gedeckt werden, ist der Beschenkte zur Herausgabe des empfangenen Geschenkes verpflichtet, wenn er den fehlenden Betrag nicht aufzahlt (§ 951). Dies wird als Schenkungsanfechtung bezeichnet.

**Schenkungsanrechnung** Um → Pflichtteilsrechte nicht zu vereiteln, werden Schenkungen des Erblassers zu Lebzeiten bei der Pflichtteilsbemessung auf Verlangen eines pflichtteilsberechtigten Kindes oder des Ehegatten berücksichtigt. Es ist der Pflichtteil eines jeden → Noterben an den anrechnungspflichtigen Schenkungen zu ermitteln. Von diesem Schenkungspflichtteil muss sich jeder Noterbe die von ihm selbst erhaltenen Schenkungen abziehen lassen (§ 787 Abs 2). Schenkungen sind dann nicht zu berücksichtigen, wenn sie aus den Einkünften ohne Schmälerung des Stammvermögens des Erblassers zu gemeinnützigen Zwecken in Entsprechung einer sittlichen Pflicht oder des Anstandes gemacht wurden (§ 785 Abs 3). Außerdem sind solche Schenkungen nicht zu berücksichtigen, die der Erblasser früher als 2 Jahre vor seinem Tod an Personen gemacht hat, die nicht pflichtteilsberechtigt sind.

**Schenkungspflichtteil** → Schenkungsanrechnung.

**Schenkungswiderruf** Schenkungen sind Verträge und können daher nicht einseitig widerrufen werden (§ 946; → pacta sunt servanda). Ausnahmen sind insbesondere das Recht, eine Schenkung wegen nachträglicher Dürftigkeit (§ 947) oder wegen → groben Undankes (§ 948) zu widerrufen.

**Schickschuld** Ergibt sich aus der Vereinbarung oder aus dem Zweck der Leistung, dass der Schuldner verpflichtet ist, die Ware „auf den Weg zu bringen", so liegt eine Schickschuld vor. Erfüllungsort ist zwar der Wohnsitz des Schuldners, anders als bei der → Holschuld muss er die Ware aber auch absenden. Von der → Bringschuld unterscheidet sich die Schickschuld dadurch, dass der Gläubiger grundsätzlich (Ausnahme: Verbrauchergeschäft, § 7b KSchG) das Transportrisiko trägt, weil die bedungene Übergabe (= Gefahrenübergang) bereits mit vereinbarungsgemäßer Absendung erfolgt ist. Außerdem haftet der Schuldner anders als bei der Bringschuld nicht für ein Verschulden des Transporteurs nach § 1313a, da jener nicht zum Transport (sondern nur zur Absendung) verpflichtet ist. Vgl → Versendungskauf.

**Schikane** → Rechtsmissbrauch.

**Schlechterfüllung** Hat der Schuldner seine Leistung zwar erbracht, aber nicht vereinbarungsgemäß, liegt Schlechterfüllung vor. Der Gläubiger hat Rechte aus der → Gewährleistung (§§ 922 ff). Notwendig ist, dass die Leistung schon als Erfüllung angenommen wurde, sonst kann der Gläubiger den Schuldner, der vertragswidrig anbietet, in → Schuldnerverzug versetzen. Die Abnahme der Leistung ist daher die Zäsur zwischen Schlecht- und Nichterfüllung.

**schlichte anfängliche Unmöglichkeit** → Unmöglichkeit, schlichte anfängliche.

S

**Schlüsselgewalt (§ 96)** Recht des Ehegatten, der den gemeinsamen Haushalt führt und keine Einkünfte hat, den anderen bei Rechtsgeschäften des täglichen Lebens, die er für den Haushalt schließt und die den Lebensverhältnissen der Ehegatten entsprechen, zu vertreten. Offenlegung der Vertretung (→ Handeln im eigenen/fremden Namen) ist ausnahmsweise nicht erforderlich.

**Schmerzengeld** → Körperverletzung.

**Schockschaden** Durch ein traumatisches Ereignis können psychische Beeinträchtigungen ausgelöst werden, die Krankheitswert erreichen (zB Miterleben des Unfalltodes eines nahen Angehörigen). Für einen solchen Schockschaden haftet der Schädiger bei adäquater Verursachung, weil es sich um eine → Körperverletzung handelt. Besondere Bedeutung hat der Schockschaden bei der Tötung eines Angehörigen und anschließender krankhafter Trauerreaktion der Hinterbliebenen. Ob diese den Tod miterlebt haben oder die Trauerreaktion durch die Todesnachricht ausgelöst wurde, ist nicht entscheidend. Ein Schockschaden ist auch beim Tod anderer Personen als Angehöriger möglich (Miterleben des Todes des Unfallgegners). Ob dem Schockgeschädigten Ersatz gebührt, hängt von → Adäquanz und → Rechtswidrigkeitszusammenhang ab, beides wird bei nahen Angehörigen jedenfalls bejaht. Vom Schockschaden, der eine Körperverletzung ist, ist der → Trauerschaden zu unterscheiden.

**Schreijahre (§ 64 GBG)** Schreijahre spielen beim gutgläubigen grundbücherlichen Erwerb (→ Vertrauensgrundsatz) eine Rolle. Wird der ursprünglich Berechtigte von einer (falschen) Eintragung seines Nachmannes nicht verständigt, kann ein Dritter, der im Vertrauen auf die falsche Eintragung eingetragen wird, das Recht innerhalb von drei Jahren (Schreijahre) erwerben. Davor kann der Berechtigte den Dritten löschen lassen. Es empfiehlt sich daher für jeden bücherlich Berechtigten, in regelmäßigen Abständen im Grundbuch nachzusehen, ob man nach wie vor eingetragen ist.

**Schriftform** → Formvorschriften.

**Schuldänderung** Werden Nebenbestimmungen eines Schuldverhältnisses einvernehmlich geändert, spricht man von einer Schuldänderung (§ 1379). Bei einer Änderung von Rechtsgrund oder Hauptgegenstand liegt hingegen → Novation vor.

**Schuldbeitritt (§ 1406 Abs 2)** Anders als bei der privativen → Schuldübernahme wird beim Schuldbeitritt – der auch als kumulative Schuldübernahme bezeichnet wird – der Schuldner nicht ausgewechselt. Vielmehr tritt ein zweiter Schuldner der Schuld bei, der alte Schuldner bleibt aber unverändert gebunden. Der Gläubiger kann sich aussuchen, welchen der Schuldner er in Anspruch nimmt. In analoger Anwendung der Formvorschriften der → Bürgschaft (§ 1346 Abs 2) ist auch der Schuldbeitritt zu Sicherungszwecken nur schriftlich möglich.

**Schulderlass** → Verzicht.

**Schuldner (debitor)** Aus einem → Schuldverhältnis (im engeren Sinn) Verpflichteter.

**Schuldnerverzug** Bietet der Schuldner seine Leistung nicht zur gehörigen Zeit, nicht am gehörigen Ort oder nicht auf die bedungene Weise an, so ist er in Verzug. Aus welchen Gründen der Schuldner nicht ordnungsgemäß anbietet, ist für den Eintritt des Schuldnerverzugs nicht relevant. Es bedarf also insbesondere keines Verschuldens. Der Gläubiger kann Erfüllung verlangen oder unter Setzung einer angemessenen Nachfrist den → Rücktritt vom Vertrag erklären (§ 918 Abs 1). Bei → Geldschulden hat der Gläubiger Anspruch auf die gesetzlichen oder vereinbarten → Verzugszinsen. Hat der Schuldner den Verzug verschuldet, treten zu diesen Rechtsfolgen noch Schadenersatzpflichten hinzu. Der Schuldner hat (wenn der Gläubiger am Vertrag festhält) den Schaden zu ersetzen, den er durch verspätete Erfüllung verursacht hat (Verspätungsschaden). Tritt der Gläubiger zurück, kann er den → Differenzanspruch einfordern.

**Schuldrecht** (1) Als Schuldrecht bezeichnet man den Teil des Bürgerlichen Rechts, der die → Schuldverhältnisse regelt. Da das ABGB noch dem → Institutionen-, nicht dem → Pandektensystem folgt, bezeichnet es Schuldrechte als „persönliche Sachenrechte". Das ABGB regelt das Allgemeine Schuldrecht vor allem in den §§ 859–937 und §§ 1342–1450, die Vertragstypen in den §§ 938–1292. Regelungen über gesetzliche Schuldverhältnisse finden sich vor allem in den §§ 1293–1341 (→ Schadenersatzrecht), §§ 1041–1043, §§ 1431–1437 (→ Bereicherungsrecht), §§ 1035–1040 (→ Geschäftsführung ohne Auftrag) und in den §§ 825–858 (schuldrechtliche Aspekte des → Miteigentums). (2) Wer ein Schuldrecht hat, ist aus einem → Schuldverhältnis berechtigt, er hat also ein schuldrechtliches Forderungsrecht.

**Schuldübernahme (§§ 1404–1410)** Bei der Schuldübernahme wird der Schuldner ausgewechselt, dieser Vorgang wird auch als privative Schuldübernahme bezeichnet. An die Stelle des alten Schuldners soll ein neuer treten (§ 1405). Da damit die Gefahr verbunden ist, dass der Haftungsfonds des Gläubigers sich verringert, ist für die privative Schuldübernahme die Zustimmung des Gläubigers notwendig. Geringere Anforderungen an die Mitwirkung des Gläubigers bestehen bei → Hypothekenübernahmen.

**Schuldverhältnis** Schuldverhältnisse sind rechtliche Sonderbeziehungen, durch die eine Person gegenüber einer anderen Person verpflichtet wird, etwas zu tun oder zu unterlassen. Man bezeichnet das Schuldverhältnis auch als „vinculum iuris", als Rechtsband zwischen Schuldner und Gläubiger. Die aus dem Schuldverhältnis resultierenden Rechte und Pflichten sind relativ, sie wirken bloß gegenüber bestimmten Personen, nicht wie zB → Sachenrechte gegenüber jedermann. Der Gläubiger kann die Erfüllung seiner Verbindlichkeit nur von seinem Schuldner verlangen. Umgekehrt ist der Schuldner nur seinem Gläubiger zur Leistung verpflichtet und kann nur an ihn schuldbefreiend leisten. Oft ist es nicht zweckmäßig, nur ein einzelnes Forderungsrecht zu betrachten, da zwischen zwei Personen meist ein ganzes Bündel

S

an Rechten und Pflichten besteht. Aus diesem Grund werden bei einer Betrachtung meist alle sachlich zusammengehörenden Ansprüche und Verbindlichkeiten zusammengefasst. Auch diese Summe von Rechten und Pflichten (zB Kaufvertrag, Mietvertrag) wird meist als Schuldverhältnis (im weiteren Sinn) bezeichnet.

**Schutzgesetz (§ 1311 Satz 2)**
Im Schadenersatzrecht für die Feststellung der → Rechtswidrigkeit relevante Verhaltensnormen, die bestimmte abstrakt gefährliche Verhaltensweisen verbieten (zB Fahren über eine rote Ampel). Ein Verstoß gegen ein Schutzgesetz ist grundsätzlich rechtswidrig, die endgültige Beurteilung hängt allerdings vom → Rechtswidrigkeitszusammenhang ab.

**Schutz- und Sorgfaltspflichten**
Besondere Kategorie von Nebenpflichten. Sie umfassen das allgemeine Gebot an den Schuldner, sich so zu verhalten, dass er den Gläubiger nicht an seiner Person oder seinen sonstigen Rechtsgütern schädigt. Sie ergeben sich aus der Vertragsauslegung. Häufig betreffen sie ein Verhalten, das auch ohne Vertragsbeziehung rechtswidrig wäre und schadenersatzpflichtig machen würde. Die Bedeutung liegt darin, dass solche allgemeinen Pflichten zwischen Vertragsparteien intensiviert werden, weil meistens höhere Sorgfalt verlangt wird. Außerdem hat die → Vertragshaftung für den Geschädigten erhebliche Vorteile gegenüber der → Deliktshaftung.

**Schutzzweck**
→ Rechtswidrigkeitszusammenhang.

**Schwarzfahrer**
Der Begriff des Schwarzfahrers spielt eine Rolle für die Frage, wer für einen Unfall nach dem → Eisenbahn- und Kraftfahrzeughaftpflichtgesetz haftet. Schwarzfahrer ist, wer das Kfz ohne Wissen und Willen des Halters in Betrieb nimmt (zB Dieb). Er haftet statt des → Halters (§ 6 EKHG). Allerdings haftet der Halter mit dem Schwarzfahrer solidarisch (→ Gesamtschuld), wenn er die Schwarzfahrt schuldhaft ermöglicht (begünstigt) hat. Der Halter haftet weiterhin, wenn der Unfall von einer Person verursacht wird, der das Verkehrsmittel vom Halter zu bestimmten Zwecken überlassen wurde, die aber keine Erlaubnis für die konkrete Fahrt hatte („angestellter Schwarzfahrer", § 6 Abs 2 EKHG).

**selbständige Nebenleistungspflicht**
→ Nebenleistungspflicht.

**Selbstbestimmung**
→ Privatautonomie.

**Selbstbestimmung, geschlechtliche**
→ Schaden, immaterieller.

**Selbsterhaltungsfähigkeit**
Ein → Kind hat bis zur Selbsterhaltungsfähigkeit Unterhaltsansprüche gegen seine Eltern (→ Kindesunterhalt). Die Selbsterhaltungsfähigkeit ist dann erreicht, wenn das Kind die Mittel zur Deckung seiner Bedürfnisse

selbst erwirbt oder erwerben könnte. Es gilt das → Anspannungsprinzip: Hat das Kind aus eigenem Verschulden kein ausreichendes Einkommen, kann es keinen Unterhalt beanspruchen.

**Selbsthilfe** Eigenmacht, durch die der Berechtigte versucht, einen Zustand herzustellen, der seinem Recht entspricht. Da der Staat das Gewaltmonopol hat, ist Selbsthilfe grundsätzlich unzulässig (§ 19), es sei denn, behördliche Hilfe käme zu spät (§ 344). Zulässige Selbsthilfe bildet einen → Rechtfertigungsgrund.

**Selbstkontrahieren** → Insichgeschäft.

**Selbstverbesserung** Führt der Übernehmer die → Verbesserung selbst durch (oder beauftragt er einen Dritten damit) und verlangt anschließend die Kosten der Verbesserung, spricht man von Selbstverbesserung. Hat der Übernehmer dem Übergeber keine zweite Chance gewährt (sonst: → Preisminderung, uU → Deckungsgeschäft), spricht man von voreiliger Selbstverbesserung. Für einen Anspruch auf Ersatz dieser Kosten ist im System der → Gewährleistungsbehelfe dann kein Platz. Der OGH gewährt dem Übernehmer aber einen Anspruch in Analogie zu § 1168 (Ersparnisregel bei der → Sphärentheorie). Der Gewährleistungspflichtige hat zu ersetzen, was er sich durch die unterbliebene Verbesserung erspart hat (zB an Material und Arbeitszeit).

**Servitut** → Dienstbarkeit.

**Sicherungseigentum** Dem Sicherungseigentum liegt folgende Vereinbarung zugrunde: Das Eigentum wird vom Schuldner (Sicherungsgeber) an den Gläubiger (Sicherungsnehmer) zur Besicherung der Forderung übertragen. Zahlt der Schuldner bei Fälligkeit nicht, soll sich der Gläubiger aus der sicherungsweise übereigneten Sache befriedigen können. Die Konstruktion ist dem → Pfandrecht sehr ähnlich, die für das Pfand erforderliche → Publizität ist daher auch hier notwendig. Das Recht des Gläubigers ist nach außen unbeschränkt, nach innen ist es durch die Vereinbarung mit dem Sicherheitenbesteller beschränkt. Es liegt daher ein Fall der (eigennützigen) → Treuhand vor.

**Sicherungszession** → Zession, der eine Sicherungsabrede zwischen Zedent und Zessionar zugrunde liegt. Der Sicherungszessionar ist im Innenverhältnis zum Sicherungsgeber (= Zedent) verpflichtet, die Forderung nur dann einzulösen, wenn dieser bei Fälligkeit nicht zahlt. Die Konstruktion ähnelt dem Pfandrecht an einer Forderung. Die Sicherungszession bedarf daher der Publizität (→ Drittschuldnerverständigung oder → Buchvermerk). Das Recht des Sicherungszessionars ist nach außen unbeschränkt, nach innen ist es durch die Vereinbarung mit dem Sicherheitenbesteller beschränkt. Es liegt daher ein Fall der (eigennützigen) → Treuhand vor.

**Simultanhypothek (§ 15 GBG)**

Für eine Forderung werden → Hypotheken auf zwei oder mehreren Liegenschaften eingeräumt. Der Gläubiger kann die Bezahlung der ganzen Forderung aus jeder einzelnen Pfandsache verlangen (insgesamt nur einmal). Dieses Wahlrecht gefährdet nachrangige bücherlich Berechtigte der verwerteten Liegenschaft. Ähnliche Gefahren bestehen, wenn die verpfändeten Liegenschaften nicht demselben Eigentümer gehören. Die Gefahren werden durch die Schaffung von Ausgleichsansprüchen vermieden: Gehören die Liegenschaften verschiedenen Eigentümern, entstehen analog zu § 896 Regressansprüche. Im Fall nachrangiger Berechtigungen gibt es nach § 222 EO einen dinglichen Ausgleichanspruch der nachrangigen Hypothekargläubiger der verwerteten Liegenschaft. → Ersatzhypothek.

**Singularsukzession**

Als Gegensatz zur → Universalsukzession die Rechtsnachfolge hinsichtlich eines bestimmten Gegenstandes oder Rechts. Der Legatar ist zB Singularsukzessor (→ Vermächtnis).

**Sittenwidrigkeit**

Geschäfte, die gegen die guten Sitten verstoßen, sind nach § 879 Abs 1 nichtig (vgl → Nichtigkeit, absolute; → Nichtigkeit, relative). Sittenwidrig ist nach der Rechtsprechung, was dem Rechtsgefühl der Rechtsgemeinschaft aller billig und gerecht Denkenden widerspricht. Sittenwidrig sind zB die Versprechen, nie zu heiraten, seinen Beruf nie zu wechseln oder eine bestimmte Religion zu wählen, weil dadurch grundlegende durch die Rechtsordnung gewährte Rechte erheblich eingeschränkt werden; „Knebelungsverträge", das sind Verträge, die einen Unternehmer einseitig an einen übermächtigen Partner oder auf übermäßig lange Dauer binden; der gänzliche Gewährleistungsausschluss bei fabriksneuer Ware wird wegen grober Störung der Äquivalenz als sittenwidrig beurteilt; sittenwidrig können auch Interzessionen naher Angehöriger sein (→ Angehörigenbürgschaft).

**Sitztheorie**

→ Gründungstheorie.

**Socinische Kautel**

Der Erblasser kann den Pflichtteil in beliebiger Gestalt hinterlassen, er muss dem Berechtigten allerdings ganz frei bleiben (§ 774; → Pflichtteilsrecht). Der → Noterbe kann jedoch Belastungen freiwillig auf sich nehmen. Die Socinische Kautel soll ihn dazu veranlassen: Der Erblasser ordnet eine belastete Zuwendung an den Pflichtteilsberechtigten an, die diesen wirtschaftlich aber besser stellt als der reine Pflichtteil. Diese Zuwendung knüpft er an die Bedingung, dass der Pflichtteilsberechtigte entweder die gesamte Zuwendung unter der Belastung annimmt oder auf den niedrigeren (aber unbelasteten) Pflichtteil fällt.

**Solidarforderung**

→ Gesamtforderung.

**Solidarschuld**

→ Gesamtschuld.

**Sonderbedarf**

→ Regelbedarf.

**Sondergut**
Von der → Gütergemeinschaft ausgenommene Güter werden als Eigenvermögen (→ Eigengut) bezeichnet. Kraft Gesetzes sind höchstpersönliche Rechte („Sondergut") ausgenommen (zB Unterhaltsansprüche).

**Sonderprivatrecht**
Sonderprivatrechte enthalten besondere privatrechtliche Vorschriften für einen bestimmten Personenkreis oder für bestimmte Sachgebiete (zB Unternehmensrecht, Arbeitsrecht, Versicherungsvertragsrecht). Soweit die Sonderprivatrechte keine besonderen Vorschriften enthalten, muss jeweils das allgemeine → Bürgerliche Recht angewendet werden.

**Sowiesokosten**
Kosten, die eine mangelfreie Leistung von vornherein (sowieso) mit sich gebracht hätte. Der Übergeber darf für die → Verbesserung zwar kein zusätzliches Entgelt verlangen. Ist die Herstellung des geschuldeten Erfolges aber mit den vertraglich vereinbarten Mitteln nicht möglich, wäre der Mangel unbehebbar. Der Werkbesteller kann in diesem Fall (nur dann) Verbesserung verlangen, wenn er die Kosten trägt, die für die mangelfreie Leistung angefallen wären.

**Spezialitätsprinzip**
Sachenrechte können nur an bestimmten Einzelsachen bestehen und begründet werden, Rechte am Vermögen als Ganzes oder Verfügungen über das Vermögen schlechthin gibt es nicht. Zur Übertragung dinglicher Rechte bedarf es jeweils gesonderter → Verfügungsgeschäfte.

**Spezialvollmacht**
Die → Vollmacht kann für alle Geschäfte einer Person erteilt werden (→ Generalvollmacht), für einzelne Geschäfte (Spezialvollmacht) oder für eine bestimmte Art von Geschäften (zB Vollmacht, Waren zu verkaufen: → Gattungsvollmacht). Bei manchen Geschäften reicht weder eine General- noch eine Gattungsvollmacht aus, sondern ist gemäß § 1008 Spezialvollmacht Voraussetzung wirksamer direkter → Stellvertretung.

S

**Speziesschuld**
Bei der Speziesschuld wird der Schuldinhalt anders als bei der → Gattungsschuld durch individuelle Merkmale festgelegt. Die Charakterisierung als Gattung oder Spezies hängt vom Parteiwillen ab. Die Unterscheidung zwischen Gattungs- und Speziesschuld hat vor allem im Leistungsstörungsrecht Bedeutung: → Austausch; → Gefahrtragung.

**Spezifikationskauf (§ 1063b)**
Ein Sonderfall der → Wahlschuld ist der Spezifikationskauf, bei dem der Käufer die nähere Bestimmung von „Form, Maß oder ähnlicher Verhältnisse" vornehmen kann. Der Käufer ist zur Vornahme der Spezifikation verpflichtet. Kommt er der Pflicht nicht nach, kann der Verkäufer wie bei der Wahlschuld vom Vertrag zurücktreten oder die Spezifikation selbst vornehmen.

**Sphärentheorie (§ 1168)**
Die Sphärentheorie regelt beim → Werkvertrag die Frage, wer das Risiko des Unterbleibens des gewünschten Erfolges trägt (→ Gefahrtragung, → Gewährleistung). Lagen die Umstände auf Seiten des Bestellers, muss er zahlen, obwohl er keine Leistung erhält. Der Werkunternehmer muss sich

aber anrechnen lassen, was er sich dadurch erspart oder zu erwerben absichtlich versäumt hat (Ersparnisregel). Lagen die Umstände auf Seiten des Unternehmers, entfällt sein Entgeltanspruch. Fällt der Umstand weder in die eine noch in die andere Sphäre, entfällt der Entgeltanspruch ebenfalls. Der Werkleistungsschuldner trägt also die Gefahr für die neutrale Sphäre. Die Sphärentheorie determiniert auch das Gewährleistungsrecht: Ist das Werk aus Umständen in der Bestellersphäre mangelhaft, gibt es keinen Gewährleistungsanspruch, weil der Besteller dieses Risiko trägt.

**Sprungeintragung (§ 22 GBG)**
Eintragungen im → Grundbuch sind grundsätzlich nur gegen den zulässig, der zur Zeit des Ansuchens im Grundbuch aufscheint (§ 21 GBG; Prinzip des → bücherlichen Vormanns). Die Sprungeintragung ist eine Ausnahme: Wenn der eingetragene A die Liegenschaft an B und dieser wieder an C verkauft, so kann C sofort seine Eintragung erwirken, auch wenn B nicht im Grundbuch eingetragen war. Man bezeichnet dies auch als bücherliches Streckengeschäft.

**Staatsbürgerschaft**
→ Personalstatut.

**Staatshaftung**
Schadenersatzrechtliche Verantwortlichkeit des Staates für Verstöße gegen Unionsrecht, zB durch die verspätete Umsetzung einer → EU-Richtlinie. Die Staatshaftung kann sich aus legislativem, administrativem und judikativem Unrecht ergeben, anders als im → Amtshaftungsgesetz sind auch Erkenntnisse der Höchstgerichte nicht ausgenommen. Ein Geschädigter hat einen Ersatzanspruch, wenn ihm die verletzte Vorschrift des Unionsrechts Rechte verleihen soll, der Verstoß hinreichend qualifiziert ist und zwischen Verstoß und dem erlittenen Schaden ein – wie es der EuGH ausdrückt – „unmittelbarer Kausalzusammenhang" besteht.

**stärkste Beziehung**
→ Beziehung, stärkste.

**Statut**
Als Statut bezeichnet man im → Internationalen Privatrecht die auf einen Sachverhalt anzuwendende Rechtsordnung. Das → Vertragsstatut wird bei vertraglichen Schuldverhältnissen mit Auslandsbezug berufen, das → Deliktsstatut bei internationalen Schadenersatzfällen, das → Ehescheidungsstatut bei internationalen Ehescheidungen usw.

**Statutenwechsel**
Von einem Statutenwechsel spricht man, wenn sich die Anknüpfungsmerkmale für die kollisionsrechtliche Beurteilung ändern (zB Änderung des gewöhnlichen Aufenthaltes). Im Anwendungsbereich von → Rom I und → Rom II haben nach Vertragsabschluss eintretende Veränderungen keinen Einfluss auf die kollisionsrechtliche Anknüpfung.

**stellvertretendes commodum**
Das stellvertretende commodum (vgl §§ 1447, 1041) ist nach gängiger Definition der Vorteil, der im Vermögen des Schuldners an die Stelle der nun unmöglichen, dem Gläubiger ursprünglich geschuldeten Leistung tritt. Bsp: Der Anspruch aus der Feuerversicherung ist stellvertretendes commo-

dum für das abgebrannte Wohnhaus. Der Begriff hat bei nachträglicher Unmöglichkeit Bedeutung: Der Gläubiger ist nämlich berechtigt, die Herausgabe des stellvertretenden commodums gegen Erbringung der eigenen Leistung zu fordern. Er kann sich stattdessen auch auf den Wegfall des Vertrages wegen nachträglicher Unmöglichkeit berufen (es sei denn, er hat die Unmöglichkeit selbst zu vertreten).

**Stellvertretung, direkte**

Direkte Stellvertretung ist rechtsgeschäftliches Handeln (des Stellvertreters) für einen anderen (den Vertretenen) in dessen Namen. Sie führt zu direkter Berechtigung oder Verpflichtung des Vertretenen: Das rechtsgeschäftliche Handeln des Stellvertreters wirkt so, als hätte der Vertretene selbst gehandelt. Voraussetzung dafür sind: Offenlegung (→ Handeln im eigenen/fremden Namen), → Vertretungsmacht und zumindest beschränkte → Geschäftsfähigkeit des Vertreters.

**Stellvertretung, indirekte**

Ein indirekter (mittelbarer) Stellvertreter handelt zwar auf fremde Rechnung, aber im eigenen Namen (→ Handeln im eigenen/fremden Namen). Zum Unterschied von der direkten Stellvertretung erzeugt der mittelbare Stellvertreter keine Berechtigung oder Verpflichtung des Geschäftsherrn gegenüber Dritten. Der Begriff der mittelbaren oder indirekten Stellvertretung ist irreführend, da der mittelbare Stellvertreter gerade keine Vertretungshandlungen setzt.

**Stiefelternschaft**

Stiefelternteile stehen zu ihren Stiefkindern nach dem Grundkonzept des → ABGB in keiner Sonderbeziehung, und zwar unabhängig davon, ob sie mit ihrem neuen Partner verheiratet sind oder nicht. Sie haben keine besonderen gesetzlichen Rechte: Die → Obsorge steht nämlich grundsätzlich nur leiblichen Eltern zu (vgl aber → Adoption und → Pflegefamilie). Stiefeltern treffen gegenüber Stiefkindern aber auch keine besonderen (elterlichen) Pflichten, sie sind zueinander Fremde. Von diesem Grundkonzept hat der Gesetzgeber allerdings zwei Ausnahmen geschaffen, die insbesondere → Patchwork-Familien betreffen: Nach § 90 Abs 3 hat „jeder Ehegatte [...] dem anderen in der Ausübung der Obsorge für dessen Kinder in angemessener Weise beizustehen. Soweit es die Umstände erfordern, vertritt er ihn auch in den Obsorgeangelegenheiten des täglichen Lebens" (eheliches Patchworking). Nach § 139 Abs 2 muss „eine mit einem Elternteil und dessen minderjährigem Kind nicht nur vorübergehend im gemeinsamen Haushalt lebende volljährige Person, die in einem familiären Verhältnis zum Elternteil steht, [...] alles den Umständen nach Zumutbare [...] tun, um das Kindeswohl zu schützen". Außerdem ist gleich dem ehelichen Patchworking eine Vertretungsmacht in alltäglichen Obsorgeangelegenheiten vorgesehen (außereheliches Patchworking).

**Stiefkindadoption**

→ Adoption eines leiblichen Kindes des Ehegatten oder eingetragenen Partners des Annehmenden.

**Stiftung**

→ Person, juristische.

**stille Annahme** → Annahme, stille.

**Stoff, beigestellter** → Warnpflicht.

**Streckengeschäft** Oft werden Kaufverträge in einer Kette abgeschlossen, der erste Käufer verkauft die Sache weiter und ist an einer tatsächlichen Übergabe an ihn selbst nicht interessiert. Dies wird im Sachenrecht als Streckengeschäft bezeichnet. Meist liegt ihm eine → Anweisung des ersten Käufers an den ersten Verkäufer zugrunde, direkt an den zweiten Käufer zu liefern. Der Eigentumserwerb erfolgt dann grundsätzlich wie am „langen Weg". Bei Liegenschaften → Sprungeintragung.

**Streitanmerkung** Die Streitanmerkung (§§ 61 ff GBG) ist eine besondere Form der → Anmerkung im Grundbuch. Sie kann während eines laufenden Rechtsstreits über die Löschung eines bücherlich Eingetragenen begehrt werden und bewirkt, dass ein dem Klagebegehren stattgebendes Urteil auch gegen alle Dritte wirkt, die in der Zwischenzeit bücherliche Rechte an der Liegenschaft erworben haben.

**Stückschuld** → Speziesschuld.

**Stundung** Wird die → Fälligkeit nachträglich nach hinten verschoben, spricht man von einer Stundung. Wird durch die Stundung der Verzug beendet und eine neue Fälligkeit vereinbart, handelt es sich um eine volle Stundung. Wird nur die Geltendmachung hinausgeschoben, die Fälligkeit aber unverändert gelassen, läuft der Verzug weiter und es fallen zB → Verzugszinsen weiter an (reine Stundung).

**subjektive Äquivalenz** → Gewährleistung; → Preisminderung.

**Substitution** (1) Die komplette Weitergabe eines → Auftrages (und der → Vollmacht) an eine andere Person (Substituten) durch den Beauftragten. Ist die Substitution erlaubt (§ 1010), haftet der ursprünglich Beauftragte nur für → Auswahlverschulden. Ist sie verboten, haftet er für jeden Schaden, der sonst nicht eingetreten wäre (→ casus mixtus-Haftung). (2) Im Erbrecht werden bestimmte Gestaltungsmöglichkeiten des Erblassers als Substitution bezeichnet. Man unterscheidet die gemeine Substitution (→ Ersatzerbschaft) und die fideikommissarische Substitution (→ Nacherbschaft).

**Subunternehmer** → Generalunternehmer.

**Sukzessivadoption** → Adoption eines Kindes, das zuvor der Ehegatte des Annehmenden adoptiert hat (vgl § 191 Abs 2 Satz 1). Die Sukzessivadoption durch eingetragene Partner ist nicht zulässig.

**Sukzessivlieferungsverträge** → Teilverzug.

**Superädifikat (§ 435)** Superädifikate (Überbauten) sind selbständige Bauwerke, die auf fremdem Grund in der Absicht aufgeführt werden, dass sie nicht stets darauf bleiben sollen. Das Superädifikat bleibt sonderrechtsfähig. Das ist eine Ausnahme vom Grundsatz → superficies solo cedit, nach dem ein fest errichtetes Bauwerk in seinem rechtlichen Schicksal dem Grund, auf dem es steht, folgt. Das selbständige Eigentum am Bauwerk entsteht mit dessen Errichtung. Die Übertragung von Rechten an Überbauten erfolgt durch → Urkundenhinterlegung.

**superficies solo cedit** Das Eigentum am Gebäude folgt dem Eigentum am Grundstück. Das Gebäude ist damit sonderrechtsunfähig. Es handelt sich um einen Anwendungsfall des Grundsatzes, dass unselbständige → Bestandteile stets dem sachenrechtlichen Schicksal der Hauptsache folgen. Ausnahmen bestimmt das Gesetz beim → Superädifikat und beim → Baurecht.

**Suspensivbedingung** → Bedingung.

**symbolische Übergabe** → Übergabe.

**Synallagma** Bei einem synallagmatischen Vertrag sind Leistung und Gegenleistung miteinander verknüpft: Das eine Leistungsversprechen kommt nur wegen des anderen Leistungsversprechens zustande (zB → Kauf). Mit dem Begriff Synallagma bezeichnet man die Verbindung und Abhängigkeit von Leistung und Gegenleistung, die sich zB bei der Zug-um-Zug-Einrede des § 1052 zeigt (→ Zurückbehaltungsrecht).

**systematische Interpretation** → Interpretation, systematische.



S

# T Tabularbesitz – Typenzwang

**Tabularbesitz**

→ Buchbesitz.

**Taschengeldparagraph**

Nach § 170 Abs 3 werden alterstypische Geschäfte eines Geschäftsunfähigen, die eine geringfügige Angelegenheit des täglichen Lebens betreffen, mit der Erfüllung der diese Person treffenden Pflichten rückwirkend rechtswirksam. → Geschäftsfähigkeit.

**Tausch (§§ 1045 ff)**

Bei einem Tauschvertrag verpflichtet sich eine Partei, der anderen eine Sache gegen eine andere Sache zu überlassen (→ Veräußerungsvertrag). Wird eine Sache gegen Geld überlassen, handelt es sich aber um einen → Kauf. Für Tausch und Kauf gelten grundsätzlich dieselben Regeln.

**TEAGAK-Formel**

Bei der Ermittlung des → Erben kann schrittweise vorgegangen werden, als Hilfe dient das Merkwort TEAGAK: Zuerst ist zu prüfen, ob es einen Testamentserben gibt, danach, ob ein Ersatzerbe (→ Ersatzerbschaft) berufen ist, danach, ob eine → Anwachsung stattfinden kann. Schließlich, ob die gesetzliche Erbfolge eintritt (→ Familienerbfolge nach dem → Parentelensystem). Ist das nicht der Fall, ist das Außerordentliche Erbrecht der Legatare zu prüfen (§ 726), um den → Heimfall an den Staat zu verhindern (Kaduzität).

**Teilamortisationsvertrag**

Teilamortisationsverträge sind → Finanzierungsleasingverträge, für die charakteristisch ist, dass der Gebrauchswert des Gutes durch die (kurze) Nutzungsdauer nicht ausgeschöpft wird. Der Leasingnehmer trägt aber das wirtschaftliche Risiko der Verschlechterung: Er muss nämlich dafür einstehen, dass das Leasingobjekt zum vereinbarten Restwert verkauft werden kann; oft hat er nach Vertragsende dann auch eine Kaufoption mit im Vorhinein fixiertem Kaufpreis.

**Teilanwendungsbereich**

→ Mietrechtsgesetz.

**Teildissens**

Sind → essentialia negotii eines Vertrages von einem → Dissens betroffen, kommt die Vereinbarung nicht zustande. Sind hingegen nicht die Hauptpunkte, sondern Nebenpunkte betroffen, gilt Folgendes: Die vom Dissens betroffenen Punkte werden keinesfalls Inhalt der Vereinbarung. Für die Gültigkeit der (vom Dissens nicht betroffenen) Restvereinbarung ist zu unterscheiden: Bei offenem Teildissens wird angenommen, dass der Vertrag im Zweifel nicht geschlossen ist, solange noch irgendein Punkt offen ist. Haben die Parteien geglaubt, völlige Einigung erzielt zu haben, während in Wahrheit Nebenpunkte noch offen sind (versteckter Teildissens), richtet sich die Entscheidung über die Restgültigkeit nach dem → hypothetischen

Parteiwillen. Im Zweifel bleibt die Restvereinbarung gültig, vgl auch → Teilunmöglichkeit.

**Teilforderung** Haben mehrere Anspruch auf eine teilbare Leistung (zB Geld), kann jeder Gläubiger seinen Anteil fordern (§ 889). Die Anteile sind im Zweifel gleich groß. Trotz Teilbarkeit der Leistung entstehen allerdings keine Teilforderungen, sondern → Gesamthandforderungen, wenn Miteigentümer Anspruch auf eine teilbare Leistung haben (§ 848 Satz 2 und 3).

**Teilhersteller** Wer eine bewegliche körperliche Sache herstellt, die in ein anderes Produkt (Endprodukt oder weiteres Teilprodukt) eingebaut wird. Nach dem → Produkthaftungsgesetz haftet der Unternehmer, der ein Produkt hergestellt und in den Verkehr gebracht hat (→ Hersteller). Das ist nicht nur, wer das Endprodukt erzeugt hat (Endhersteller), sondern auch, wer ein Teilprodukt oder einen Grundstoff hergestellt hat, und der Scheinhersteller (§ 3 PHG). Es haften daher End-, Teil-, Grundstoff- und Scheinhersteller gleichermaßen (Regress nach § 12 PHG) jeweils für die Fehlerhaftigkeit ihres Produkts (Endprodukt, Teilprodukt, Grundstoff). Auch der Teilhersteller haftet nur, wenn eine vom Produkt verschiedene körperliche Sache beschädigt wird (§ 1 Abs 1 PHG). Weiterfresserschäden, das sind Beschädigungen des Endprodukts durch das Teilprodukt (defekter Wasserschlauch führt zu defektem Motor), werden nach herrschender Auffassung nicht ersetzt.

**Teilnichtigkeit** Bei Teilnichtigkeit wegen → Gesetz- oder → Sittenwidrigkeit kommt es für die Gültigkeit der Restvereinbarung darauf an, welchen Schutzzweck die Verbotsnorm verfolgt. Dient das Verbot dem Schutz einer der Vertragsparteien, fällt zwar die verbotene Vereinbarung weg, der Restvertrag bleibt jedoch ohne Rücksicht auf den → hypothetischen Parteiwillen aufrecht. Dadurch unterscheiden sich die Rechtsfolgen von denen bei → Teilunmöglichkeit. Vom Problem der Teilnichtigkeit der Vereinbarung zu unterscheiden ist die Frage, welche Wirkung die Nichtigkeit eines Teiles einer Klausel auf das Bestehen der restlichen Klausel hat. Überwiegend wird die Auffassung vertreten, dass die Klausel mit ihrem zulässigen Inhalt bestehen bleibt (geltungserhaltende Reduktion der Klausel). Anders im Anwendungsbereich des KSchG, weil zu weit gefasste Klauseln dem → Transparenzgebot (§ 6 Abs 3 KSchG) widersprechen und somit zur Gänze nichtig sind.

**Teilrücktritt** → Teilverzug.

**Teilschuld** Schulden mehrere eine teilbare Leistung, entsteht nach § 889 Teilschuld. Jeder Schuldner muss seinen Anteil leisten. Die Größe der Anteile richtet sich nach den internen Verhältnissen, im Zweifel sind diese gleich groß. Entgegen der (dispositiven) gesetzlichen Anordnung nimmt die Rechtsprechung sehr oft nicht Teil-, sondern → Gesamtschuld an, wenn sich mehrere gemeinsam zur Erbringung einer teilbaren Leistung verpflichten.

**Teilschuldverschreibung**

Zur Finanzierung größerer Projekte vor allem der öffentlichen Hand können Teilschuldverschreibungen ausgegeben werden. Dabei ist der aus dem Papier Berechtigte nicht Gläubiger der Gesamtkreditforderung, sondern nur eines Teils. Derartige Teilschuldverschreibungen können hypothekarisch besichert werden. Dabei wird das Pfandrecht auf der Liegenschaft (→ Hypothek) nicht zugunsten namentlich angeführter Gläubiger, sondern zugunsten der jeweiligen Besitzer der Schuldverschreibung für einen Gesamtbetrag einverleibt. Die Interessen der Gläubiger werden durch einen gemeinsamen Kurator vertreten.

**Teilungsklage (§§ 830 f)**

Klage eines Miteigentümers auf Teilung des → Miteigentums, also Auflösung der Eigentumsgemeinschaft. Die Teilung kann natural durch Realteilung oder durch Zivilteilung (Veräußerung und Teilung des Erlöses) erfolgen.

**Teilunmöglichkeit**

Ist die vereinbarte Leistung nicht ganz, sondern nur zum Teil → geradezu unmöglich (§ 878), so ist der von der Unmöglichkeit betroffene Vertragsteil ungültig. Für die Wirksamkeit des Restvertrages stellt das Gesetz auf den → hypothetischen Parteiwillen ab. Hätten die Vertragspartner auch den Rest des Vertrages allein geschlossen, ist er gültig, sonst ungültig. Im Zweifel bleibt der Restvertrag aufrecht. Diese Grundsätze werden analog auf andere Fälle der Teilunwirksamkeit (nicht aber bei → Teilnichtigkeit) angewendet, wenn also ein Teil des Vertrages ungültig ist oder beseitigt werden kann.

**Teilunwirksamkeit**

→ Teilunmöglichkeit.

**Teilverzug**

Der Schuldner bietet seine Leistung unvollständig an. Der Gläubiger kann die vollständige Erfüllung verlangen oder unter Setzung einer Nachfrist zurücktreten (§§ 918 ff; → Schuldnerverzug). Bei zeitlich gestaffelt zu erbringenden Leistungen (Sukzessivlieferungsverträge) hat der Gläubiger das Wahlrecht, ob er nur hinsichtlich der einzelnen Leistungen zurücktritt (Teilrücktritt) oder auch hinsichtlich der noch ausständigen Teilleistungen, mit denen der Schuldner noch gar nicht in Verzug ist (§ 918 Abs 2). Bei vollständig teilbaren (gestaffelt oder gleichzeitig zu erbringenden) Leistungen kann der Gläubiger allerdings hinsichtlich der bereits gehörig erbrachten (angebotenen) Leistungen nicht zurücktreten, sondern nur einen Teilrücktritt geltend machen.

**teleologische Interpretation**

→ Interpretation, teleologische.

**teleologische Reduktion**

→ Reduktion, teleologische.

**telos**

→ Interpretation, teleologische.

**Testament, eigenhändiges (§ 578)**

Eigenhändig geschriebene und unterschriebene → letztwillige Verfügung. Die Unterfertigung eines maschingeschriebenen Aufsatzes reicht für die Wirksamkeit der Verfügung nicht aus. Der Erblasser muss mit seinem Namen unterfertigen, Vorname oder sonstige übliche Bezeichnungen genügen.

**Testament, fremdhändiges (§§ 579–581)**

→ Letztwillige Verfügung, die aus einem beliebig zustande gekommenen Aufsatz besteht (Niederschrift), den der Erblasser unterschreiben muss. Der Erblasser hat vor 3 → Testamentszeugen, von denen mindestens 2 gleichzeitig anwesend sein müssen, zu bekräftigen, dass dieser seinen letzten Willen enthält (nuncupatio, Bestätigung, Bekräftigung). Die Zeugen müssen dann auf der Urkunde selbst mit einem Hinweis auf ihre Zeugeneigenschaft unterschreiben.

**Testamentsform**

Letztwillige Verfügungen bedürfen für ihre Gültigkeit einer besonderen Form (→ Formvorschriften). Man unterscheidet öffentliche und private Testamente. Öffentliche Testamente können mündlich oder schriftlich vor Gericht oder Notar errichtet werden. Bei privaten Testamenten unterscheidet man → Testament, eigenhändiges und → Testament, fremdhändiges. Weniger strenge Formvorschriften gibt es beim → Nottestament.

**Testamentszeuge**

Zeugen des Testieraktes (→ Testament, fremdhändiges), die mit Wissen und Willen des Testators ihre Aufgabe erfüllen. Gültiger Zeuge kann nur sein, wer fähiger Zeuge ist. Unfähige Zeugen sind vor allem befangene Personen, also solche, die durch die Verfügung bedacht sind, deren Ehegatte, Eltern, Kinder, Geschwister und mit ihnen im selben Grad verschwägerte Personen sowie besoldete Hausgenossen (§ 594). Die Befangenheit bezieht sich nur auf Begünstigungen.

**testamentum ruptum (§ 778)**

Gesetzlich vertypter Irrtumstatbestand über die Übergehung von pflichtteilsberechtigten Kindern. Übergeht der Erblasser sein einziges Kind, weil ihm sein Dasein unbekannt war (Präterition), oder erhält ein kinderloser Erblasser nach Erklärung seines letzten Willens ein Kind, für das keine Vorsehung getroffen ist (Agnation), so wird die → letztwillige Verfügung, abgesehen von bestimmten Vermächtnissen, entkräftet. Es tritt dann die gesetzliche Erbfolge (→ Familienerbfolge) ein. Wird eines von mehreren Kindern aus Versehen übergangen, liegt kein testamentum ruptum vor, es kommt zur Korrektur des letzten Willens: Das übergangene Kind erhält so viel wie der am mindesten bedachte Noterbe (§ 777).

**Testierfähigkeit**

Als Unterfall der → Geschäftsfähigkeit die Fähigkeit, letztwillige Verfügungen zu errichten oder aufzuheben. Die Testierfähigkeit muss im Zeitpunkt des Testieraktes vorhanden sein (§§ 575, 576). Voll testierfähig sind Personen über 18 Jahren im Vollbesitz ihrer geistigen Kräfte (§ 569). Mündige Minderjährige (ab dem vollendeten 14. Lebensjahr) sind beschränkt testierfähig. Sie können zwar über ihr ganzes Vermögen verfügen, der letzte Wille muss aber mündlich vor Gericht oder Notar errichtet werden (§ 569). Unter Sachwalterschaft stehende Personen unterliegen derselben Einschränkung, wenn dies zu ihrem Schutz angeordnet ist (§ 568).

**Testierfreiheit** Die Möglichkeit des Erblassers, seine Rechtsnachfolge von Todes wegen nach Belieben zu ordnen und frei zu bestimmen, an wen sein Vermögen gelangen soll. Tut er das nicht, kann der Nachlass nur nach dem Gesetz verteilt werden (→ Familienerbfolge). Die Grenze der Testierfreiheit bildet das → Pflichtteilsrecht, mit dem der Ausgleich zur gesetzlich vorgesehenen Familienerbfolge hergestellt wird: Bestimmte Personen müssen am Nachlass partizipieren. Sonstige Einschränkungen der Testierfreiheit sind unzulässig.

**Testiergebot** Unzulässige Einschränkung der → Testierfreiheit des Erben durch den Erblasser, indem dieser seinem Erben vorschreibt, wen er selbst zum Erben zu bestellen hat. Möglich ist eine Umdeutung in eine Nacherbschaft für das vom Erblasser selbst stammende Vermögen (§ 610; → Nacherbfolge, konstruktive).

**Testierverbot** Unzulässige Einschränkung der Testierfreiheit des Erben durch den Erblasser, indem dieser seinem Erben verbietet, letztwillig zu verfügen, sodass die gesetzliche Erbfolge stattfindet. Möglich ist eine Umdeutung in eine Nacherbschaft für das vom Erblasser selbst stammende Vermögen (§ 610; → Nacherbfolge, konstruktive).

**Testierwille** Für die Gültigkeit einer → letztwilligen Verfügung ist nicht nur die Einhaltung der Form erforderlich (→ Testamentsform), sondern auch der → Rechtsfolgewille des Verfügenden. Dieser wird als animus testandi bezeichnet. Der Erblasser muss hier und jetzt eine letztwillige Verfügung errichten wollen.

**Tier (§ 285a)** Tiere sind zwar keine → Sachen, die Regeln des Sachenrechts (Eigentum usw) werden aber angewendet. § 1332a trägt jedoch den Verschiedenheiten von Tier und „lebloser Sache" durch eine schadenersatzrechtliche Besonderheit Rechnung: Kosten der (versuchten) Heilung sind auch dann zu ersetzen, wenn sie den Wert des Tieres übersteigen, soweit sie auch ein verständiger Tierhalter in der Lage des Geschädigten aufgewendet hätte.

**Tierhalterhaftung (§ 1320)** Bei der Tierhalterhaftung sind zwei Fälle zu unterscheiden. Nach § 1320 Satz 1 haftet, wer ein Tier antreibt, reizt oder zu verwahren vernachlässigt, nach den allgemeinen Regeln der → Verschuldenshaftung. Nach § 1320 Satz 2 haftet der Tierhalter (vgl auch → Halter) außerdem für alle Schäden, wenn er nicht beweist, dass er für die erforderliche Verwahrung oder Beaufsichtigung gesorgt hat. Es handelt sich somit um eine Haftungsverschärfung gegenüber den allgemeinen Prinzipien der Verschuldenshaftung.

**Tilgungsregel** Gerade bei → Geldschulden ist oft unklar, auf welche Forderung der Schuldner leisten wollte, wenn er mehrere Verbindlichkeiten gegenüber dem Gläubiger hat. Primär hat es der Schuldner in der Hand, seine Zahlung zu widmen. Tut er das nicht oder widerspricht der Gläubiger der vom Schuldner vorgenommenen Widmung, bestimmt das Gesetz eine Tilgungsordnung, nach der die dem Schuldner mühsamste Schuldpost zuerst abgetragen werden soll. Daher wird zuerst auf schon eingeklagte Forderungen geleistet, danach auf bloß außergerichtlich eingemahnte, erst nach diesen auf fällige und schließlich auf noch nicht fällige Forderungen (§ 1416).

**Titel** → Verpflichtungsgeschäft.

**Tod** Ende des menschlichen Lebens. Der Tod löst eine Reihe von Rechtsfolgen aus. Mit dem Tod endet die → Rechtsfähigkeit, der Tod löst die Ehe des Verstorbenen auf, im Zeitpunkt des Todes fällt das Erbrecht gegenüber dem Erblasser an (→ Erbanfall), höchstpersönliche Rechte und Pflichten erlöschen. Der Beweis des Todes erfolgt durch ärztlichen Totenschein oder, wenn der Leichnam des Verstorbenen nicht vorhanden ist, durch gerichtlichen Beschluss. Kann der Todesbeweis nicht erbracht werden, kommt eine → Todeserklärung in Betracht, um die mit dem Tod verbundenen Rechtsfolgen eintreten zu lassen.

**Todeserklärung** Die Todeserklärung begründet die Vermutung, dass der für tot Erklärte in dem im Beschluss festgestellten Zeitpunkt gestorben ist. Sie ist im Todeserklärungsgesetz (TEG) geregelt und kommt auf Antrag jedes Interessenten (zB Angehörige) in Betracht, wenn der Beweis des → Todes zwar nicht erbracht werden kann, aber Umstände vorliegen, die ihn sehr wahrscheinlich machen. Voraussetzung ist die Verschollenheit (unbekannter Aufenthalt, nachrichtenlose Abwesenheit und ernsthafte Zweifel am Überleben einer Person), die bereits eine bestimmte Dauer erreicht hat. Das TEG unterscheidet für die Fristenregelung die allgemeine Verschollenheit (§ 3 TEG) und die Gefahrenverschollenheit.



**Totalschaden** → Naturalrestitution.

**Tötung** Folgt aus einer → Körperverletzung der Tod, haftet der Schädiger für alle Kosten (angemessenes Begräbnis, Trauerkleidung für nahe Angehörige, Todesanzeigen usw) und den gesetzlich unterhaltsberechtigten Hinterbliebenen auf den Unterhaltsentgang.

**traditio brevi manu** Die → Übergabe beweglicher körperlicher Sachen „kurzer Hand" ist eine Form der Übergabe durch Erklärung (§ 428). Die zu übergebende Sache befindet sich bereits beim Inhaber, der nun Besitzer werden soll.

**Tradition, kausale (§§ 380, 449, 480)** Ein → Verfügungsgeschäft ist kausal, wenn es in seiner Wirksamkeit vom Bestehen eines Rechtsgrundes (→ Verpflichtungsgeschäft) abhängt, der es rechtfertigt, sonst ist es abstrakt. In Österreich gilt das Prinzip der kausalen Tradition, nur kausale Verfügungsgeschäfte sind zulässig. Ist zB der Kaufvertrag wegen Sittenwidrigkeit oder wegen eines Willensmangels ungültig, so ist auch das Verfügungsgeschäft unwirksam und bewirkt keinen Eigentumsübergang (unabhängig davon, ob das Verfügungsgeschäft selbst mangelfrei war oder nicht).

**Transmission** Vererbung des Erbrechts. Der Berufene erwirbt sein Erbrecht mit dem → Erbanfall (Tod des Erblassers), er wird aber erst mit der → Einantwortung Eigentümer des Nachlasses. Stirbt der Berufene zwischen Anfall und Einantwortung, geht sein Erbrecht wie andere frei vererbliche Rechte auf seine Erben über (§§ 537, 809).

**Transparenzgebot** Klauseln in → Allgemeinen Geschäftsbedingungen sind unwirksam, wenn sie unklar oder unverständlich abgefasst sind (§ 6 Abs 3 KSchG). Dieses Transparenzgebot schützt den Kunden. Unklare Formulierungen (§ 915) bleiben daher aufrecht, wenn sie den Kunden ausnahmsweise doch besser stellen als das dispositive Recht (zB Herstellergarantie). Typisches Beispiel für eine intransparente Klausel ist die Formel „soweit gesetzlich zulässig", weil dem typischen Kunden unklar ist, was damit gemeint ist. Da das Transparenzgebot im ersten Hauptstück des KSchG geregelt ist, ist es nur auf → Verbrauchergeschäfte anwendbar. Eine analoge Anwendung außerhalb des Verbrauchergeschäfts – also für Verträge zwischen Unternehmern oder zwischen Verbrauchern – hat sich (noch) nicht durchgesetzt.

**Trauerschaden** Trauer über den Tod eines nahen Angehörigen stellt einen ideellen (immateriellen) Schaden dar. Hat die Trauer nicht Krankheitswert und ist sie damit keine Körperverletzung (sonst → Schockschaden), wird sie nach der Rechtsprechung bei grobem Verschulden ersetzt.

**Trennungsprinzip** Juristische Personen (→ Person, juristische) haben nur mit ihrem eigenen Vermögen für ihre Verbindlichkeiten einzustehen. Das Vermögen der juristischen Person ist daher von dem ihrer Mitglieder und Begünstigten getrennt, insbesondere haften die Mitglieder oder Begünstigten nicht persönlich für Verbindlichkeiten der juristischen Person (außer bei den unternehmensrechtlichen Personengesellschaften OG und KG).

**Treuhand** Der Treuhänder übt Rechte im eigenen Namen, aber aufgrund einer besonderen obligatorischen Bindung zu einer anderen Person (dem Treugeber) in fremdem Interesse aus. Der Treuhänder „kann mehr, als er darf". Er kann über das Treugut wirksam verfügen, gleichgültig, ob dies intern erlaubt war oder nicht. Weiß der Dritte allerdings von der Treuwidrigkeit, liegt → Gesetzwidrigkeit (§ 879) vor. Das Treugut bleibt dem Treugeber „wirtschaftlich" zugeordnet: Die Verfügungsfunktion des Eigentums (Wer kann die Sache übertragen?) und seine Haftungsfunktion (Wer kann auf die Sache zur Befriedigung von Forderungen greifen?) werden getrennt.

**Treuhänder** → Treuhand.

**Trödelvertrag** → Verkaufsauftrag.

**Typenrücktrittsrechte** Der Gesetzgeber gewährt dem → Verbraucher beim Erwerb bestimmter Finanzprodukte (Kredit- und Versicherungsverträge) allgemeine (vertragstypenbezogene) Rücktrittsrechte (§ 12 → Verbraucherkreditgesetz, § 5c VersVG). Ratio ist, dass Finanzprodukte als unkörperliche Produkte meist sehr komplex und damit für den Verbraucher schwer zu durchschauen sind. Sie begründen auch oft eine lange Bindung des Verbrauchers. Außerdem ist ein Rücktritt für den Finanzdienstleister (Bank, Versicherer) oft leichter zumutbar als für den Anbieter einer körperlichen Sache, die nach einer kurzen Dauer erheblich an Wert verliert (zB Kfz). Das bietet nach Ansicht des Gesetzgebers eine ausreichende Rechtfertigung für die Einführung von Rücktrittsrechten von Verbrauchern bei Kredit- und Versicherungsverträgen.

**Typenzwang** Es gibt nur eine beschränkte Anzahl von dinglichen Rechten: → Eigentum, → Pfandrecht, → Dienstbarkeit, → Reallast, → Baurecht. Ihr Inhalt und Umfang ist genau festgelegt. Die Parteien können keine neuen Sachenrechte begründen oder die gesetzlich vorgesehene Ausgestaltung verändern. Dieser Typenzwang steht in engem Zusammenhang mit der Erkennbarkeit und dem absoluten Schutz von Sachenrechten (→ Publizität).

T

# U Überbau – Utilitätserfordernis

**Überbau (§ 435)** → Superädifikat.

**Übergabe (§§ 425 ff)** Die körperliche Übergabe ist der Modus (→ Verfügungsgeschäft) für den Erwerb dinglicher Rechte oder des Besitzes an beweglichen Sachen. Grundfall ist die Übergabe von Hand zu Hand, es gibt aber auch Übergabesurrogate (Übergabe durch Zeichen oder durch Erklärung) wie das → Besitzkonstitut, die Übergabe kurzer Hand (→ traditio brevi manu) oder die → Besitzanweisung. Bei Unmöglichkeit oder Untunlichkeit kommt auch eine symbolische Übergabe in Betracht (Schlüssel für Warenlager).

**Übergabe auf den Todesfall** Übergabe einer Sache an eine Person mit dem Wunsch, dass diese sie nach dem Tod des Erblassers behalten oder einem Begünstigten übergeben soll. Eine solche Übergabe auf den Todesfall ist nur gültig, wenn die nötige Form eingehalten wird (→ Vermächtnis, → Schenkung auf den Todesfall). Vgl → Auftrag auf den Todesfall.

**Übergabe kurzer Hand** → traditio brevi manu.

**Übergabesurrogate** Modus für den Erwerb von Besitz oder Sachenrechten an einer beweglichen körperlichen Sache ist die tatsächliche → Übergabe von Hand zu Hand (§ 426). Alle anderen Formen (Übergabe durch Zeichen, § 427; Übergabe durch Erklärung, § 428) sind „Surrogate".

**überholende Kausalität** → Kausalität, überholende.

**Überlassung an Zahlungs statt** → Verlassenschaftsverfahren.

**Übermittlungsbote** → Bote.

**Übernahmspreis** (1) Im → Anerbenrecht der begünstigte „Kaufpreis", zu dem der Anerbe den Erbhof aus dem Nachlass „kauft". Der Übernahmspreis wird vom Verlassenschaftsgericht so (niedrig) festgesetzt, dass der Erbe „wohl bestehen" kann (§ 11 AnerbenG). (2) Im Wohnungseigentumsgesetz (WEG) der Preis, den der Erwerber des Anteils eines verstorbenen → Eigentümerpartners für diesen zu bezahlen hat. Im WEG beträgt der Übernahmspreis die Hälfte des Verkehrswerts der Eigentumswohnung (§ 14 Abs 2 WEG), bei Pflichtteilsberechtigten mit einem dringenden Wohnbedürfnis höchstens ein Viertel (§ 14 Abs 3 WEG).

**ultra-vires-Lehre**

Nach der ultra-vires-Lehre kommt juristischen Personen stets nur soweit → Rechtsfähigkeit zu, wie ihr statutenmäßiger Wirkungskreis reicht. Juristische Personen (→ Person, juristische) sind daher nach dieser Auffassung bloß beschränkt rechtsfähig. So könnte ein Verein nach dieser Ansicht nur Rechtsgeschäfte abschließen, die zur Erreichung des Vereinszwecks notwendig sind, andere Geschäfte wären ungültig. Die Auffassung hat sich nicht durchgesetzt, da sie zu einer übermäßigen Belastung des Geschäftsverkehrs führen und damit die Verkehrssicherheit beeinträchtigen würde. Nicht zu verwechseln ist das Problem mit der Schaffung von juristischen Personen mit beschränkter Rechtsfähigkeit durch den Gesetzgeber (zB → Eigentümergemeinschaft nach dem WEG); dies ist selbstverständlich möglich.

**Umgehungsgeschäft**

Mit einem Umgehungsgeschäft wollen die Parteien die Anwendung bestimmter zwingender Normen vermeiden, weshalb sie das Geschäft auf unübliche Art und Weise ausgestalten. ZB wird eine Sicherungsübereignung vereinbart, um die Vorschriften über die → Publizität zu umgehen. Nach herrschender Meinung ist die umgangene Norm auf das Umgehungsgeschäft anzuwenden, falls sonst der Normzweck vereitelt würde: Die Publizitätsvorschriften des → Pfandrechts werden beim → Sicherungseigentum analog angewendet.

**Umkehrschluss**

Beim Umkehrschluss wird aus der Anordnung, dass eine Rechtsfolge (nur) für bestimmte Fälle gilt, der Schluss gezogen, dass sie für andere Fälle nicht gilt (argumentum e contrario). Der Umkehrschluss ist daher das Gegenstück zur → Analogie, die beiden schließen einander aus. Es ist jeweils zu entscheiden, ob der Sinn der Regelung nach einer Analogie oder ihrem Ausschluss verlangt.

**unabwendbares Ereignis**

→ Ereignis, unabwendbares.

**Undank, grober**

→ grober Undank.

**unechte GoA**

→ Geschäftsführung ohne Auftrag, unechte.

**unechter Vertrag zugunsten Dritter**

→ Vertrag zugunsten Dritter.

**Unentgeltlichkeit**

Bei unentgeltlichen Verträgen wird eine Zuwendung aus Freigiebigkeit gemacht. Unentgeltliche Verträge sind → Schenkung und → Leihe. Entweder entgeltlich oder unentgeltlich können → Verwahrung, → Auftrag, → Darlehens-, aber auch → Werk- und → Dienstvertrag sein. Bei entgeltlichen Verträgen soll hingegen nach dem Willen der Parteien eine Leistung durch eine andere vergolten werden (§ 917). Entgeltliche Verträge sind zB → Kauf, → Tausch oder → Bestandvertrag. Beachte auch → Entgeltfremdheit.

**unerlaubte GoA** → Geschäftsführung ohne Auftrag, unerlaubte.

**ungeteilte Pfandhaftung** → Pfandhaftung, ungeteilte.

**Universalsukzession (Gesamtrechtsnachfolge)** Der Übergang sämtlicher (nicht höchstpersönlicher) Rechte und Pflichten des Erblassers auf den Erben, der mit der → Einantwortung an die Stelle des Erblassers tritt. Es bedarf keiner gesonderten Übertragungsakte. Auch mehrere Personen können gemeinsam Gesamtrechtsnachfolger werden (Erbengemeinschaft, → Erbteilung).

**UN-Kaufrecht (UNK)** (1) Allgemein: Das von Österreich ratifizierte UN-Kaufrecht enthält (dispositives) materielles Kaufrecht, es verdrängt also in seinem Anwendungsbereich das Kaufrecht des ABGB und des UGB. Das UNK ist auf Warenkaufverträge anzuwenden, wenn die Vertragsparteien ihre Niederlassungen entweder in verschiedenen Vertragsstaaten haben oder in Staaten, deren → Internationales Privatrecht auf das Recht von Vertragsstaaten verweist (Vorschaltlösung). Der Warenkauf für den persönlichen Gebrauch unterliegt nicht dem UNK. (2) Das Recht des Vertragsabschlusses (Art 14 ff UNK) weicht nur in wenigen Punkten vom ABGB ab: Das Angebot kann bis zur Absendung der Annahmeerklärung wirksam widerrufen werden. Auch durch eine Annahme, die unwesentliche Änderungen des Angebotes enthält, kann ein Vertrag zustande kommen. (3) Pflichten des Käufers/Verkäufers: Nach dem UNK ist der Käufer verpflichtet, die Ware anzunehmen und den Kaufpreis Zug um Zug zu bezahlen (Art 53, 58 UNK). Der Verkäufer hat demgegenüber die vertragsgemäße Ware binnen vereinbarter oder angemessener Frist zu liefern und dem Käufer Eigentum zu verschaffen (Art 30 UNK). (4) Vertragsverletzung: Das UNK enthält – anders als das ABGB – einen einheitlichen Leistungsstörungstatbestand, nämlich die Vertragsverletzung (breach of contract). Für die Rechtsbehelfe, die aus einer Vertragsverletzung resultieren, kommt es auch darauf an, ob die Vertragsverletzung wesentlich war (Art 25 UNK). (5) Schadenersatz: Das UNK gewährt der geschädigten Vertragspartei das Recht auf Schadenersatz für voraussehbare Sach- und Vermögensschäden einschließlich des entgangenen Gewinns (Art 74 ff UNK). Der Ersatz von Personenschäden ist im UN-Kaufrecht nicht geregelt. Der Schadenersatzanspruch ist verschuldensunabhängig, wird aber durch „Befreiungsgründe" entschärft.

**Unklarheitenregeln (§ 915)** Bei unentgeltlichen Rechtsgeschäften ist im Zweifel anzunehmen, dass sich der Verpflichtete eher die geringere als die schwerere Last auferlegen wollte. Nach der für entgeltliche Geschäfte geltenden Auslegungsregel wird eine undeutliche Äußerung zum Nachteil desjenigen ausgelegt, der sich derselben bedient hat. Zum Verhältnis des § 915 zu § 6 Abs 3 KSchG → Transparenzgebot.

**Unmöglichkeit** Steht der Leistungserbringung ein tatsächliches oder rechtliches Hindernis dauernd entgegen, spricht man von Unmöglichkeit. Bei der anfänglichen (ursprünglichen) Unmöglichkeit ist die Erbringung des Versprochenen schon im Zeitpunkt des Geschäftsabschlusses unmöglich (→ Unmöglichkeit, schlichte anfängliche; → geradezu Unmögliches). Bei der nachträglichen Unmöglichkeit wird die Leistungserbringung erst nach Vertragsabschluss unmöglich, sie gehört zum → Leistungsstörungsrecht.

**Unmöglichkeit, anfängliche**

Steht schon bei Geschäftsabschluss fest, dass die Erbringung der versprochenen Leistung unmöglich ist, so spricht man von einer anfänglichen (ursprünglichen) Unmöglichkeit. Man unterscheidet die Fälle des § 878 (→ geradezu Unmögliches) und der schlichten anfänglichen Unmöglichkeit (→ Unmöglichkeit, schlichte anfängliche).

**Unmöglichkeit, nachträgliche**

Wird die Leistung zwischen Vertragsabschluss und Erfüllung unmöglich, bezeichnet man diese → Leistungsstörung als nachträgliche Unmöglichkeit. Sie liegt vor, wenn eine → Speziesschuld untergeht. Bei Untergang bloß eines Stücks aus einer Gattung (→ Gattungsschuld) gilt „genus non perit" (Die Gattung geht nicht unter): Es ist ein anderes Stück aus der Gattung zu liefern. Anderes gilt hingegen, wenn die → Konzentration bereits stattgefunden hat. Für die Rechtsfolgen der nachträglichen Unmöglichkeit differenziert das Gesetz: „Der zufällige gänzliche Untergang (…) hebt alle Verbindlichkeit (…) auf" (§ 1447). Hat der Schuldner die Unmöglichkeit der Leistung zu vertreten, haftet er dem Gläubiger auf das → Erfüllungsinteresse (§§ 920, 921; → Austauschanspruch, → Differenzanspruch). Hat der Gläubiger die Unmöglichkeit zu vertreten, behält der Schuldner den Anspruch auf das Entgelt.

**Unmöglichkeit, schlichte anfängliche**

Von schlichter anfänglicher Unmöglichkeit spricht man, wenn eine Leistung zwar von Anfang an nicht erbracht werden konnte, jedoch kein Fall des → geradezu Unmöglichen vorlag. Die häufigsten Fälle sind jene der subjektiven Unmöglichkeit (des Unvermögens), in dem zwar jemand anderer, nicht jedoch der Versprechende zur Erfüllung imstande ist. Das Geschäft kommt bei schlichter anfänglicher Unmöglichkeit gültig zustande, strittig sind aber die Rechtsfolgen: Ein Teil der Lehre vertritt eine Haftung auf das → Erfüllungsinteresse (bei Verschulden), ein anderer Teil gibt dem Gläubiger das Recht der Wandlung und lässt den Schuldner bei Verschulden auf das → Vertrauensinteresse haften. Nach vermittelnder Ansicht ist im Einzelfall zu untersuchen, ob der Schuldner die Möglichkeit garantiert oder nur eine einfache Leistungszusage gegeben hat. Im ersten Fall hafte der Schuldner ohne Rücksicht auf ein Verschulden auf das Erfüllungsinteresse, im zweiten Fall könne der Versprechensempfänger wandeln und bei Verschulden den Vertrauensschaden geltend machen.

**unmündiger Minderjähriger**

→ Minderjähriger, unmündiger.

**unselbständige Nebenleistungspflicht** → Nebenleistungspflicht.

**Unsicherheitseinrede** Ist eine Vorleistungspflicht vereinbart und wird der Vertragspartner insolvent, müsste man „sehenden Auges" leisten, obwohl man nur eine → Insolvenzforderung erhält. Dies verhindert die Unsicherheitseinrede (§ 1052 Satz 2, § 991). Die Vorleistung muss (trotz Vereinbarung der Vorleistungspflicht) nicht erbracht werden, wenn die Erbringung der Gegenleistung in Gefahr ist.

**untechnische Enterbung** → Enterbung.

**Unterbestandverhältnis** → Untervermietung.

**Unterbleiben der Abhandlung** → Verlassenschaftsverfahren.

**Unterbrechung der Verjährung (§ 1497)** Die Unterbrechung der laufenden → Verjährung hat zur Folge, dass sie nach Wegfall des Unterbrechungsgrundes neu beginnt. Die vor der Unterbrechung abgelaufene Zeit zählt nicht. Gesetzliche Unterbrechungsgründe sind das → Anerkenntnis durch den Verpflichteten und die Geltendmachung des Rechtes durch Klage, wenn das gerichtliche Verfahren auch gehörig fortgesetzt wird. Vergleichsverhandlungen haben an sich nicht die Bedeutung einer stillschweigenden Anerkennung, da sie erst der Klarstellung dienen, ob das Recht überhaupt besteht (vgl aber → Ablaufshemmung).

**Unterhalt** → Kindesunterhalt; → Unterhalt, ehelicher.

**Unterhalt, ehelicher (§ 94 Abs 1)** Beide Ehegatten müssen zur Deckung der Bedürfnisse nach Kräften beitragen (→ Anspannungsprinzip). Der Ehegatte, der den Haushalt führt, leistet dadurch seinen Beitrag und hat gegen den anderen einen Unterhaltsanspruch von 33% vom Nettoeinkommen des Unterhaltspflichtigen. Verdienen beide, stehen dem Ehegatten, der weniger verdient, 40% vom gemeinsamen Einkommen abzüglich des eigenen Verdienstes zu. Zu großen Teilen wird der Unterhalt im gemeinsamen Haushalt durch Naturalleistungen erbracht.

**Unterhaltsbeitrag (§ 68 EheG)** Trifft beide Beteiligten an der Ehescheidung gleiches Verschulden, muss ein nicht selbsterhaltungsfähiger Geschiedener seinen Unterhalt primär aus seinem Vermögen decken. Allenfalls kann ihm aus Gründen der Billigkeit ein Unterhaltsbeitrag zustehen (§ 68 EheG).

**Unterhaltsvorschuss (§§ 1 ff UVG)**
Zahlt der Unterhaltspflichtige seinem Kind keinen Unterhalt, springt der Bund ein. Die Gewährung eines Unterhaltsvorschusses setzt voraus, dass es einen vollstreckbaren Exekutionstitel gegen den Unterhaltsschuldner gibt, erfolglose Exekutionsführung ist nicht notwendig. Die Forderungen des Kindes gehen durch die Zahlung auf den Bund über, der den Verpflichteten im Weg des → Regresses in Anspruch nehmen kann.

**Unterlassungsanspruch**
Anspruch des Gefährdeten gegen den Verpflichteten, ein bestimmtes rechtswidriges Verhalten nicht zu setzen. Im Gegensatz zum Schadenersatzanspruch bei der → Verschuldenshaftung ist der Unterlassungsanspruch vom Verschulden unabhängig. Er soll kein vorwerfbares Verhalten sanktionieren, sondern nur rechtswidriges Verhalten verhindern und den Gefährdeten vor Nachteilen schützen. Anders als beim → Beseitigungsanspruch kann positives Tun nicht Inhalt des Unterlassungsanspruchs sein. Die Unterlassungspflicht kann sich aus Gesetz oder Vertrag (zB Konkurrenzverbot) ergeben.

**Untermiete**
→ Untervermietung.

**Unternehmenspacht**
→ Pacht.

**Unternehmensübernahme**
→ Vermögensübernahme.

**Unternehmensveräußerung**
→ Machtwechsel.

**Unternehmer**
Unternehmer ist „jemand, für den das Geschäft zum Betrieb seines Unternehmens gehört" (§ 1 Abs 1 Z 1 KSchG; → Verbrauchergeschäft). Es ist unbeachtlich, ob der Unternehmer eine natürliche oder juristische Person ist, ob Eigentümer oder Pächter usw. Eine natürliche Person, die ein Unternehmen betreibt, ist daher Unternehmer, wenn sie ein unternehmensbezogenes Geschäft abschließt. Sie ist Verbraucher, wenn sie als Privatperson agiert. Im Zweifel ist Zugehörigkeit zum Unternehmen anzunehmen (vgl § 344 UGB). Vgl auch → Vorbereitungsgeschäft; → Dual use. Der Unternehmerbegriff des KSchG ist auch in anderen Verbraucherschutzgesetzen maßgebend (vgl § 1 Abs 1 FAGG; § 1 FernFinG; § 2 Abs 1 VKrG).

**Untervermietung (-verpachtung)**
Vermietung (Verpachtung) der Bestandsache durch den Mieter (Pächter). Sie ist zulässig, wenn dies ohne Nachteile des Eigentümers geschehen kann und im Vertrag nicht ausdrücklich untersagt worden ist (§ 1098). Im → Mietrechtsgesetz ist § 11 zu beachten.

**Urheberrecht**
→ Persönlichkeitsrecht.

**Urkundenhinterlegung**
Rechte an → Superädifikaten werden nicht durch → Einverleibung erworben, sondern durch Hinterlegung von Urkunden nach dem Urkundenhin-

terlegungsgesetz (UHG). Die Hinterlegung entspricht der Einverleibung nach dem GBG, sie ist also der Modus für den Erwerb des dinglichen Rechts. Der erstmalige Erwerb eines Superädifikates erfolgt aber originär durch Errichtung. Insoweit ist eine Urkundenhinterlegung nicht erforderlich.

**Urkundensammlung** → Grundbuch.

**Urlaubsfreude** → entgangene Urlaubsfreude.

**usucapio libertatis** → Freiheitsersitzung.

**ususfructus** → Fruchtgenussrecht.

**Utilitätserfordernis** → Grunddienstbarkeit.

# V Valutaverhältnis – vorvertragliche Pflichten

**Valutaverhältnis**

Durch die → Anweisung wird der Anweisungsempfänger ermächtigt, die Leistung vom Angewiesenen auf Rechnung des Anweisenden in Empfang zu nehmen. Das Rechtsverhältnis zwischen Anweisendem und Anweisungsempfänger wird als Valutaverhältnis bezeichnet. Als Valutaverhältnis bezeichnet man auch das Rechtsverhältnis zwischen Versprechensempfänger und Drittem beim → Vertrag zugunsten Dritter und das Rechtsverhältnis zwischen Garantieauftraggeber und Garantiebegünstigtem bei der → Garantie.

**Vaterschaft des Ehemannes (§ 144 Abs 1 Z 1)**

Wird ein Kind während aufrechter Ehe der Mutter geboren, gilt die gesetzliche Vermutung, dass der Ehemann Vater des Kindes ist. Dieselben Regeln wie für die Geburt während aufrechter Ehe gelten, wenn das Kind vor Ablauf von 300 Tagen nach dem Tod des Ehemannes geboren wird. Wird das Kind nach einer Scheidung geboren, greift die Vermutung nicht. Die Vaterschaft kann beseitigt werden durch → Feststellung der Nichtabstammung, → Vätertausch oder → vaterschaftsdurchbrechendes Anerkenntnis.

**Vaterschaftsanerkenntnis (§ 145)**

Persönliche Erklärung eines Mannes in einer öffentlichen Urkunde, durch die seine rechtliche Vaterschaft begründet wird. Mutter und Kind können dagegen widersprechen. Ein Widerspruch führt zu einem gerichtlichen Verfahren, in dem die Abstammung überprüft wird.

**vaterschaftsdurchbrechendes Anerkenntnis (§ 147 Abs 2)**

Anerkenntnis eines Mannes, das die auf gesetzlicher Vermutung (§ 144 Abs 1 Z 1), gerichtlicher Entscheidung oder Anerkenntnis beruhende Vaterschaft eines anderen beseitigt. Das eigenberechtigte Kind (bei nicht Eigenberechtigten: der Jugendwohlfahrtsträger) muss zustimmen. Beim minderjährigen Kind muss die Mutter den (neuen) Vater außerdem bezeichnen. Der „bisherige" Vater und – bei eigenberechtigten Kindern – die Mutter haben ein Widerspruchsrecht.

**Vätertausch (§ 150)**

Möglichkeit des Kindes, bei bereits feststehender Vaterschaft eines Mannes die Feststellung der Vaterschaft eines anderen Mannes zu beantragen.

**Verarbeitung (§§ 414 ff)**

Als Verarbeitung wird die Herstellung einer neuen Sache durch Umgestaltung bezeichnet. Verarbeitet der Eigentümer die ursprüngliche Sache selbst, bleibt er Eigentümer. Werden Sachen verschiedener Eigentümer verarbeitet oder verarbeitet jemand eine fremde Sache wertsteigernd, richten sich die Eigentumsverhältnisse primär nach der Vereinbarung der Beteiligten. Mangels einer Regelung entsteht → Miteigentum an der neuen Sache. Das Ausmaß der ideellen Anteile richtet sich nach dem wirtschaftlichen Wert der Beiträge. Derjenige, den kein Verschulden trifft, hat gegenüber dem Schuldtragenden die Wahl, ob er gegen Wertersatz die Sache übernehmen will oder sie dem anderen überlassen und dafür entschädigt werden will (§ 415). Bei der wertsteigernden Verarbeitung von → Vorbehaltsgut kann Alleineigentum des Verkäufers nur erzielt werden, wenn die pfandrechtlichen Publizitätsvorschriften eingehalten werden (→ Sicherungseigentum). Eine besondere Form der Verarbeitung ist die → Bauführung.

**Veräußerungs- und Belastungsverbot**

Unter einem rechtsgeschäftlichen Veräußerungs- und Belastungsverbot versteht man die Vereinbarung des Eigentümers mit einem Dritten, die (körperliche) Sache nicht zu veräußern oder (zB mit einem Pfandrecht) zu belasten. Sie wirkt grundsätzlich nur relativ, zwischen bestimmten Verwandten (siehe § 364c) kann das Veräußerungs- und Belastungsverbot aber im Grundbuch eingetragen und bei Liegenschaften also verdinglicht werden.

**Veräußerungsvertrag**

Inhalt eines Veräußerungsvertrages ist die endgültige Übertragung des Eigentums an einer Sache. Dazu gehören daher nicht nur der → Kauf (§§ 1053 ff) und der → Tausch (§§ 1045 ff), sondern auch die → Schenkung (§§ 938 ff), weil auch in diesem Fall das Eigentum an der geschenkten Sache endgültig auf den Beschenkten übergehen soll.

**Verbandsklage (§§ 28 f KSchG)**

Die Verbandsklage ist im zweiten Hauptstück des → Konsumentenschutzgesetzes geregelt. Es handelt sich um die bestimmten juristischen Personen (zB Verein für Konsumenteninformation, Arbeiterkammer) eingeräumte Möglichkeit, die Gesetz- und Sittenwidrigkeit → Allgemeiner Geschäftsbedingungen geltend zu machen. Diese Rechte stehen somit nicht nur dem Vertragspartner, sondern auch dem Verband zu.

**Verbesserung (§ 932 Abs 2)**

Primärer → Gewährleistungsbehelf, der auf Behebung des Mangels (zB durch Reparatur, aber auch Neuerrichtung eines Werkes) gerichtet ist. Die Verbesserung ist in angemessener Frist und mit möglichst geringen Unannehmlichkeiten für den Übernehmer vorzunehmen, wobei die Art der Sache und der mit ihr verfolgte Zweck zu berücksichtigen sind (§ 932 Abs 3). Die Verbesserungskosten trägt der Übergeber. Alternativ zur Verbesserung kann der Übernehmer bei Gattungssachen → Austausch verlangen, wobei der gewählte Behelf im Vergleich zum anderen nicht mit einem unverhältnismäßig hohen Aufwand verbunden sein darf.

**Verbraucher**

Der Verbraucherbegriff wird im → Konsumentenschutzgesetz negativ definiert (§ 1 Abs 1 Z 2 KSchG): Verbraucher ist jeder, für den das getätigte Rechtsgeschäft nicht zum Betrieb seines Unternehmens gehört. Verbraucher ist also, wer gar kein Unternehmen hat, aber auch der → Unternehmer, der ein Privatgeschäft tätigt. Im Zweifel ist jedoch Zugehörigkeit zum Unternehmen anzunehmen (vgl § 344 UGB). Vgl auch → Dual use und → Vorbereitungsgeschäft. Der Verbraucherbegriff des KSchG ist auch in anderen Verbraucherschutzgesetzen maßgebend (vgl § 1 Abs 1 FAGG; § 1 FernFinG, § 2 Abs 2 → VKrG).

**Verbraucherbürgschaft**

Für → Bürgschaften eines → Verbrauchers gegenüber einem → Unternehmer gelten besondere Schutzbestimmungen. Den Unternehmer treffen Aufklärungspflichten (§ 25c KSchG), steht die Leistungsfähigkeit des Bürgen in einem krassen Missverhältnis zur Haftung, gibt es auch ein Mäßigungsrecht des Richters (§ 25d KSchG). Besondere Bestimmungen gibt es für Ehegattenbürgschaften (§ 25a KSchG). Parallel zur Positivierung im KSchG hat der OGH in analoger Anwendung des Wuchertatbestandes Bürgschaften naher Angehöriger des Hauptschuldners für sittenwidrig erklärt, die unter verdünnter Willensfreiheit zustande gekommen sind und den Bürgen wirtschaftlich krass überfordern. Die dargestellten Grundsätze gelten auch für andere Formen der → Interzession.

**Verbrauchergeschäft**

Rechtsgeschäft zwischen jemandem, für den das Geschäft zum Betrieb seines Unternehmens gehört (→ Unternehmer), und jemandem, auf den das nicht zutrifft (→ Verbraucher). Der Verbraucher ist zB durch zwingende Bestimmungen im → Konsumentenschutzgesetz, im → Verbraucherkreditgesetz und im → Fern- und Auswärtsgeschäfte-Gesetz geschützt.

**Verbraucherkreditgesetz (VKrG)**

Das VKrG enthält Sonderbestimmungen für Kredite von Banken an → Verbraucher. Es ist anwendbar, wenn ein → Unternehmer einem Verbraucher einen Kredit über mindestens € 200 gewährt oder zu gewähren verspricht (§§ 2, 4 VKrG). Inhaltlich verpflichtet das VKrG den Unternehmer zur umfassenden Information (→ Informationspflichten) sowie zur Prüfung der Bonität des Kunden (→ Bonitätsprüfung) und gewährt dem Verbraucher ein 14-tägiges Rücktrittsrecht (→ Rücktrittsrechte des Verbrauchers) sowie die Möglichkeit, den Kredit vorzeitig (unter anteiliger Minderung der Gesamtbelastung) zurückzuzahlen. Weiters enthält es Regeln über den → Einwendungsdurchgriff bei verbundenen Kreditverträgen (vgl auch → Kauf, drittfinanzierter).

**Verbraucherkreditvertrag**

→ Verbraucherkreditgesetz.

**Verbraucherleasingvertrag**

→ Leasingverträge zwischen Unternehmern und Verbrauchern (Verbraucherleasing) unterliegen dem → Verbraucherkreditgesetz, wenn der Verbraucher zum Erwerb der Sache verpflichtet ist bzw vom Unternehmer verpflichtet werden kann oder der Verbraucher für einen bestimmten (Rest-)Wert einstehen muss (§ 26 Abs 1 VKrG). Diese Definition erfasst nur Finanzierungsleasingverträge. Die verbraucherschützenden Regeln des VKrG (zB Informationspflichten, Rücktrittsrecht) sind auf solche Verbraucherleasingverträge großteils anwendbar (§ 26 VKrG).

**Verbraucherschutz**

Verschiedene Sondergesetze schützen den → Verbraucher gegenüber dem typischer Weise überlegenen → Unternehmer durch zwingendes Recht. Dazu gehören vor allem das → Konsumentenschutzgesetz, das → Verbraucherkreditgesetz und das → Fern- und Auswärtsgeschäfte-Gesetz.

**Verbraucherstatut**

Art 6 → Rom I enthält besondere Anknüpfungsregeln für Verbraucherverträge (zu den allgemeinen Regeln → Vertragsstatut). Er ist anwendbar, wenn der Unternehmer seine Tätigkeit im Verbraucherstaat ausübt oder seine Tätigkeit zumindest auf diesen ausrichtet, zB durch Angebot im Internet („situative Anwendungsvoraussetzungen"). Abweichend von Art 4 Rom I ist das Recht des Staates anzuwenden, in dem der Verbraucher seinen gewöhnlichen Aufenthalt hat. Man knüpft also nicht am Recht desjenigen an, der die vertragscharakteristische Leistung (→ Leistung, vertragscharakteristische) zu erbringen hat. Eine Rechtswahl nach Art 3 Rom I darf nicht dazu führen, dass dem Verbraucher der Schutz zwingender Bestimmungen seines Heimatrechts entzogen wird.

**Verbrauchervertrag**

→ Verbrauchergeschäft.

**verbundene Kreditverträge**

→ Kauf, drittfinanzierter.

**Verdienstentgang**

→ Körperverletzung.

**Verein**

→ Person, juristische.

**Vereinigung**

(1) Eine Forderung erlischt, wenn es zu einer Vereinigung von Gläubiger- und Schuldnerposition in einer Person kommt (§ 1445; Konfusion). Man kann nicht gegen sich selbst eine Forderung haben. Der wichtigste Fall der Vereinigung ist der Erbweg. Beachte aber die forderungsbekleidete → Eigentümerhypothek. (2) Im Sachenrecht ist die Vereinigung (§§ 414 ff) die Zusammenfügung bisher selbständiger Sachen (durch Vermengung, Vermischung oder Verbindung). Wenn die vereinigten Sachen nicht mehr getrennt werden können, sind sie (unselbständige) Bestandteile einer einheitlichen (unter Umständen neuen) Sache. Werden Sachen verschiedener Eigentümer vereinigt, entsteht mangels anderer Vereinbarung wie bei → Verarbeitung Miteigentum nach dem Wert der Beiträge.

**Verfallsklausel**

Die Verfallsklausel (lex commissoria) ist die Vereinbarung, dass der Pfandgläubiger Eigentümer des Pfandes wird, wenn der Schuldner nach Fälligkeit der Schuld nicht zahlt. Eine solche Vereinbarung ist wegen der dem Schuldner drohenden Benachteiligung unwirksam (§ 1371).

**verfassungskonforme Interpretation**

→ Interpretation, systematische.

**Verfolgungsfälle**

→ Kausalität, psychische.

**Verfügung**

(1) → Verfügungsgeschäft. (2) → Miteigentum.

**Verfügungsbefugnis** → Verfügungsermächtigung.

**Verfügungsermächtigung** Als Verfügungsermächtigung (Verfügungsbefugnis) bezeichnet man die Befugnis, im Rahmen der Erlaubnis derivativ Rechte an der Sache zu übertragen (→ Eigentumserwerb, derivativer). Diese Möglichkeit muss vom Eigentümer eingeräumt worden sein. Die Verfügungsbefugnis hat auch für den redlichen Erwerb nach § 367 (→ Eigentumserwerb, gutgläubiger) Bedeutung: Beim Erwerb vom Unternehmer ist das Vertrauen auf eine – tatsächlich nicht bestehende – Verfügungsbefugnis des Veräußerers geschützt.

**Verfügungsgeschäft** Rechtsgeschäft, das unmittelbar auf ein bestehendes Recht einwirkt, indem es dieses überträgt, aufhebt oder beschränkt: Übereignung körperlicher Sachen (§§ 425 ff), Aufsandungserklärung bei Liegenschaften (Modus ist die Einverleibung), Zession von Forderungen (§§ 1392 ff). Ein Verfügungsgeschäft ist kausal, wenn es in seiner Wirksamkeit vom Bestehen eines Rechtsgrundes (→ Verpflichtungsgeschäft) abhängt, der es rechtfertigt, andernfalls ist es abstrakt. In Österreich gilt das Prinzip der kausalen Tradition: Ohne Titel gibt es keinen Eigentumsübergang (§ 380), ganz unabhängig davon, ob das Verfügungsgeschäft selbst mangelfrei war oder nicht.

**Verfügungsrecht** → Eigentümerhypothek.

**Vergleich (§ 1380)** Der Vergleich ist ein entgeltlicher Vertrag, mit dem strittige oder zweifelhafte Rechte unter beiderseitigem Nachgeben neu festgelegt werden. Dadurch unterscheidet er sich vom konstitutiven → Anerkenntnis, bei dem nur der Schuldner nachgibt. Da der Vergleich „Bereinigungswirkung" hat, kann er wegen der verglichenen Punkte nicht irrtumsrechtlich angefochten werden. Ein Irrtum über die Vergleichsgrundlage berechtigt aber ebenso wie listiges Verhalten und ein bei Vergleichsabschluss unterlaufener Erklärungsirrtum bei Vorliegen der sonstigen Voraussetzungen zur Anfechtung wegen → Irrtums.

**Vergleichsverhandlungen** → Ablaufshemmung.

**Verhaltensunrecht** Die → Rechtswidrigkeit ist ein Urteil über das Verhalten des Schädigers und nicht über einen Erfolg oder Zustand. Rechtswidrig ist daher objektiv sorgfaltswidriges (normwidriges) Verhalten. Aus dem Erfolg (zB einer Sachbeschädigung, einer Körperverletzung) kann nicht zwingend auf die Rechtswidrigkeit des Verhaltens des Schadensverursachers zurückgeschlossen werden. Der Erfolg hat vielmehr nur eine Indizwirkung; die Bejahung der Rechtswidrigkeit hängt noch von einer umfassenden Interessenabwägung ab. Auch das Vorliegen von → Rechtfertigungsgründen schließt die Rechtswidrigkeit aus.

**Verjährung (§§ 1451 ff)**

Rechtsverlust wegen Nichtausübung eines Rechtes durch eine bestimmte Zeit. Durch Verjährung erlischt das Recht nicht, es verliert „nur" die Klagbarkeit (→ Naturalobligation). Unverjährbar sind insbesondere Hoheitsrechte des Staates, Sachenrechte (beachte aber → Ersitzung), persönliche Freiheitsrechte sowie Personen- und Familienrechte und die damit verbundenen Pflichten (vgl §§ 1456, 1458 f). Zur Dauer der Frist → Verjährungsfrist. Die Verjährung wird nicht von Amts wegen beachtet, sondern muss eingewendet werden. Auf die Verjährung kann (zur Vermeidung von Beweisschwierigkeiten, die bei Vertragsabschluss unterschätzt werden) im Vorhinein nicht wirksam verzichtet werden. Ebenso wenig ist vorweg eine Verlängerung der Verjährungsfrist zulässig (§ 1502; Ausnahme: → Gewährleistungsfrist), schon aber (innerhalb der allgemeinen Grenzen, insbesondere des § 879 Abs 3) eine Verkürzung. Der (Ab-)Lauf der Verjährungsfrist kann unterbrochen oder gehemmt werden: → Unterbrechung der Verjährung; → Ablaufshemmung; → Fortlaufshemmung.

**Verjährungsfrist**

Die lange Verjährung ist der vom Gesetz vorgesehene Regelfall (§ 1478), sie gilt immer dann, wenn nicht besondere Bestimmungen eingreifen. Sie beträgt 30 Jahre, außer bei bestimmten begünstigten Personen, die ihre Rechte erst nach 40-jähriger Nichtausübung verlieren (juristische Personen: § 1485 iVm § 1472). Kürzere Verjährungsfristen gelten für Rechte, die meist rasch geltend gemacht werden und bei denen baldige Klarstellung wegen Beweisschwierigkeiten geboten ist. In 3 Jahren verjähren das Recht auf regelmäßig wiederkehrende Einzelleistungen wie Zinsen, Renten, Unterhaltsleistungen (§ 1480); Forderungen des täglichen Lebens wie zB Ansprüche für Lieferung von Sachen in einem geschäftlichen Betrieb (§ 1486); das Recht, eine letztwillige Verfügung umzustoßen, eine Schenkung wegen Undanks zu widerrufen, das Recht zur Geltendmachung des Irrtums und der Drohung sowie das Recht, den Pflichtteilsanspruch geltend zu machen, wenn dabei gegen das Testament vorgegangen werden muss (§ 1487); das Recht der Gewährleistung bei unbeweglichen Sachen (§ 933 Abs 1). Innerhalb von 2 Jahren verjähren Gewährleistungsrechte, die bewegliche Sachen betreffen (§ 933 Abs 1). Besonders geregelt ist die Verjährung im Schadenersatzrecht (→ Schadenersatzanspruch, Verjährung).

**Verjährungshemmung**

→ Ablaufshemmung; → Fortlaufshemmung.

**Verkaufsauftrag (Trödelvertrag)**

Bei einem Verkaufsauftrag (Trödelvertrag) gibt derjenige, der eine Sache verkaufen will, sie einem Beauftragten, damit dieser den Verkauf im eigenen Namen durchführt. Die Parteien vereinbaren einen Preis, was der Trödler mehr erzielt, kann er behalten. Der Trödelvertrag wurde in der Praxis vom unternehmensrechtlichen Kommissionsgeschäft abgelöst (§§ 383 ff UGB).

**Verkehrssicherungspflichten**

Wer einen Verkehr eröffnet, eine Gefahrenquelle schafft oder in seinem Bereich bestehen lässt, muss dafür sorgen, dass niemand geschädigt wird. Die besondere Bedeutung der Verkehrssicherungspflichten liegt darin, dass auch das Unterlassen von Schutzmaßnahmen rechtswidrig ist. Es besteht also eine aktive Pflicht zum Handeln. Gesetzlich normiert sind Verkehrssicherungspflichten in § 1319a (→ Wegehalterhaftung).

**verlängerter Eigentumsvorbehalt**

→ Eigentumsvorbehalt, verlängerter.

**Verlassenschaftsinsolvenz**

→ Verlassenschaftsverfahren.

**Verlassenschaftsverfahren**

Das Verlassenschaftsverfahren dient der Feststellung des Erben. Es ist ein gerichtliches, im Außerstreitgesetz (§§ 143 ff AußStrG) geregeltes Verfahren, das in die Zuständigkeit des Wohnsitzbezirksgerichts des Erblassers fällt (§§ 104a, 105 JN). Es beginnt mit dem Vorverfahren nach dem Tod des Erblassers (§ 144 AußStrG), wenn dem zuständigen Bezirksgericht der Totenschein übermittelt wird. In weiterer Folge wird statt des Gerichts der zuständige Notar als → Gerichtskommissär tätig, er ist Träger des Verlassenschaftsverfahrens (§ 145 AußStrG). Bei geringfügigen Nachlässen (bis € 4.000 an Aktiven) kann das Verfahren nach dem Vorverfahren vereinfacht beendet werden (§ 153 AußStrG: Unterbleiben der Abhandlung; § 154 Abs 2: Überlassung an Zahlungs Statt). Ist ein betraglich nicht unerheblicher Nachlass überschuldet, kommt es zur Verlassenschaftsinsolvenz, bei der die Gläubiger anteilig befriedigt werden. Der Regelfall ist jedoch die Durchführung eines Verlassenschaftsverfahrens, in dem das Erbrecht zu klären ist. Wollen die potenziellen Erben die Erbschaft annehmen, müssen sie eine → Erbantrittserklärung abgeben; wollen sie sie nicht annehmen, müssen sie die Erbschaft ausschlagen (→ Entschlagung). Bei widersprechenden Erbantrittserklärungen ist vom Verlassenschaftsgericht in einem Verfahren mit allen Erbprätendenten zu ermitteln, wer Erbe ist, die übrigen Erbantrittserklärungen sind abzuweisen (§ 161 bis 164 AußStrG).

**Verleitung zum Vertragsbruch**

→ Beeinträchtigung fremder Forderungsrechte.

**Verlöbnis (§§ 45 f)**

Formfreies Versprechen zweier Personen verschiedenen Geschlechts, einander zu heiraten. Das Verlöbnis ist ein → Vorvertrag (§ 936). Anders als „herkömmliche" Vorverträge sind Verlöbnisse zwar nicht durchsetzbar. Bei grundloser Auflösung gebührt allerdings Schadenersatz.

**Vermächtnis (Legat)**

→ Letztwillige Verfügung, die keine Erbseinsetzung ist (§ 535). Der Vermächtnisnehmer wird nicht Gesamtrechtsnachfolger des Erblassers, sondern hat als Einzelrechtsnachfolger nur einen schuldrechtlichen Anspruch auf Leistung. Er kann ausnahmsweise Erbe werden (vgl → TEAGAK-Formel). Vermächtnisse können in Testamenten, → Erbverträgen und → Kodizillen angeordnet werden. Stets bedarf es der dafür notwendigen Form (vgl

→ Testamentsform). Das Vermächtnis ist bloßes Damnationslegat, der Vermächtnisnehmer hat daher bloß einen schuldrechtlichen Anspruch auf Leistung. Für den sachenrechtlichen Erwerb bedarf es noch eines → Verfügungsgeschäftes, bis dahin gehört die Sache zum Nachlass, nach der → Einantwortung dem Erben. Als Einzelrechtsnachfolger ist der Vermächtnisnehmer selbst Gläubiger der Verlassenschaft und haftet anderen Gläubigern nicht für die mit der Erbschaft verbundenen Schulden. Es bestehen allerdings Kürzungsrechte der Erben (§§ 692, 783; → Legat, Kürzung). Der Vermächtnisnehmer muss den Anfall erleben und im Zeitpunkt des Anfalls erbfähig sein. Anfallstag ist der Todestag des Erblassers (§ 684), beim aufschiebend bedingten Vermächtnis der Bedingungseintritt (§ 699). Die Fälligkeit bestimmt sich nach dem Erblasserwillen.

**Vermengung**
Werden ununterscheidbare Sachen verschiedener Eigentümer miteinander vermengt, so erhalten alle Beteiligten → Quantitätseigentum an der Gesamtsache (§§ 414 ff). Sind die Anteile nicht mehr feststellbar, erwirbt der Vermengende aus Praktikabilitätserwägungen Alleineigentum (§ 371), muss aber den Anderen bereicherungsrechtlich Ausgleich leisten.

**Vermieterpfandrecht**
→ Bestandgeberpfandrecht.

**Vermittler**
Person, die in der Vorbereitung eines Geschäftsabschlusses tätig ist. Vermittler weisen Abschlussgelegenheiten nach und bringen potenzielle Kontrahenten zusammen, die dann gegebenenfalls durch eigenes Handeln einen Vertrag schließen. Beispiele sind Immobilienmakler, Reisevermittler, Versicherungsvermittler.

**Vermögensmasse**
→ Person, juristische.

**Vermögensschaden**
Jeder in Geld messbare Nachteil. Gegenstück zum Vermögensschaden ist der immaterielle Schaden (nicht in Geld messbarer Nachteil). Innerhalb des Vermögensschadens werden positiver Schaden (→ Schaden, positiver) und entgangener Gewinn (→ Gewinn, entgangener) unterschieden. Positiver Schaden und entgangener Gewinn bilden zusammen das „Interesse". Wird beides ersetzt, spricht man von „voller Genugtuung".

**Vermögensschaden, bloßer**
Vermögensverringerung, der kein Eingriff in ein absolut geschütztes Rechtsgut (→ Rechtsgut, absolut geschütztes) vorausgeht. ZB Vermögensnachteil, der einem Mitbewerber durch lauteren geschäftlichen Wettbewerb zugefügt wird (Entgehen eines Auftrages); nicht aber zB der entgangene Gewinn nach Zerstörung eines Gemäldes, weil er infolge eines Eigentumseingriffs entstanden ist (vgl → Folgeschaden). Schäden am bloßen Vermögen werden bei → Vertragshaftung ersetzt. Die Schädigung am bloßen Vermögen ist im deliktischen Bereich hingegen grundsätzlich nicht rechtswidrig und der Schaden daher nicht ersatzfähig, um dem Verkehr nicht zu intensive Rücksichtnahmepflichten aufzuerlegen. Der bloße Ver-

mögensschaden ist im deliktischen Bereich nur bei sittenwidriger Schädigung ersatzfähig und wenn ein Schutzgesetz verletzt wird, das das bloße Vermögen schützt. Zu einem Ersatz bloßer Vermögensschäden kann es unter bestimmten Voraussetzungen (kein Ausufern der Schadenersatzpflicht) auch beim → Drittschaden kommen.

**Vermögensübernahme (§ 1409)**

Der Erwerber eines Unternehmens oder Vermögens haftet gemäß § 1409 (gesetzlicher → Schuldbeitritt) für alle dazu gehörigen Schulden, die er kannte oder kennen musste. Die Haftung ist mit der Höhe der übernommenen Aktiven beschränkt (→ pro viribus-Haftung). Der ursprüngliche Schuldner haftet weiterhin. § 1409 ist eine Gläubigerschutzvorschrift und daher zwingend. Wird der Übernehmer tatsächlich zur Haftung herangezogen, hat er gegen den Veräußerer meist Ansprüche aus der Gewährleistung, weil ihm von seinem Vertragspartner kein lastenfreies Unternehmen (Vermögen) übergeben wurde (Rechtsmangel).

**Vermögensverwaltung**

Die Pflicht zur Vermögensverwaltung ist Teil der → Obsorge über ein minderjähriges Kind (§ 164). Die Eltern müssen nach dem objektivierten Maßstab „sorgfältiger Eltern" das Vermögen des Kindes erhalten und wenn möglich vermehren. Die Bestandserhaltung hat dabei aber Vorrang. Spekulative Geschäfte sind nicht zulässig. Geld ist mündelsicher anzulegen (→ Mündelsichere Anlage).

**Verordnung**

→ EU-Verordnung.

**Verpfändung**

Rechtsgeschäftliche Begründung eines → Pfandrechts durch → Pfandbestellungsvertrag.

**Verpflichtungsgeschäft**

Rechtsgeschäft, das auf eine künftige Leistung gerichtet ist, aber noch nicht auf bestehende Rechte einwirkt. So wird etwa durch den → Kauf der Verkäufer verpflichtet, dem Käufer Eigentum an der Kaufsache zu verschaffen. Der Vertrag allein bewirkt aber noch keinen Rechtsübergang. Dazu bedarf es noch eines eigenen → Verfügungsgeschäftes (§ 380; → Tradition, kausale). Ein Verpflichtungsgeschäft ist kausal, wenn daraus ein Zweck (causa, Rechtsgrund) hervorgeht, der es wirtschaftlich erklärt, andernfalls ist es abstrakt. Ein kausales Versprechen liegt daher vor, wenn deutlich ist, dass eine Summe als Kaufpreis, Werklohn, Mietzins usw geschuldet wird. Abstrakte Schuldversprechen sind nach österreichischem Recht grundsätzlich unzulässig.

**Verschlechterungsverbot (§ 1396)**

Durch eine → Zession wird die Rechtsstellung des debitor cessus nicht verändert. Er kann alle Einwendungen, die ihm vor der Anzeige der Abtretung gegen den Altgläubiger entstanden sind, auch dem Neugläubiger entgegenhalten. Dazu gehören vor allem: → Verjährung, Einrede des nicht gehörig erfüllten Vertrages (→ Zurückbehaltungsrecht), → Aufrechnung.

**Verschulden**

Persönliche Vorwerfbarkeit eines rechtswidrigen Verhaltens. Schuldhaft handelt, wer sein Verhalten hätte vermeiden können. Voraussetzung ist grundsätzlich die → Deliktsfähigkeit des Täters. Die Vorwerfbarkeit der Tat richtet sich nach den Fähigkeiten des Schädigers, es kommt darauf an, ob gerade von ihm ein anderes Verhalten zu erwarten gewesen wäre. Bei der → Sachverständigenhaftung ist der Maßstab allerdings objektiviert (§ 1299). Innerhalb des Verschuldens unterscheidet man → Vorsatz und → Fahrlässigkeit. Das Verschulden hat der Geschädigte zu beweisen, bei Verletzung von vertraglichen oder vertragsähnlichen Beziehungen kommt es zur → Beweislastumkehr (§ 1298).

**Verschuldensantrag**

→ Mitverschuldensantrag.

**Verschuldenshaftung**

Der praktisch wichtigste Haftungstatbestand im → Schadenersatzrecht. Der Schädiger wird zum Ersatz verpflichtet, weil er objektiv und subjektiv (persönlich vorwerfbar) sorgfaltswidrig, also rechtswidrig und schuldhaft, gehandelt hat. Voraussetzungen für die Verschuldenshaftung sind das Vorliegen eines → Schadens, die → Kausalität des Schädigers, die → Rechtswidrigkeit seines Verhaltens (→ Verhaltensunrecht) und (begriffsprägend) sein → Verschulden. Anders als die Verschuldenshaftung bauen die → Gefährdungshaftung, die Billigkeitshaftung (zB bei → Notstand) und die → Eingriffshaftung nicht auf einem Verschulden des Schädigers als Zurechnungsgrund auf.

**Verschuldensscheidung (§ 49 EheG)**

Eine Verschuldensscheidung kommt in Betracht, wenn die Ehe unheilbar zerrüttet ist und die → Zerrüttung schuldhaft durch eine schwere → Eheverfehlung oder ehrloses und unsittliches Verhalten herbeigeführt wurde. Das Verschulden eines der Gatten ist im Urteil festzustellen (Verschuldensausspruch, § 60 Abs 1 EheG). Für die Zulässigkeit der Verschuldensscheidung muss die Eheverfehlung wenigstens zur Zerrüttung beigetragen haben (Kausalität). Wurde die Eheverfehlung hingegen verziehen oder vom anderen gar nicht als ehezerstörend empfunden, fehlt die Kausalität (§ 56 EheG). Die Verschuldensscheidung kann auch durch die mangelnde „sittliche Rechtfertigung" des Scheidungsbegehrens ausgeschlossen sein (→ Reaktionsverfehlung). Das Klagerecht erlischt binnen 6 Monaten ab Kenntnis des Scheidungsgrundes und längstens 10 Jahre ab Eintritt (§ 57 EheG). Vgl auch → Mitverschuldensantrag; → Widerklage.

**Versendung(-skauf) (§ 429)**

Bei einem Versendungskauf wird vereinbart, dass der Schuldner die Ware „auf den Weg bringen" (abschicken) muss. Es handelt sich um einen Fall der → Schickschuld. Gefahr, Besitz und Eigentum gehen bereits mit der Übergabe an den Transporteur auf den Käufer über, wenn die Übersendungsart vereinbart oder – in Ermangelung einer Vereinbarung – verkehrsüblich (zB Bahn, Flugzeug und LKW) ist (§§ 429, 905 Abs 3). Ein anderes Konzept gilt beim praktisch häufigen Versendungskauf zwischen → Unternehmer und → Verbraucher (§ 7b KSchG). Gefahr, Besitz und Eigentum gehen nämlich in diesem Fall nach der gesetzlichen Regel erst dann auf den

Verbraucher über, wenn die Ware bei ihm einlangt (Ausnahme nur, wenn der Verbraucher den Beförderungsvertrag schließt, ohne eine vom Unternehmer vorgeschlagene Auswahlmöglichkeit zu nützen). Dieses Konzept ähnelt der → Bringschuld. Der Verkäufer muss sich allerdings auch bei der Schickschuld im Verbrauchergeschäft das Verschulden des Transporteurs nicht zurechnen lassen (§ 1313a), weil der Unternehmer ja nicht zum Transport, sondern nur zur Absendung verpflichtet ist.

**Versionsanspruch**

→ Verwendungsansprüche nach § 1041 setzen die rechtsgrundlose Ziehung eines Vorteils aus einer fremden Sache voraus. Unter dem Titel „Versionsanspruch" wird die Frage nach einem Anspruch in einer besonderen Konstellation gestellt: Eine Vermögensverschiebung erfolgt im Hinblick auf einen gültigen Vertrag zwischen dem Verkürzten und dem Mittelsmann. Die Frage ist, ob ein Anspruch gegen den wirklich Bereicherten durch das Vertragsverhältnis zum Mittelsmann ausscheidet. ZB: Reparatur einer Sache im Auftrag des Leihnehmers (Mittelsmann). Besteht ein Versionsanspruch des Werkunternehmers (Entreicherter) gegen den Eigentümer (Bereicherter), wenn der Leihnehmer nicht bezahlt? Überwiegend wird der Versionsanspruch auch in den Fällen abgelehnt, in denen von einem insolventen Mittelsmann keine Zahlung erlangt werden kann.

**Verspätungsschaden**

→ Schuldnerverzug.

**Versteigerung**

Die Versteigerung (Verkauf an den Meistbietenden durch Zuschlag) ist manchmal Tatbestandsmerkmal im Privatrecht. Bewegliche Sachen können bei einer öffentlichen Versteigerung nach § 367 gutgläubig erworben werden. Bei einer gerichtlichen Versteigerung (Zwangsversteigerung im Exekutionsverfahren, nicht aber freiwillige Feilbietung) ist die Geltendmachung der → laesio enormis ausgeschlossen (§ 935). Das Rücktrittsrecht für → Auswärtsgeschäfte und im → Fernabsatz geschlossene Verträge gilt nicht bei öffentlichen Versteigerungen (§ 18 Abs 3 FAGG).

**Vertrag**

Zwei- oder mehrseitiges Rechtsgeschäft. Zu seinem Zustandekommen bedarf es zweier (oder mehrerer) übereinstimmender → Willenserklärungen. Beim (zweiseitigen) Vertrag heißt die erste Willenserklärung → Angebot und die zweite → Annahme. Durch den Vertrag wird eine für die Beteiligten verbindliche rechtliche Regelung („individuelle Rechtsquelle") geschaffen, die von ihnen gemeinsam in Geltung gesetzt wird. Im Vertrag kann ein Teil dem anderen auf Grund dessen Einverständnisses Verpflichtungen auferlegen, die einseitig nicht mehr rückgängig gemacht werden können (→ pacta sunt servanda).

**Vertrag, atypischer**

Vertrag, der keinem gesetzlich geregelten Vertragstyp entspricht und sich – anders als ein gemischter Vertrag (→ Vertrag, gemischter) – auch nicht aus bestimmten gesetzlich vertypten Verträgen zusammensetzt (zB Franchise-Vertrag). Auf atypische Verträge können die Vorschriften der im Gesetz geregelten Vertragstypen nicht direkt angewendet werden. Zur Anwendung gelangen aber die allgemeinen Regeln und die Vorschriften von ähnlichen Vertragstypen.

**Vertrag außerhalb von Geschäftsräumen**

→ Auswärtsgeschäft.

**Vertrag, gemischter**

Verbinden die Vertragsparteien Elemente verschiedener Verträge miteinander zu neuen Typen, sodass die verschiedenen Leistungen zusammengehörend geschuldet werden, liegt ein gemischter Vertrag vor (zB → Reiseveranstaltungsvertrag, → Leasingvertrag). Welche gesetzlichen Regelungen heranzuziehen sind, richtet sich entweder nach der → Kombinations- oder nach der → Absorptionstheorie.

**Vertrag mit Schutzwirkung zugunsten Dritter**

Die vertraglichen → Schutz- und Sorgfaltspflichten bestehen beim Vertrag mit Schutzwirkung zugunsten Dritter nicht nur gegenüber dem Gläubiger, sondern auch gegenüber nicht am Vertrag beteiligten Dritten. Voraussetzung für einen Schutzwirkungsvertrag ist, dass der Dritte der Interessensphäre des Gläubigers angehört oder von der Erfüllung des Vertrages vorhersehbar mitbetroffen ist. Dadurch wird die vertragliche Schadenersatzpflicht (→ Vertragshaftung) auf Personen erweitert, die nicht Vertragspartner sind (§§ 1298, 1313a). Der Vertrag mit Schutzwirkung zugunsten Dritter ist aber subsidiär, er greift nicht ein, wenn der Dritte wegen der Schädigung selbst vertragliche Ansprüche geltend machen kann. Der Vertrag mit Schutzwirkung zugunsten Dritter ist nicht zu verwechseln mit dem → Vertrag zugunsten Dritter, bei dem der Dritte in Genuss der Hauptleistung kommt.

**Vertrag zugunsten Dritter (§ 881)**

Beim Vertrag zugunsten Dritter verspricht der Schuldner, die Leistung an einen Dritten, also an eine andere Person als den Vertragspartner, zu erbringen. Kommt die Leistung hauptsächlich dem Dritten zugute, ist im Zweifel auch der Dritte berechtigt, die Leistung zu fordern (echter Vertrag zugunsten Dritter). Sonst ist nur der Versprechensempfänger berechtigt, auf Leistung an den Dritten zu klagen (unechter Vertrag zugunsten Dritter).

**Vertrag zulasten Dritter**

Verträge, die einen unbeteiligten Dritten verpflichten sollen, sind ohne dessen Einverständnis unwirksam. Dies folgt aus dem Gebot der Selbstbestimmung (→ Privatautonomie). Die Vereinbarung ist aber nach dem Gesetz als „Zusage der Verwendung bei dem Dritten" (§ 880a) zu verstehen (Verwendungszusage, Bemühungszusage).

**Vertragsabschluss**

→ Vertrag.

**Vertragsabschluss (UNK)**

→ UN-Kaufrecht.

**Vertragsauflösungssperre**

Die §§ 25a, b IO schränken Rücktrittsrechte des Vertragspartners des insolventen Schuldners ein. Damit wird verhindert, dass für die Masse wichtige Verträge aufgelöst werden und so eine mögliche Fortführung und Sanierung des insolventen Unternehmens gefährdet wird. § 25a IO verhindert in den ersten sechs Monaten ab Insolvenzeröffnung die Auflösung von Verträgen, wenn sonst die Fortführung des Unternehmens gefährdet wäre. Eine Auflösung ist dann nur aus wichtigem Grund möglich, nicht aber zB als ordentliche Kündigung. Die Auflösungssperre gilt nur dann nicht, wenn dem Vertragspartner bei Festhalten am Vertrag schwere persönliche oder wirtschaftliche Nachteile drohen würden. Eine vertragliche Abänderung ist nicht möglich (§ 25b Abs 1 IO). Daher ist die Vereinbarung von Auflösungsrechten für den Fall der Eröffnung des Insolvenzverfahrens (Lösungsklauseln) unzulässig.

**Vertragsauslegung**

→ Willenserklärung.

**vertragscharakteristische Leistung**

→ Leistung, vertragscharakteristische.

**Vertragsfreiheit**

Möglichkeit, seine vertraglichen Beziehungen selbstbestimmt zu gestalten. Die Vertragsfreiheit ist also die Ausprägung der → Privatautonomie im Vertragsrecht. Sie konkretisiert sich in der → Abschluss- und → Inhaltsfreiheit.

**Vertragshaftung**

Vertragshaftung (Haftung ex contractu) ist Schadenersatzpflicht aufgrund der Verletzung vertraglicher oder vertragsähnlicher Pflichten. Der Schädiger haftet grundsätzlich nur seinem Vertragspartner ex contractu (vgl aber → Vertrag mit Schutzwirkung zugunsten Dritter). Anders als bei der → Deliktshaftung kommt die strenge Haftung für → Erfüllungsgehilfen zur Anwendung; auch das bloße Vermögen ist geschützt (→ Vermögensschaden, bloßer) und der Schädiger hat zu beweisen, dass ihn an der Vertragsverletzung kein Verschulden trifft (→ Beweislastumkehr; § 1298). Die strengere Haftung ex contractu ist dadurch gerechtfertigt, dass die Parteien als Vertragspartner in einer besonderen Beziehung stehen. Auf Grund der Ähnlichkeit zum Vertrag kommen die Regeln über die Vertragshaftung auch im vorvertraglichen Stadium zur Anwendung (→ culpa in contrahendo).

**Vertragsstatut**

Vertragliche Schuldverhältnisse sind nach → Rom I anzuknüpfen. Haben die Parteien keine → Rechtswahl getroffen (Art 3 Rom I), ist Art 4 maßgebend. Kaufverträge über bewegliche Sachen unterliegen demnach dem Recht des Staates, in dem der Verkäufer seinen gewöhnlichen Aufenthalt hat. Dienstleistungsverträge unterliegen dem Recht des Staates, in dem der Dienstleister seinen gewöhnlichen Aufenthalt hat. Verträge, die ein dingliches Recht an unbeweglichen Sachen sowie Miete oder Pacht unbeweglicher Sachen zum Gegenstand haben, unterliegen dem Recht des Staates, in dem die unbewegliche Sache belegen ist. Für andere Verträge ist nach Art 4 Abs 2 Rom I das Recht des Staates maßgebend, in dem die Partei ihren gewöhnlichen Aufenthalt hat, die die vertragscharakteristische Leistung erbringt (→ Leistung, vertragscharakteristische). Kann das anzuwendende Recht nicht nach diesen Regeln bestimmt werden, unterliegt der Vertrag dem Recht des Staates, zu dem er die engste Verbindung aufweist (Art 4 Abs 4 Rom I). Art 4 Abs 3 Rom I enthält eine → Ausweichklausel: Ergibt sich aus der Gesamtheit der Umstände, dass der Vertrag eine offensichtlich engere Verbindung zu einem anderen als dem nach Abs 1 oder 2 bestimmten Staat aufweist, so ist das Recht dieses anderen Staates anzuwenden. Zu Verbraucherverträgen → Verbraucherstatut.

**Vertragsstrafe (§ 1336)** Durch die Vertragsstrafe (Konventionalstrafe) vereinbaren die Parteien einen pauschalierten Schadenersatz für den Fall der schuldhaften Nicht- oder Schlechterfüllung. Die Vertragsstrafe kann unabhängig davon verlangt werden, ob ein Schaden eingetreten ist. Der Richter hat allerdings ein zwingendes Mäßigungsrecht (§ 1336 Abs 2). Übersteigt der wirkliche Schaden den Vergütungsbetrag, kann auch der übersteigende Schaden verlangt werden. Ist der Schuldner Verbraucher, so muss das Recht, den übersteigenden Schaden trotz Vereinbarung des Pauschalbetrages zu verlangen, im Einzelnen ausgehandelt wurde (§ 1336 Abs 3).

**Vertragstreue** → pacta sunt servanda.

**Vertragsübernahme** Während bei der privativen → Schuldübernahme der Schuldner ausgewechselt wird, soll bei der gesetzlich nicht geregelten Vertragsübernahme der Vertragspartner geändert, also das gesamte Schuldverhältnis übertragen werden. Es bedarf grundsätzlich der Zustimmung aller Beteiligten, es gibt aber einige gesetzlich geregelte Ausnahmen (zB → Eintrittsrechte des Mieters).

**Vertragsverletzung (UNK)** → breach of contract; → UN-Kaufrecht.

**Vertragszwang** → Kontrahierungszwang.

**Vertrauensgrundsatz** Das Grundbuch ist ein öffentliches, von den Gerichten geführtes Register. Das Vertrauen auf die Richtigkeit und Vollständigkeit der Eintragungen ist besonders geschützt (vgl → Eigentumserwerb, gutgläubiger). Die positive Seite des Vertrauensgrundsatzes (§§ 62 ff GBG) schützt den redlichen Erwerber in seinem Vertrauen auf die Richtigkeit der Eintragungen im Grundbuch (vgl auch → Schreijahre). ZB: Jemand erwirbt von einer Person, die selbst aufgrund eines unwirksamen Vertrags eingetragen wurde (ursprünglich unrichtige Eintragung). Die negative Seite des Vertrauensgrundsatzes (§ 1500) schützt das Vertrauen Gutgläubiger auf die Vollständigkeit der Eintragungen im Grundbuch. ZB: Jemand erwirbt vom Eingetragenen, der sein Eigentum allerdings bereits durch Ersitzung eines Anderen verloren hat (ursprünglich richtige, nachträglich unrichtig gewordene Eintragung).

**Vertrauensinteresse (Vertrauensschaden)** Der Nachteil, der eingetreten ist, weil der Geschädigte auf die Gültigkeit eines tatsächlich ungültigen oder auf die Erfüllbarkeit eines tatsächlich unerfüllbaren Vertrages vertraut hat (zB bei → falsa procuratio, → Unmöglichkeit, anfänglicher). Demgegenüber ist das → Erfüllungsinteresse der Vorteil, den ein Vertragspartner bei ordnungsgemäßer Erfüllung des Vertrages gehabt hätte. Die Abgrenzung zwischen Erfüllungs- und Vertrauensinteresse spielt nur im vertraglichen und quasi-vertraglichen Schadenersatz eine Rolle. Typische Vertrauensschäden sind zB Aufwendungen für den Vertragsabschluss sowie Nachteile aus dem Unterlassen des Abschlusses eines anderen Geschäftes. Der Ersatz des Vertrauensinteresses ist durch das hypothetische Erfüllungsinteresse begrenzt (→ Erfüllungsinteresse, hypothetisches). Der Geschädigte soll durch den Ausgleich des Vertrauensschadens nicht besser stehen, als er bei tadelloser Erfüllung gestanden wäre, er soll nicht nachträglich vom Risiko seiner ursprünglichen Disposition befreit werden.

**Vertrauensmann** Wer eine bewegliche Sache vom „Vertrauensmann" erwirbt, kann nach § 367 originär Eigentümer werden (→ Eigentumserwerb, gutgläubiger). Vertrauensmann ist, wem der Eigentümer die Gewahrsame an seiner Sache willentlich und wissentlich übertragen hat (zB Verwahrer, Mieter, Vorbehaltskäufer). Auch wem eine Sache irrtümlich anvertraut wurde, ist Vertrauensmann, dasselbe gilt, wenn eine Sache listig herausgelockt wurde. Die Rechtfertigung für diesen Gutglaubenserwerb liegt darin, dass der Eigentümer den Vertrauensmann ausgesucht und das Risiko ermöglicht hat. Deshalb kommt auch bei einer Vertrauensmannkette (Weitergabe einer Sache vom Vertrauensmann an den späteren Veräußerer) ein gutgläubiger Erwerb in Betracht.

**Vertrauensschaden** → Vertrauensinteresse.

**Vertrauenstheorie** Nach der Vertrauenstheorie richtet sich die Bedeutung einer → Willenserklärung weder allein nach dem wahren Willen des Erklärenden (Willenstheorie) noch allein danach, wie sie der Empfänger verstanden hat, sondern vielmehr nach dem objektiven Erklärungswert, also danach, wie die Erklärung unter Berücksichtigung aller Umstände objektiv verstanden werden musste, wie sie also ein „redlicher Erklärungsempfänger" verstehen durfte. Der objektive Erklärungswert verliert seine Bedeutung, wenn der Erklärungsempfänger den wahren Willen des Erklärenden kannte, da der Gesichtspunkt der Schutzwürdigkeit ja wegfällt. Gleiches gilt, wenn sich die Parteien in der Sache einig sind (falsa demonstratio non nocet).

**Vertretung, gesetzliche** → Vertretungsmacht, die unmittelbar auf dem Gesetz oder auf einem Gerichtsbeschluss, nicht aber auf einem rechtsgeschäftlichen Akt beruht. Gesetzliche Vertretung ermöglicht nicht voll Geschäftsfähigen die Teilnahme am Rechtsverkehr. Gesetzliche Vertreter sind die Obsorgeberechtigten des minderjährigen Kindes (→ Obsorge), → nächste Angehörige und der → Sachwalter.

**Vertretung, organschaftliche**

Im rechtsgeschäftlichen Bereich handeln juristische Personen (→ Person, juristische) durch ihre organschaftlichen Vertreter. Die Organe und die Art der Vertretung (zB → Einzel- oder → Gesamtvertretung) werden durch die Satzung vorgesehen. Treten die vertretungsbefugten Organe im Namen der juristischen Person auf, wird ihr das Handeln ihrer Organe zugerechnet. Das Rechtsgeschäft kommt also zwischen juristischer Person und Geschäftspartner zustande. Die Satzung kann den Umfang der Vertretungsmacht der Organe nicht beschränken (→ Formalvollmacht). Andere Personen als Organe können nur Vertretungsakte setzen, wenn sie von den Organen (rechtsgeschäftlich) bevollmächtigt sind.

**Vertretung, rechtsgeschäftliche**

→ Bevollmächtigung.

**Vertretung ohne Vollmacht**

→ falsa procuratio.

**Vertretungsfeindlichkeit**

→ Rechtsgeschäft, vertretungsfeindliches.

**Vertretungsmacht**

Rechtsmacht, im fremden Namen mit Wirkung für den Vertretenen zu handeln. Ohne Vertretungsmacht kommt es zu keiner direkten → Stellvertretung. Je nach Art der Begründung der Vertretungsmacht werden → Vollmacht, gesetzliche Vertretung (→ Vertretung, gesetzliche) und organschaftliche Vertretung (→ Vertretung, organschaftliche) unterschieden.

**Verunstaltungsentschädigung**

→ Körperverletzung.

**Verursachung**

→ Kausalität.

**Verwahrung (§§ 957 ff)**

„Wenn jemand eine fremde Sache in seine Obsorge nimmt, so entsteht ein Verwahrungsvertrag" (§ 957). Die Verwahrung ist ein → Dauerschuldverhältnis, das als → Realvertrag erst durch die tatsächliche Übergabe der Sache zustande kommt. Zur Obsorge über die verwahrte Sache gehören die Aufbewahrung sowie alle positiven Handlungen, die zur Erhaltung der Sache und Verhinderung ihrer Verschlechterung notwendig sind.

**Verwaltung**

Die ordentliche Verwaltung des → Miteigentums umfasst alle Maßnahmen, die zur Erhaltung und zum Betrieb der Sache notwendig und zweckmäßig sind (§ 833). Die außerordentliche Verwaltung umfasst alle wichtigen Veränderungen zur Erhaltung oder besseren Benutzung der Sache (§§ 834 f). Die für die Beschlussfassung erforderliche Mehrheit richtet sich danach, ob es sich um ordentliche (Mehrheit) oder außerordentliche Verwaltung (Einstimmigkeit) handelt.

**Verwandtenerbfolge**
→ Familienerbfolge; → Parentelensystem.

**Verweisung**
Vorgang der Bestimmung des anwendbaren Sachrechts. Die Verweisung ist die eigentliche Aufgabe des → Internationalen Privatrechts. Man unterscheidet die → Sachnormverweisung und → Gesamtnormverweisung.

**Verwendungsanspruch**
„Wenn eine Sache (…) zum Nutzen eines anderen verwendet worden ist; kann der Eigentümer sie in Natur, oder, wenn dies nicht mehr geschehen kann, den Wert verlangen" (§ 1041). Verwendung iSd § 1041 ist jede Nutzung, die dem Recht des Eigentümers widerspricht. Die Begriffe sind im weiten Sinn des § 285 zu verstehen. Sachen sind daher nicht nur körperliche Sachen, sondern alle Vermögenswerte (zB Forderungsrechte, Immaterialgüterrechte, Arbeitsleistungen). Der Verwendungsanspruch ist subsidiär. Er besteht nicht, wenn die Vermögensverschiebung durch Vertrag (oder gesetzliche Norm) gerechtfertigt ist oder wenn die Vermögensverschiebung durch Leistung des Ent- an den Bereicherten erfolgt (dann → Leistungskondiktion). Auch der gutgläubige Erwerber ist keinem Verwendungsanspruch ausgesetzt. § 1041 ordnet außerdem seine Subsidiarität gegenüber der → Geschäftsführung ohne Auftrag explizit an. Der Aufwandersatzanspruch nach § 1042 (→ Aufwandersatz) wird ebenfalls manchmal als „Verwendungsanspruch" bezeichnet.

**Verwendungszusage**
→ Vertrag zulasten Dritter.

**Verzeihung**
→ Verschuldensscheidung; → Enterbung.

**Verzicht (§ 1444)**
Erlöschen der Verbindlichkeit durch Rechtsaufgabe des Gläubigers. Es bedarf des Einverständnisses des Schuldners, da sich niemand eine Zuwendung aufdrängen lassen muss. Der dem Verzicht (Schulderlass) zugrunde liegende Titel kann entgeltlich oder unentgeltlich sein. Auch wenn der Schulderlass unentgeltlich ist, bedarf er nicht der Schenkungsform, sondern kann formfrei erfolgen: → Schenkung, liberatorische.

**Verzug**
Der Verzug zählt zu den → Leistungsstörungen. → Schuldnerverzug (§§ 918 ff) liegt vor, wenn der Schuldner die Leistung nicht zur gehörigen Zeit, nicht am gehörigen Ort oder nicht auf die bedungene Weise anbietet. → Gläubigerverzug liegt vor, wenn die gehörig angebotene Leistung vom Gläubiger nicht abgenommen wird. Ist die Leistungserbringung nicht mehr möglich, liegt nicht Verzug, sondern → Unmöglichkeit vor. Ist die Leistung bereits erbracht worden (aber nicht auf die bedungene Art und Weise), kommt nur mehr → Gewährleistung in Betracht.

**Verzugszinsen**
Gerät der Schuldner einer Geldforderung (→ Geldschulden) in Verzug, gebühren dem Gläubiger Verzugszinsen. Deren Höhe kann privatautonom vereinbart werden und ist in Ermangelung einer Vereinbarung davon ab-

hängig, ob den Schuldner ein Verschulden am Verzug trifft. Ohne Verschulden und mangels abweichender Vereinbarung betragen die gesetzlichen Verzugszinsen 4% per annum (§ 1333 Abs 1 iVm § 1000 Abs 1). Im schuldhaften Zahlungsverzug kann der Gläubiger nach allgemeinen schadenersatzrechtlichen Regeln den darüber hinaus erlittenen Schaden (zB Verpassen einer günstigen Investitionschance, → Betreibungskosten) geltend machen (§ 1333 Abs 2). Im beidseitigen Unternehmergeschäft gebühren bei schuldhaftem Zahlungsverzug außerdem als Mindestersatz gesetzliche Verzugszinsen in Höhe von jährlich 9,2% über dem Basiszinssatz (§ 456 UGB).

**vinculum iuris** → Schuldverhältnis.

**Vollamortisationsvertrag** Vollamortisationsverträge sind → Finanzierungsleasingverträge, bei denen die vereinbarte Vertragsdauer der wirtschaftlichen Lebensdauer nahe kommt. Das Entgelt deckt die Anschaffungs- und Finanzierungskosten und enthält einen Gewinnzuschlag für den Leasinggeber. Der Leasingnehmer ist verpflichtet, die Raten auch bei zufälliger Beschädigung des Leasinggutes weiter zu zahlen. Die Risikoverteilung entspricht daher der beim Kaufvertrag. Der Leasinggeber ist wirtschaftlich ein Kreditgeber, er bekommt die Anschaffungskosten „auf Raten" vergütet.

**Volljährigkeit** → Geschäftsfähigkeit.

**Vollmacht** Als Vollmacht bezeichnet man die auf rechtsgeschäftlichem Weg (nämlich durch → Bevollmächtigung) eingeräumte Vertretungsmacht. Vollmacht nennt man aber üblicherweise auch eine Urkunde, die den Vertreter als solchen ausweist. Die Vollmacht betrifft das rechtliche Können im „Außenverhältnis" zum Dritten. Das Innenverhältnis zwischen Vertreter und Vertretenem kann hingegen als → Auftrag oder → Ermächtigung ausgestaltet sein, oft liegt im Innenverhältnis ein Dienstvertrag vor. Häufig werden Auftrag und Vollmacht miteinander verbunden, das ABGB regelt die beiden Institute unter dem Titel → Bevollmächtigungsvertrag gemeinsam (§§ 1002 ff).

**Vorausvereinbarung** Vorausvereinbarungen betreffen die Aufteilung des Vermögens bei Scheidung (Aufteilung der ehelichen Ersparnisse und des ehelichen → Gebrauchsvermögens). Für Vorausvereinbarungen bestehen → Formvorschriften (eheliche Ersparnisse, Ehewohnung: Notariatsakt; sonstiges eheliches Gebrauchsvermögen: Schriftform). Sie unterliegen außerdem einer richterlichen Kontrolle: Gemäß § 97 Abs 2 EheG kann das Gericht von einer Vereinbarung abweichen, wenn „die Vereinbarung in einer Gesamtbetrachtung des in die Aufteilung einzubeziehenden Vermögens im Zeitpunkt der Aufteilungsentscheidung einen Teil unbillig benachteiligt, sodass ihm die Zuhaltung unzumutbar ist". § 97 Abs 4 EheG nennt Umstände, die das Gericht bei der Abweichung von einer Vorausvereinbarung zu berücksichtigen hat. (1) Gestaltung der ehelichen Lebensverhältnisse, (2) Dauer der Ehe, (3) inwieweit der Vereinbarung eine rechtliche Beratung vorangegangen ist,

(4) in welcher Form sie geschlossen wurde. Ein eigenes Kontrollrecht enthält § 97 Abs 3 EheG für Vereinbarungen über die Nutzung der → Ehewohnung. Das Gericht kann von einer solchen Vereinbarung abweichen, wenn der „andere Ehegatte oder ein gemeinsames Kind seine Lebensbedürfnisse nicht hinreichend decken kann oder eine deutliche Verschlechterung seiner Lebensverhältnisse hinnehmen müsste".

**Vorausvermächtnis (Prälegat)**

(1) Wurde einem Erben neben seinem Erbteil auch ein → Vermächtnis hinterlassen und ist dieses nicht auf den Erbteil anzurechnen, liegt ein Vorausvermächtnis vor. Im Zweifel ist jedoch kein Vorausvermächtnis anzunehmen, sondern ein → Hineinvermächtnis. (2) Vorausvermächtnis des Ehegatten. Unabhängig davon, ob der Ehegatte zum Erben berufen ist, erhält er kraft Gesetzes das pflichtteilsähnliche Vorausvermächtnis (das „Voraus"), das ihm der Erblasser nur durch eine rechtmäßige → Enterbung entziehen kann. Es hat Vorrang vor allen anderen Vermächtnissen, Pflichtteils- und Unterhaltsansprüchen (§ 783). Das Vorausvermächtnis umfasst die zum ehelichen Haushalt gehörenden beweglichen Sachen und das Recht, in der → Ehewohnung weiter zu wohnen. Durch zahlreiche sondergesetzliche Bestimmungen (§ 14 MRG: → Eintrittsrecht; § 14 WEG: vgl → Eigentümerpartner) ist der Anwendungsbereich aber beschränkt.

**Vorbehaltsgut**

(1) Ehegüterrecht: Von der → Gütergemeinschaft ausgenommene Güter werden als Eigenvermögen (→ Eigengut) bezeichnet. Kraft Vereinbarung Ausgenommenes wird als „Vorbehaltsgut" bezeichnet: ZB eine Liegenschaft, die nicht ins gemeinsame Eigentum übergehen soll. (2) Als Vorbehaltsgut wird auch die Sache bezeichnet, an der ein → Eigentumsvorbehalt besteht.

**Vorbehaltsklausel**

Die Vorbehaltsklausel (ordre public, § 6 IPRG) setzt der Anwendung fremden Rechts eine äußerste Schranke. Ausländische Rechtsnormen sind trotz → Verweisung oder → Rechtswahl nicht anzuwenden, wenn sie zu einem Ergebnis führen würden, das mit den Grundwertungen der österreichischen Rechtsordnung unvereinbar ist. Die Lücke ist durch Anwendung österreichischen Sachrechts zu schließen.

**Vorbereitungsgeschäft**

Bei Geschäften, die eine natürliche Person vor Aufnahme des Betriebs ihres Unternehmens zur Schaffung der Voraussetzungen dafür tätigt, ist die Person Verbraucher (§ 1 Abs 3 KSchG). Vgl → Unternehmer; → Verbraucher.

**Vorempfang**

Zuwendungen des Erblassers unter Lebenden. Dazu gehören die Ausstattung, das zum Antritt eines Amtes oder Gewerbes Gegebene sowie Aufwendungen des Erblassers zur Bezahlung von Schulden eines volljährigen Kindes (§ 788). Vorempfänge können per definitionem nur Nachkommen erhalten. Zur erbrechtlichen Bedeutung von Vorempfängen → Anrechnung auf den Erbteil; → Anrechnung auf den Pflichtteil.

**Vorerbe**

→ Nacherbschaft.

**Vorfrage**

Manchmal setzen Kollisionsnormen das Bestehen von Rechtsverhältnissen voraus (als Vorfrage). Dann ist fraglich, nach welchem Recht das Bestehen des präjudiziellen Rechtsverhältnisses zu beurteilen ist. Die Vorfrage kann sich (als „Erstfrage") bereits bei der kollisionsrechtlichen Anknüpfung stellen. ZB ist das Bestehen der Ehe Erstfrage für die Anknüpfung der Ehescheidung. Die Erstfrage ist gesondert nach dem IPR der → lex fori anzuknüpfen. Die „eigentliche" oder „materiell-rechtliche" Vorfrage stellt sich hingegen bei der Anwendung des kollisionsrechtlich berufenen Rechts. ZB verweist österreichisches IPR für die Beurteilung eines deliktischen Schadenersatzanspruches auf französisches Schadenersatzrecht. Dort stellt sich die Frage, ob der Geschädigte Eigentümer war – nach welchem Sachenrecht wird das beurteilt? Die Lösung der Frage ist sehr umstritten.

**Vorkaufsrecht (§§ 1072–1079)**

Ein Vorkaufsrecht vermittelt dem Berechtigten das (höchstpersönliche) → Gestaltungsrecht, eine Sache „einzulösen", wenn der Eigentümer sie veräußern möchte. Tritt der Vorkaufsfall ein, muss der Verpflichtete die Einlösung anbieten. Der Berechtigte kann sein Recht bei beweglichen Sachen innerhalb von 24 Stunden, bei unbeweglichen Sachen innerhalb von 30 Tagen ausüben. Das Vorkaufsrecht wirkt nur gegen den Verpflichteten und seine Gesamtrechtsnachfolger. Wird es verdinglicht, wirkt es gegenüber jedem Dritten.

**Vormerkung**

Die Vormerkung ist eine Eintragung im Grundbuch. Im Gegensatz zur → Einverleibung führt sie nicht zu einem sofortigen, sondern nur zu einem bedingten Rechtserwerb oder Rechtsverlust. Meist kommt es zu einer Vormerkung, wenn zwar eine Urkunde über das Rechtsgeschäft existiert, aber die besonderen Erfordernisse für eine Einverleibung noch nicht vorliegen (Urkunden sind noch nicht beglaubigt usw). Die Bedeutung der Vormerkung liegt darin, dass dadurch der Rang des Vorgemerkten gewahrt und so verhindert wird, dass Dritte Rechte erwerben, die in seine Rechtsstellung eingreifen. Die Rechtsänderung tritt erst ein, wenn die Vormerkung gerechtfertigt wurde. Die spätere Rechtfertigung des Rechtserwerbs wirkt aber zurück, in der Zwischenzeit durchgeführte Eintragungen sind daher zu löschen.

**Vorrangeinräumung**

→ Rangtausch.

**Vorsatz**

Schadensverursachung mit Wissen und Willen des Schädigers. Der Schädigungserfolg muss nicht beabsichtigt werden, es genügt, dass der Täter mit dem Eintritt des Erfolgs rechnet und ihn billigt (dolus eventualis). Vgl → Verschulden.

**Vorschaltlösung**

→ UN-Kaufrecht.

**Vorschuss**

Zuwendung des Erblassers unter Lebenden, die er als Vorschuss auf den Erbteil geleistet hat (§ 789). Vorschüsse sind Anrechnungsposten bei der → Anrechnung auf den Erbteil und der → Anrechnung auf den Pflichtteil.

Diese Anrechnung kommt nur in Betracht, wenn sie vereinbart wurde (Leistung „als Vorschuss").

**Vorsorgevollmacht**

Eine Vorsorgevollmacht wird für den Fall errichtet, dass der Vollmachtgeber die Einsichtsfähigkeit verliert (§ 284 f); sie ist formpflichtig (siehe § 284 f Abs 2). Die Vorsorgevollmacht hindert die Bestellung eines → Sachwalters (§ 268 Abs 2) und verdrängt die Vertretungsbefugnis → nächster Angehöriger.

**Vorteilsausgleich**

Mit einer Schädigung können auch Vorteile einhergehen: Der Dienstgeber zahlt weiter Gehalt, die Sozialversicherung übernimmt Behandlungskosten usw. Da das Schadenersatzrecht nur → Ausgleichsfunktion hat, ist fraglich, ob der Schädiger sich von seiner Ersatzpflicht solche Vorteile abziehen kann, damit der Geschädigte nicht bereichert ist (Vorteilsausgleich). In manchen Fällen wird der Vorteilsausgleich vom Gesetzgeber verhindert. Der Anspruch geht auf denjenigen über, der dem Geschädigten den Vorteil verschafft (zB Sozialversicherung, § 332 ASVG): → Zession, gesetzliche.

**Vorteilszuwendung**

→ Genehmigung, nachträgliche.

**Vorvertrag (§ 936)**

Verabredung, künftig einen Vertrag mit bestimmtem Inhalt (Hauptvertrag) abzuschließen. Zu seiner Gültigkeit ist erforderlich, dass er alle wesentlichen Punkte des Hauptvertrages und seinen Abschlusszeitpunkt enthält. Leistungsgegenstand des Vorvertrages ist der Abschluss des Hauptvertrages. Aus dem Vorvertrag kann noch nicht auf die Erfüllung des Hauptvertrages, sondern nur auf dessen Abschluss geklagt werden. Der Anspruch erlischt innerhalb von 1 Jahr ab Abschluss des Vorvertrages. Der Vorvertrag steht unter dem Vorbehalt der → clausula rebus sic stantibus: Sind nach Abschluss des Vorvertrages die Umstände so verändert worden, dass dadurch der von den Parteien verfolgte Zweck vereitelt wird oder ein Partner zum anderen das Zutrauen verliert, wird der Vertrag aufgehoben.

**vorvertragliche Pflichten**

→ culpa in contrahendo.

# W Wahlrecht des Insolvenzverwalters – Wurzelmangel

**Wahlrecht des Insolvenzverwalters**

Bei beiderseitig nicht erfüllten Verträgen hat der Insolvenzverwalter zum Schutz der Insolvenzmasse ein besonderes Wahlrecht. Er kann sich aussuchen, ob er in den Vertrag eintritt und ihn erfüllt (dann erhält der Vertragspartner die volle Leistung, § 46 Z 4 IO) oder ob er vom Vertrag zurücktritt (§ 21 IO). Tritt der Insolvenzverwalter von einem Vertrag zurück, entsteht ein Schadenersatzanspruch des Vertragspartners. Der Schadenersatzanspruch soll den Vertragspartner so stellen, wie er bei ungestörter Vertragsabwicklung gestanden wäre. Es handelt sich aber um eine bloße → Insolvenzforderung.

**Wahlschuld (§ 906)**

Schuldet jemand entweder die Leistung A oder die Leistung B, liegt eine Wahlschuld vor. Grundsätzlich kann sich der Schuldner aussuchen, was er leistet, aber auch ein Wahlrecht des Gläubigers kann vereinbart werden (§ 906 Abs 2). Es gibt also bei der Wahlschuld einen gleichwertigen Erfüllungsvorrat, worin eine Parallele zur → Gattungsschuld liegt. Die wahlberechtigte Partei kann zwischen den nach Parteienvereinbarung an sich gleichwertigen Sachen aber trotzdem differenzieren. Mit Ausübung des Wahlrechts wird die Wahlschuld zur → Speziesschuld, bei Unmöglichkeit der Leistungserbringung kann dann nicht auf die andere Sache umgestellt werden. Gerät der wahlberechtigte Schuldner mit seiner Wahl in Verzug, kann der Gläubiger nur auf Leistung entweder der einen oder der anderen Sache klagen. Hat hingegen der Gläubiger das Wahlrecht und gerät damit in Verzug, kann der Schuldner nach § 918 iVm § 906 Abs 2 vom Vertrag zurücktreten oder an Stelle des Gläubigers eine Wahl treffen, die dann gilt, wenn der Gläubiger nach Verständigung davon nicht widerspricht.

**Wandlung**

Sekundärer → Gewährleistungsbehelf, durch den der Vertrag aufgehoben wird. Der Übernehmer kann nur wandeln, wenn er überhaupt auf die sekundären Gewährleistungsbehelfe umsteigen kann (muss) und der Mangel nicht bloß geringfügig ist (§ 932 Abs 4). Nach einer Wandlung können beide Teile ihre Leistungen mit einer Leistungskondiktion nach § 1435 (→ condictio causa finita) zurückfordern.

**Warnpflicht**

§ 1168a bestimmt die Pflicht des Werkunternehmers, den Werkbesteller zu warnen, wenn der von diesem bereitgestellte Stoff offenbar untauglich ist oder die von ihm gegebenen Anweisungen offenbar unrichtig sind. Verletzt der Werkunternehmer diese Warnpflichten schuldhaft, hat er bei Vereitelung der Werkherstellung keinen Entgeltanspruch. Wurde das Werk bereits abgeliefert, hat der Werkbesteller Gewährleistungsrechte. Überdies wird der Werkunternehmer bei Warnpflichtverletzung schadenersatzpflichtig. Unterlässt der Werkunternehmer schuldhaft die Warnung gegenüber einem sachkundigen Besteller, kommt es zu einer Schadensteilung (§ 1304) und auch zu einer „geteilten Gewährleistung". Hat der Werkunternehmer hingegen keine Warnpflichten verletzt, hat der Werkbesteller bei Misslingen des Werks keine Ansprüche gegen den Werkunternehmer, muss aber den Werklohn zahlen.

**Wegehalterhaftung**

Nach § 1319a haftet der Halter eines Weges deliktisch für dessen mangelhaften Zustand bei eigenem grobem Verschulden oder grobem Verschulden seiner Leute („Leutehaftung"). Es handelt sich um einen gesetzlich verankerten Fall der → Verkehrssicherungspflichten. „Weg" ist jede für die Allgemeinheit oder bestimmte Gruppen zum Verkehr offen stehende Landfläche, zB eine Straße, eine Schipiste oder ein Parkplatz, sowie die dazu gehörigen Anlagen. „Leute" sind alle Personen, deren sich der Halter bedient, um den Zustand des Weges zu erhalten. Vertragsverhältnisse gehen § 1319a vor. Die Übertragung der Sorgfaltspflicht auf selbständige Unternehmer ist möglich. Man spricht von Pflichtenübertragung.

**Wegfall der Geschäftsgrundlage**

→ Geschäftsgrundlage.

**Weiterfressermangel**

Zunächst beschränkter und nicht erkennbarer → Mangel, der erst nach Übergabe hervortritt, indem er weitere Mängel verursacht oder sich ausdehnt (zB Ölleck eines verkauften Motorrades, das zu einem Totalschaden führt). Da der gesamte Mangel bereits im Zeitpunkt der Übergabe angelegt war, muss der Übergeber auch für den gesamten Mangel (zB den Totalschaden des Motorrads) Gewähr leisten (vgl § 924 Satz 1). Für die Frage der Geringfügigkeit (→ Mangel, geringfügiger) kommt es auf den Zustand im Zeitpunkt des Hervorkommens an. Schadenersatzrechtlich handelt es sich um einen → Mangelschaden.

**Weiterfresserschaden**

→ Teilhersteller.

**weitergeleiteter Eigentumsvorbehalt**

→ Eigentumsvorbehalt, weitergeleiteter.

**Weiterverweisung**

→ Gesamtnormverweisung.

**Werktorprinzip**

→ Inverkehrbringen.

**Werkvertrag**

In einem Werkvertrag verpflichtet sich der Werkunternehmer gegenüber dem Werkbesteller zur Herstellung eines Erfolges (§ 1151 Abs 1). Der geschuldete Erfolg ist tatsächlicher Natur: Rechtshandlungen sind Gegenstand eines → Auftrages. Schuldet der Vertragspartner keinen Erfolg, sondern (bloß) ein sorgfältiges Bemühen, liegt ein Dienstvertrag vor. Der Werkunternehmer ist verpflichtet, das Werk persönlich auszuführen oder unter seiner persönlichen Verantwortung ausführen zu lassen (§ 1165). Bedient er sich zur Erfüllung seiner vertraglichen Pflichten eines Gehilfen, so wird ihm dieser als → Erfüllungsgehilfe gemäß § 1313a zugerechnet. Das allgemeine Leistungsstörungsstörungsrecht ist zwar anwendbar, gewisse Modifikationen ergeben sich aber aus der → Sphärentheorie.

**Wert, gemeiner (§ 1332)**

Berechnungshilfe für die Höhe des Schadenersatzanspruchs bei Sachbeschädigung. Maßgebend ist der gemeine Wert im Zeitpunkt der Beschädigung (der Einkaufswert, Verkehrswert, Austauschwert, subsidiär der durch Kapitalisierung der Reinerträgnisse berechnete Ertragswert). Hat eine Sache keinen gemeinen Wert (zB gebrauchte persönliche Gegenstände), sind die Wiederherstellungskosten zu ersetzen. Dadurch entstehende Vorteile zugunsten des Geschädigten können beim → Vorteilsausgleich eine Rolle spielen. Beim Totalschaden bestimmt sich der gemeine Wert nach dem Beschaffungspreis einer der zerstörten gleichwertigen Sache. Der Restwert der total beschädigten Sache (Schrottwert) ist durch Vorteilsausgleich anzurechnen. Nach weit verbreiteter Ansicht spielt der gemeine Wert bei objektiver → Schadensberechnung eine besondere Rolle. Ein höherer als der gemeine Wert soll bei leichtem Verschulden nicht zustehen, gleichzeitig soll stets der gemeine Wert als Minimum verlangt werden können.

**Wertersatz im Bereicherungsrecht**

Ist die Rückgabe einer Sache in natura nicht möglich oder nicht tunlich, muss der dadurch Bereicherte die Vermögensverschiebung durch Wertersatz rückgängig machen (vgl § 1041). Der Bereicherte hat den durch das Unmöglich- oder Untunlichwerden der Rückgabe erlangten Vorteil herauszugeben. Für die Höhe des Wertersatzes zieht man die Vorschriften über den redlichen bzw unredlichen Besitzer heran (vgl § 1437). Der redliche Bereicherungsschuldner hat den konkreten Nutzen, höchstens aber den Verkehrswert zu ersetzen; der unredliche den konkreten Nutzen, mindestens aber den Verkehrswert. Die Redlichkeit wird nach § 328 vermutet. Der spätere Wegfall des Nutzens befreit den Bereicherungsschuldner nicht von der Ersatzpflicht.

**Wertirrtum**

→ Irrtum über den gemeinen Wert (Verkehrswert) einer Sache. Es handelt sich um einen → Motivirrtum, weil die Bewertung von Leistung und Gegenleistung in die Risikosphäre jeder Vertragspartei fällt. Dies ist aber strittig für den Irrtum über einen festen Markt- oder Börsepreis. Der Irrtum über wertbildende Eigenschaften (zB Markenware, nicht Fälschung) ist Eigenschafts- und somit → Geschäftsirrtum.

**wesentliche Vertragsverletzung**

→ UN-Kaufrecht.

**wesentlicher Irrtum**

→ Irrtum, (un)wesentlicher.

**Widerklage**

Bei einer Scheidungsklage (→ Verschuldensscheidung, → Zerrüttungsscheidung) hat der Beklagte die Möglichkeit, eine Widerklage einzubringen. Es handelt sich um eine zweite Scheidungsklage, in der der Beklagte der ersten Scheidungsklage als Widerkläger den Kläger der ersten Klage als

Widerbeklagten klagt. Hält das Gericht die erste Klage für unbegründet, kann die Widerklage für sich auch zur Scheidung führen.

**Widerruf von Schenkungen**

→ Schenkungswiderruf.

**Wiederherstellungsanspruch**

Die → Besitzstörungsklage ist auf „Wiederherstellung des letzten Besitzstandes" gerichtet. Das bedeutet nur, dass der Störer sich aus der fremden Besitzsphäre zurückziehen muss, nicht aber Wiederherstellung im Sinne der schadenersatzrechtlichen → Naturalrestitution. Wegen der Vorläufigkeit des Besitzschutzes besteht ein Wiederherstellungsanspruch nur, soweit dies ohne besondere Kosten und ohne Vernichtung wirtschaftlicher Werte möglich ist.

**Wiederkaufsrecht (§§ 1068–1070)**

„Das Recht, eine verkaufte Sache wieder einzulösen, heißt das Recht des Wiederkaufes" (§ 1068). Es handelt sich um ein höchstpersönliches (= unübertragbares, unpfändbares und unvererbliches) → Gestaltungsrecht. Primär entscheiden die Parteien, zu welchen Bedingungen es ausgeübt werden kann. Das Wiederkaufsrecht wirkt nur gegen den Käufer und seine Gesamtrechtsnachfolger (zB Erben). Ein zweiter Käufer ist daran nicht gebunden. Ihm kann vom ersten Käufer (Verpflichteter aus dem Wiederkaufsrecht) auch wirksam Eigentum übertragen werden, der erste Käufer wird dem Berechtigten bloß schadenersatzpflichtig. Das Wiederkaufsrecht wirkt also nur relativ (gegen den Vertragspartner, nicht aber gegen Dritte). Anderes gilt aber kraft gesetzlicher Anordnung (§ 1070), wenn das Wiederkaufsrecht im Grundbuch eingetragen ist. Die Eintragung führt zur Verdinglichung des Wiederkaufsrechts.

**Willensbetätigung**

Bewusste Vornahme einer Handlung mit Rechtsfolgewillen, ohne damit einem anderen von seinen Absichten Mitteilung machen zu wollen. Die Willensbetätigung hat keinen Kundgabezweck. Sie ist Vollzugs-, nicht aber Erklärungsakt. Anwendungsfälle: → Annahme, stille (§ 864 Abs 1), die Vorteilszuwendung (§ 1016; vgl → Genehmigung, nachträgliche), die Okkupation (§ 381; → Zueignung) und die Dereliktion (§ 386; vgl → Sache, herrenlose).

**Willenserklärung**

Eine mit → Rechtsfolgewillen abgegebene Erklärung. Die Willenserklärung ist das zentrale Element des Rechtsgeschäftes. Maßgebend für die Auslegung von Willenserklärungen sind die §§ 914, 915, die Ausprägung der → Vertrauenstheorie sind. Stimmt der natürliche Wille der Parteien überein, so gilt dieser (falsa demonstratio non nocet; natürlicher Konsens). Sonst ist zu fragen, ob man eine Partei an den Willen der anderen binden kann (normativer Konsens). Auszugehen ist zunächst vom Wortsinn der Erklärung in seiner gewöhnlichen Bedeutung. Die Willensäußerung ist dabei so zu verstehen, wie es der Übung des redlichen Verkehrs entspricht. Findet sich im Wortlaut der Erklärung kein eindeutiger Anhaltspunkt, so ist das dispositive Recht maßgebend. In einem nächsten Schritt ist die ergänzende

Auslegung heranzuziehen. Führt diese Auslegung zu keinem eindeutigen Ergebnis, geben die → Unklarheitenregeln des § 915 Auskunft. Lässt sich mit Hilfe der Auslegungsmethoden kein eindeutiger vernünftiger Erklärungssinn ermitteln, so ist das Geschäft wegen Unbestimmtheit nichtig (→ Dissens).

**Willensmangel** Wird der rechtsgeschäftliche Wille nicht „frei" gebildet (siehe § 869), spricht man von einem Willensmangel. Das ABGB berücksichtigt Willensmängel in verschiedenen Tatbeständen: → Irrtum, → List und → Drohung. Der Willensmangel spielt (neben der Leistungsinäquivalenz) unter anderem auch beim → Wucher und der → laesio enormis eine Rolle. Vgl auch → Wurzelmangel.

**Willensmitteilung** Steht zwischen → Willenserklärungen und bloßen → Realakten. Bei einer Willensmitteilung wird ein Wille auf rein Tatsächliches erklärt. So löst etwa die Mahnung auch dann die Rechtsfolgen des → Schuldnerverzuges aus, wenn der Mahnende mit seiner Erklärung bloß einen tatsächlichen Erfolg, nämlich die Erbringung der Leistung, angestrebt hat. Auf die Willensmitteilung werden zB die Vorschriften über die Geschäftsfähigkeit, den Zugang und die Stellvertretung analog angewendet.

**wirtschaftliche Einheit** → Einheit, wirtschaftliche.

**Wissenserklärung (Wissensmitteilung)** Enthält keine Willensäußerung, sondern bloß eine Nachricht über Tatsachen. Auch die Wissensmitteilung kann rechtlich bedeutsam sein. Bsp: Die Verständigung des Schuldners von der Zession bewirkt, dass dieser schuldbefreiend nur mehr an den Neugläubiger zahlen kann (→ Drittschuldnerverständigung). Die → Mängelrüge erhält dem Käufer die Rechte aus der Schlechterfüllung (§ 377 UGB). Zu den möglichen Rechtsfolgen einer Wissenserklärung im Vollmachtsrecht → Anscheinsvollmacht.

**Wohnrecht** → Personaldienstbarkeit.

**Wohnungseigentum** Das mit dem → Miteigentum an einer Liegenschaft verbundene dingliche Recht, ein Wohnungseigentumsobjekt ausschließlich zu nutzen und allein hierüber zu verfügen (§ 2 Abs 1 WEG).

**Wohnungserhaltung** Dient eine Wohnung, über die ein Ehegatte verfügungsberechtigt ist, der Befriedigung des dringenden Wohnbedürfnisses des anderen Gatten, hat dieser einen Anspruch darauf, dass der Verfügungsberechtigte alles unterlässt und vorkehrt, damit der auf die Wohnung angewiesene Gatte diese nicht verliert (§ 97).

**Wohnungsinhaberhaftung** Nach § 1318 haftet der tatsächliche Inhaber einer Wohnung für Schäden, die aus dem Herabfallen gefährlich aufgehängter oder gestellter Sachen oder durch Hinauswerfen oder Hinausgießen von Sachen aus einer Wohnung entstehen. Die Haftung ist verschuldensunabhängig.

**Wohnungsrecht**
→ Personaldienstbarkeit.

**Wortinterpretation**
Die → Gesetzesauslegung beginnt stets mit der Erforschung des Wortsinnes. Dieser Methode kommt zweierlei Bedeutung zu: Einerseits ist der nach dem allgemeinen Sprachgebrauch übliche Wortsinn (Begriffskern) ein Indiz für die Auslegung eines Ausdruckes oder Satzes, andererseits steckt der äußerst mögliche Wortsinn die Grenze jeglicher Auslegung ab (vgl aber → Analogie oder → Reduktion, teleologische).

**wrongful birth**
In der unerwünschten Geburt eines Kindes liegt kein Schaden. Mit „wrongful birth" meint man die Frage, ob den Eltern eines Kindes in diesem Fall entstehende Unterhaltspflichten ersatzfähig sind. Typische Fallkonstellationen sind fehlgeschlagene Abtreibungen oder Sterilisationen sowie unterlassene Abtreibungen infolge unrichtiger Information über Behinderungen des Kindes. Wegen der mit dem Problem verbundenen ethischen Fragen ist der Ersatz für wrongful birth umstritten.

**Wucher (§ 879 Abs 2 Z 4)**
Wucher ist, wenn jemand den Leichtsinn, die Zwangslage, Verstandesschwäche, Unerfahrenheit oder Gemütsaufregung eines anderen dadurch ausbeutet, dass er sich oder einem Dritten für eine Leistung eine Gegenleistung versprechen oder gewähren lässt, deren Vermögenswert zu dem Wert der Leistung in auffallendem Missverhältnis steht. Der Wuchertatbestand enthält objektive und subjektive Elemente. Objektives Element ist das Erfordernis eines auffallenden Missverhältnisses. Subjektives Element ist das Ausbeuten, wobei Fahrlässigkeit des Wucherers gegenüber dem Bewucherten genügt. Die Vereinbarung ist relativ nichtig (→ Nichtigkeit, relative).

**Wurzelmangel**
Mangel, der in der Begründung eines Schuldverhältnisses liegt und entweder dessen gültiges Zustandekommen verhindert oder zu dessen rückwirkender Aufhebung führt. Der Fehler muss im Abschlusszeitpunkt vorgelegen sein. Dazu gehören insbesondere der → Dissens, die → Willensmangel, der Mangel der → Geschäftsfähigkeit, die anfängliche Unmöglichkeit (→ Unmöglichkeit, anfängliche), die → Gesetz- und → Sittenwidrigkeit, Mängel der → Form sowie die mangelnde → Vertretungsmacht.

W

# Z Zerrüttungsprinzip – zwingendes Recht

**Zerrüttungsprinzip**

Das Zerrüttungsprinzip ist ein Grundpfeiler des Scheidungsrechts. Alle Scheidungsarten (→ einvernehmliche Scheidung, → Zerrüttungsscheidung, → Verschuldensscheidung) setzen eine Zerrüttung voraus. Die eheliche Gemeinschaft muss bereits so zerbrochen sein, dass die Wiederherstellung einer ehelichen Lebensgemeinschaft nicht mehr erwartet werden kann.

**Zerrüttungsscheidung**

Das EheG ermöglicht in manchen Fällen eine Ehescheidung wegen Zerrüttung (→ Zerrüttungsprinzip), ohne dass es dabei auf ein Verschulden eines Beteiligten ankommt: → Eheverfehlung durch geistige Störung (§ 50 EheG), schwere Geisteskrankheit (§ 51 EheG), ekelerregende oder ansteckende Krankheit (§ 52 EheG) und die → Heimtrennungsklage. Auch für die → einvernehmliche Scheidung bedarf es einer unheilbaren Zerrüttung.

**Zession (Abtretung, §§ 1392 ff)**

Die Abtretung (= Zession) ist die Übertragung einer Forderung durch den Gläubiger auf einen neuen Gläubiger. Sie bewirkt also einen Gläubigerwechsel. Der Drittschuldner muss der Abtretung (anders als der Gläubiger einem Schuldnerwechsel) nicht zustimmen. Grund dafür ist, dass seine Rechtsposition aufgrund des zessionsrechtlichen → Verschlechterungsverbots des § 1396 unverändert bleibt. Die Zession ist das Verfügungsgeschäft, das von einem Titelgeschäft (zB Kauf, Schenkung der Forderung) gedeckt sein muss. Dient die Abtretung der Sicherung einer Verbindlichkeit, liegt eine → Sicherungszession vor. Die pfandrechtlichen Vorschriften über die → Publizität werden dann analog angewendet.

**Zession, gesetzliche (Legalzession)**

Vom Gesetz angeordneter, von einer Parteienvereinbarung unabhängiger Forderungsübergang (→ Zession). Nach § 1358 tritt der Bürge oder Drittpfandbesteller nach Zahlung in die Rechte des Gläubigers ein und kann die Leistung vom Schuldner fordern. Nach § 332 ASVG geht der Schadenersatzanspruch des Versicherungsnehmers im Schädigungszeitpunkt auf den Sozialversicherungsträger in dem Ausmaß über, in dem dieser Leistungen erbringen muss. Nach § 67 VersVG geht ein Schadenersatzanspruch des Versicherungsnehmers gegen einen Dritten auf den Privatversicherer in dem Ausmaß über, in dem dieser dem Versicherungsnehmer den Schaden tatsächlich ersetzt. Bei der Legalzession gehen mit der Forderung automatisch die Sicherheiten über (auch bei Hypotheken: Durchbrechung des → Eintragungsgrundsatz).

**Zession, notwendige (Einlösung)**

Wer eine fremde Schuld bezahlt, für die er nicht persönlich oder mit bestimmten Vermögensstücken haftet (dann § 1358, → Zession, gesetzliche), kann bei der Zahlung die Abtretung der Forderung verlangen, es kommt gemäß § 1422 zur Einlösung. Alternativ steht auch ein Anspruch nach § 1042 offen (→ Aufwandersatz).

**Zessionsverbot** § 1396a bestimmt, dass Zessionsverbote zwischen Unternehmern nur verbindlich sind, wenn sie im Einzelnen ausgehandelt wurden und nicht „gröblich benachteiligend" sind. Selbst wenn diese strengen Voraussetzungen erfüllt sind, wirkt das Zessionsverbot aber nur relativ: Zediert der Altgläubiger die Forderung vereinbarungswidrig an einen Dritten, kommt die Zession gültig zustande. Der Dritte wird Neugläubiger (§ 1396a Satz 2); der Zessus kann ihm das Abtretungsverbot nicht entgegenhalten und ist auf Schadenersatzansprüche gegen den Zedenten beschränkt (§ 1396a Abs 2). Ob Zessionsverbote außerhalb zweiseitiger Unternehmergeschäfte auch nur relativ oder absolut wirken, ist strittig. Nach herrschender Meinung wirken solche Zessionsverbote absolut.

**Zeugungsvermutung (§ 148 Abs 2)** Kann kein genetischer Abstammungsbeweis erbracht werden, wird vermutet, dass der Mann, der der Mutter innerhalb der kritischen Zeit (300–180 Tage vor Geburt) beigewohnt hat, das Kind gezeugt hat. Der Mann kann den Gegenbeweis erbringen.

**Zielschuldverhältnis** Anders als ein → Dauerschuldverhältnis erlischt ein Zielschuldverhältnis mit einmaliger Leistungserbringung. ZB Kauf, Tausch, Schenkung.

**Zins** Entgelt für die Gebrauchsüberlassung bei Miete oder Pacht. Wenn man von → Zinsen spricht, meint man hingegen die Vergütung für überlassenes Kapital (Kreditvertrag).

**Zinsen** Gegenleistung für die Überlassung eines bestimmten Kapitalbetrages. Rechtsgrund kann die Parteienvereinbarung (zB → Kreditvertrag) oder das Gesetz selbst (→ Verzugszinsen) sein.

**Zinsminderung** → Erhaltungspflicht.

**Zivilehe (§ 15 EheG)** Die → Ehe und ihre Rechtswirkungen werden durch das staatliche Recht (EheG; §§ 44–100) geregelt (Zivilehe). Die Kirchenrechte haben insofern keine Wirkung mehr. Spricht man vom Prinzip der obligatorischen Zivilehe, meint man, dass eine Ehe rechtlich nur wirksam ist, wenn sie vor dem Standesbeamten (eben nach staatlichen, nicht nach kirchenrechtlichen Vorschriften) geschlossen wird.

**Zivilfrüchte** → Früchte.

**Zivilteilung** → Sache, teilbare; → Teilungsklage.

**Zivilverfahrensrecht** Das Zivilverfahrensrecht regelt die Durchsetzung privatrechtlicher Rechte und Pflichten. Es ist die notwendige Ergänzung zum materiellen → Privatrecht.

**Zubehör (§ 294)** Eine Nebensache, die zwar nicht → Bestandteil der Hauptsache, aber dieser zugeordnet ist und ihrem Gebrauch dient. Die Abgrenzung zum selbständigen Bestandteil fällt oft schwer. Da beide rechtlich gleich behandelt werden, verursacht dies aber keine besonderen Probleme. Zubehör und selbständige Bestandteile haben im Zweifel dasselbe rechtliche Schicksal wie die Hauptsache, das heißt, sie gelten als mit verpfändet oder mit veräußert (§§ 457, 1047, 1061). Die Zubehöreigenschaft hat auch Bedeutung für den sachenrechtlichen Rechtserwerb bei unbeweglichen Hauptsachen und beweglichen Nebensachen. Ist die Hauptsache eine Liegenschaft, werden Zubehör und selbständige Bestandteile wie unbewegliche Sachen behandelt (§ 293). Gehört Zubehör oder ein selbständiger Bestandteil nicht dem Eigentümer der Hauptsache (keine Eigentümeridentität), ist § 293 allerdings nicht anzuwenden. Damit gelten die Regeln über bewegliche Sachen. Das hätte die unbefriedigende Konsequenz, dass der Pfandgläubiger, der auf die Eigentümeridentität und damit auf einen größeren Haftungsfonds vertraut, nicht erwerben würde: Es bedürfte der Übergabe (§ 367), die Eintragung im Grundbuch würde nicht ausreichen. Deshalb wird überlegt, als Modus für den Gutglaubenserwerb die Eintragung im Grundbuch zuzulassen.

**Zueignung (§ 381)**

Die Zueignung (Okkupation) ist die Besitzergreifung an einer herrenlosen Sache (→ Sache, herrenlose) mit dem Willen, daran Eigentum zu erwerben. Sie führt zum originären Eigentumserwerb (→ Eigentumserwerb, originärer).

**Zugang**

§ 862a bestimmt entsprechend der Empfangstheorie, dass → Willenserklärungen nur dann rechtliche Wirkungen hervorrufen, wenn sie in die Sphäre des Adressaten gelangen (Zugangszeitpunkt; beachte aber auch → Annahme, stille). Ab diesem Zeitpunkt entfalten sie Bindungswirkung und können einseitig nicht mehr zurückgenommen werden. Zugegangen ist die Erklärung jedenfalls bei Kenntnisnahme durch den Empfänger, jedoch auch schon vorher, sobald sie in seinen „Machtbereich" gelangt, sodass er sich unter normalen Umständen von ihrem Inhalt Kenntnis verschaffen kann. Die tatsächliche Kenntnis ist nicht erforderlich, weil es sonst im Belieben des Empfängers stünde, das Wirksamwerden der Erklärung zu verhindern. Solange die Erklärung nicht zugegangen ist, reist sie auf Risiko des Erklärenden. Dieser muss die Erklärung grundsätzlich so gegen sich gelten lassen, wie sie in den Herrschaftsbereich des Empfängers gelangt (objektiver Erklärungswert). Im Verbrauchergeschäft ist das Zugangserfordernis für Erklärungen des Unternehmers unabdingbar (keine Zugangsfiktion, § 6 Abs 1 Z 3 KSchG).

**Zugangsfiktion**

→ Zugang.

**Zug-um-Zug**

→ Zurückbehaltungsrecht.

**Zurechnung (juristische Person)**

(1) Begriff: Bei der Zurechnung zur juristischen Person (→ Person, juristische) geht es darum, ob das rechtsgeschäftliche oder rechtswidrige Verhalten oder Kenntnisse der natürlichen Personen, die für sie tätig werden, für

sie wirken. (2) Im rechtsgeschäftlichen Bereich handeln juristische Personen durch ihre organschaftlichen Vertreter (→ Vertretung, organschaftliche). Treten die vertretungsbefugten Organe im Namen der juristischen Person auf, wird ihr das Handeln ihrer Organe zugerechnet. Das Rechtsgeschäft kommt also zwischen juristischer Person und Geschäftspartner zustande. Andere Personen als Organe können nur Vertretungsakte setzen, wenn sie von den Organen (rechtsgeschäftlich) bevollmächtigt sind (zB durch Einräumung der → Prokura). (3) Die juristische Person haftet schadenersatzrechtlich für das Verhalten ihrer Organe, wenn sie in Ausübung der ihnen übertragenen Tätigkeiten Dritten Schäden zugefügt haben. Darüber hinaus haftet die juristische Person für das Verhalten physischer Personen, die in ihrer Organisation eine leitende Stellung einnehmen („Machthaber"; → Repräsentantenhaftung). Überdies können die Regeln über die Gehilfenhaftung eingreifen (→ Erfüllungsgehilfe, → Besorgungsgehilfe). (4) Die juristische Person muss sich das Wissen der Machthaber so zurechnen lassen wie die natürliche Person die eigenen Kenntnisse. Bei nicht zuständigen Machthabern oder anderen Hilfspersonen sind der juristischen Person hingegen nur „dienstliche Kenntnisse" zuzurechnen. Bei Kollegialorganen ist die juristische Person schon dann als schlechtgläubig anzusehen, wenn nur ein Mitglied unredlich ist.

**Zurückbehaltungsrecht**

(1) § 471: Der Inhaber einer Sache muss sie dem Eigentümer nur Zug um Zug gegen Berichtigung seiner (fälligen) Forderungen wegen des auf die Sache gemachten Aufwandes oder des ihm durch diese Sache verursachten Schadens herausgeben (Konnexität der Forderung). Die Forderung muss gegen den Eigentümer zustehen, sonst ist die Zurückbehaltung nicht möglich, wenn man nicht die Möglichkeit eines gutgläubigen Erwerbs eines Zurückbehaltungsrechts annimmt. (2) § 1052: Bietet der Schuldner seine Leistung nicht oder mangelhaft an, hat der Gläubiger ein Zurückbehaltungsrecht an seiner Leistung aus demselben Schuldverhältnis (Einrede des nicht oder nicht gehörig erfüllten Vertrags). Er muss also (noch) nicht leisten. Wurde die mangelhafte Sache bereits geleistet, steht dem Gläubiger das Zurückbehaltungsrecht (am Entgelt) nur zu, wenn er die → Verbesserung fordert. Das Zurückbehaltungsrecht ist bei → Verbrauchergeschäften zwingend (§ 6 Abs 1 Z 7 KSchG).

**Zweckverfehlung**

→ condictio causa data causa non secuta.

**Zwei-Kondiktionen-Theorie/Saldotheorie**

Bei den beiden Theorien handelt es sich um zwei verschiedene Lösungsmodelle für die Frage, wer die Gefahr des zufälligen Unterganges der Kaufsache nach Austausch von Ware und Preis zu tragen hat, wenn der Vertrag nichtig war oder später aufgelöst wird und die Leistungen daher rückabzuwickeln sind (→ Rückabwicklung). Strittig ist die Frage, wenn die Sache beim redlichen Bereicherungsschuldner zufällig untergeht. Nach der überwiegend vertretenen Zwei-Kondiktionen-Theorie trägt der Gläubiger der Sachleistung (Verkäufer) stets das Risiko des zufälligen Unterganges der Sache. Nach der Saldotheorie trägt hingegen der Käufer dieses Risiko: Er kann nach der Vertragsauflösung seinen Kaufpreis nur insoweit kondizieren, als dieser den Wert der untergegangenen Kaufsache übersteigt (Wert und Kaufpreis werden saldiert).

**zwingendes Recht** → Recht, zwingendes.